高等院校物流专业"互联网+"创新规划教材

国际物流管理：
理论·方法·案例

主编　何容瑶

U0434280

北京大学出版社
PEKING UNIVERSITY PRESS

内 容 简 介

本书对国际物流管理的各项重要内容作了系统性讲解,重点突出国际物流管理区别于国内物流管理的特点。全书共分为11章。第1章介绍了国际物流的基本概念和内涵;第2～6章介绍了国际物流领域微观企业视角的运作和管理流程;第7～8章介绍了港口物流和报关报检;第9章介绍了国际物流与供应链金融相结合的融资模式和风险管控;第10章介绍了当下国际逆向物流的常见运作模式;第11章介绍了国际物流方案设计的流程和实例。

本书既可以作为本科院校、职业院校物流管理专业的教材,也可以作为企业培训人员和社会从业人员的学习参考书。

图书在版编目(CIP)数据

国际物流管理:理论·方法·案例/何容瑶主编. -- 北京:北京大学出版社,2025.5. -- (高等院校物流专业"互联网+"创新规划教材). -- ISBN 978-7-301-35425-4

Ⅰ．F252

中国国家版本馆CIP数据核字第202490FG99号

书　　名	国际物流管理:理论·方法·案例 GUOJI WULIU GUANLI: LILUN·FANGFA·ANLI
著作责任者	何容瑶　主编
策划编辑	吴　迪
责任编辑	吴　迪
数字编辑	金常伟
标准书号	ISBN 978-7-301-35425-4
出版发行	北京大学出版社
地　　址	北京市海淀区成府路205号　100871
网　　址	http://www.pup.cn　新浪微博:@北京大学出版社
电子邮箱	编辑部 pup6@pup.cn　总编室 zpup@pup.cn
电　　话	邮购部 010-62752015　发行部 010-62750672　编辑部 010-62750667
印 刷 者	河北滦县鑫华书刊印刷厂
经 销 者	新华书店
	787毫米×1092毫米　16开本　15.5印张　372千字 2025年5月第1版　2025年5月第1次印刷
定　　价	50.00元

未经许可,不得以任何方式复制或抄袭本书之部分或全部内容。
版权所有,侵权必究
举报电话:010-62752024　电子邮箱:fd@pup.cn
图书如有印装质量问题,请与出版部联系,电话:010-62756370

前 言

随着世界经济的全球化发展，产品的生产和消费不再局限于同一地理区域，甚至单一产品的不同部件也可能来自全球各地不同的制造商。随着跨国企业之间的合作日益密切，国际物流管理也变得更加复杂。国际物流管理的复杂运作还依赖于政府部门的监管和政策支持，以及国际金融机构的配合。党的十九届五中全会指出，要加快构建以国内大循环为主体、国内国际双循环相互促进的新发展格局。"十四五"时期是我国经济由高速增长转向高质量发展、构建国内国际双循环新发展格局的关键时期，随着数字信息技术逐步发展、数字经济稳步提升，物流作为新发展格局战略布局下的一个重要领域，对畅通国内国际双循环的促进作用值得深入学习和研究。本书在借鉴国内外有关国际物流管理的研究成果的基础上，融入编者多年的国际物流管理课程教学经验，结合跨国企业的国际化运营，对国际物流的基本概念、特点、业务流程、管理方案等内容进行了系统的介绍，增加了港口物流、海外仓、多式联运等新内容的介绍，还对国际物流与供应链金融这一交叉学科的相关内容进行了介绍，实现了知识结构与内容的创新。本书在附录部分提供了 AI 伴学内容及提示词，引导读者利用生成式人工智能（AI）工具（如 DeepSeek、Kimi、豆包、通义千问、文心一言、ChatGPT 等）进行拓展学习。

本书编者力求向读者介绍国际物流管理的最新理论和实践成果。在本书编写过程中，编者查阅了大量与国际物流管理紧密相关的国内外学术文献，以及多篇与本书各章节主题紧密相关的国内外时事新闻、国家政策和行业报道，在此，谨向各位学者表示由衷的敬意和感谢。

国际政治经济局势变化迅速，国际物流管理的理论和方法也在不断发展和更新。由于编者水平有限，书中疏漏之处在所难免，敬请广大专家和同行批评指正。

【资源索引】

编者
2025 年 1 月

目录

第1章 国际物流概述 1
- 1.1 国际物流的概念与特点 3
- 1.2 国际物流的形成 5
- 1.3 国际物流的发展趋势 10
- 1.4 我国发展国际物流面临的机遇和挑战 12
- 习题 14

第2章 国际原材料采购与供应链管理 18
- 2.1 国际原材料采购管理 20
- 2.2 国际供应商选择与评价 26
- 2.3 全球供应商关系管理 32
- 2.4 国际供应链管理模式 36
- 习题 42

第3章 国际企业生产管理 48
- 3.1 国际生产体系 50
- 3.2 国际生产管理相关理论 53
- 3.3 跨国企业生产区位选择 55
- 习题 59

第4章 国际配送网络管理 64
- 4.1 国际配送网络介绍 66
- 4.2 国际配送网络模型构建 72
- 习题 76

第5章 国际企业库存管理 79
- 5.1 国际企业库存管理的特点 81
- 5.2 前置仓与海外仓 82
- 5.3 库存管理的基本方式 91
- 习题 96

第6章 国际货物运输管理 99
- 6.1 国际货物运输概述 100
- 6.2 国际海洋运输 102
- 6.3 国际陆上运输 110

6.4　国际航空运输 ··· 113
　　6.5　国际多式联运 ··· 114
　　习题 ·· 117

第 7 章　港口物流管理 ··· 121
　　7.1　港口物流概述 ··· 123
　　7.2　港口物流企业 ··· 124
　　7.3　世界典型的港口管理和运营模式 ·· 128
　　7.4　港口物流国际竞争力 ··· 131
　　习题 ·· 133

第 8 章　进出口商品检验检疫与通关 ······································· 137
　　8.1　进出口商品检验检疫概述 ··· 138
　　8.2　海关的性质和职能 ·· 141
　　8.3　一般进出口货物报关 ··· 146
　　8.4　保税物流与保税加工货物报关 ··· 152
　　8.5　进出口环节征税和出口退税 ·· 157
　　习题 ·· 161

第 9 章　国际物流与供应链金融 ··· 165
　　9.1　物流与供应链金融产生的背景 ··· 167
　　9.2　国际物流与供应链金融融资模式 ·· 172
　　9.3　国际物流与供应链金融风险管控 ·· 189
　　习题 ·· 191

第 10 章　国际逆向物流管理 ·· 196
　　10.1　国际逆向物流概述 ··· 198
　　10.2　全球缺陷产品召回逆向物流 ··· 201
　　10.3　全球商业退货逆向物流 ··· 204
　　10.4　全球回收再制造逆向物流 ·· 211
　　习题 ·· 216

第 11 章　国际物流方案设计 ·· 221
　　11.1　国际物流方案概述 ··· 222
　　11.2　国际物流方案策划流程 ··· 225
　　11.3　国际物流方案设计实例——D 公司国际物流货物运输方案设计 ······ 226
　　习题 ·· 233

附录　AI 伴学内容及提示词 ··· 237

参考文献 ·· 241

第 1 章 国际物流概述

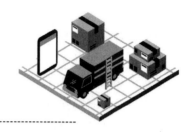

【教学目标与要求】

1. 掌握国际物流的概念与特点
2. 了解国际物流的形成
3. 了解国际物流的发展趋势

【导入案例】

韩国韩进海运破产启示

韩国韩进海运破产是全球航运业诞生以来最大的破产案例。2016年8月31日下午，韩国最大的航运企业韩进海运向韩国首尔中央地方法院提交破产保护申请。消息传出，全球航运市场为之震动，影响迅速扩散。中国远洋海运、日本川崎汽船迅速宣布全面暂停和韩进海运进行的换舱合作（换舱：船公司有的航线没有覆盖到所有的港口，船东之间相互换或者买部分舱位，以满足客户的需要）。

业内人士向财新记者表示，目前中国所有港口已不接受韩进海运的船舶挂靠，港区也不接受其集装箱进港。而在鹿特丹港、新加坡港、深圳盐田港和天津港均有韩进海运的船舶被扣留。"由于担心韩进无法支付港口服务费用，天津港已经扣留了韩进的集装箱船和船上货物，大家现在都很着急。"天津港一位货代向财新记者表示。上海港的多位货代向记者表示，目前他们正不计成本地将货物从韩进海运的集装箱中卸出，并转移到其他航运公司的集装箱内；原本计划装上韩进海运船舶的集装箱也被安排换船。"可以说今天全国的货代都忙疯了。"

据悉，共计约10艘韩进船只被中国港口扣押（天津、上海、青岛及深圳盐田港均扣押了部分韩进船只），货主想要提货须额外支付8万元的押金和300元的换单费，宁波港的集装箱提货还需另支付775元的堆场费。有些货主着急提货，不得不接受这种额外费用，直接导致进口成本的上升。2016年11月21日，深圳盐田港的484个韩进集装箱及相关货物已经被拍卖，包括电子行业、零售行业在内的超过10000家货主面临全损。包括葡萄酒行业在内的一些零售企业已出现严重断货，可能导致资金链断裂，使得进口商雪上加霜。

另外，因为韩进的主要业务以亚洲为中心，加之运费比较便宜，故一些低端葡萄酒都是选择韩进船只，目前已出现严重断货。据上海某酒业集团负责人张某称，韩进船只载有他们公司12个集装箱货柜至今无法进港，缺货非常严重，而且国际运费上涨了，导致每瓶酒的运输成本由3元升至5元。上海一货代公司总经理万某指出，协助客户处理韩进运输的货物成为目前最棘手的问题，他们公司一直在为此事想对策，要想拿到装于韩进货柜里的葡萄酒，每个货柜必须多交两万元。上海航交所研究员周漱则向财新记者表示，韩进海运破产对全球航运业短期影响巨大，涉及船东、港口、货代、拖车公司等产业链上的各类供应商，他们都将面临租金、货款等收入无法收取的困境。而韩进海运如果最终进入破产清算阶段，供应商将面临长时间的等待和诉讼。对于货主而言，目前已经在途的集装箱或将遭遇被扣留的风险，无法按时交付。

更糟糕的是，10月10日，温州海运宣布破产。同时，浙江另一大航运公司——浙江远洋运输股份有限公司（简称浙江远洋）经营状况不断恶化，截至2016年7月28

日，其所有者权益已低至33亿元，最终于10月25日宣布正式破产。

（资料来源：https：//weibo.com/ttarticle/p/show?id=2309351002454017343385761307）

请问：韩进海运破产对我国进出口企业带来哪些方面的影响？温州海运和浙江远洋的相继破产会如何影响国内乃至亚洲航运市场的运价？

1.1 国际物流的概念与特点

1.1.1 国际物流的概念

国际物流是原材料、半成品、制成品以及物品（包括个人行邮物品、展览品、捐赠物资等）在国与国之间进行流动和转移的活动。相对于国内物流而言，国际物流是国内物流的延伸和进一步扩展，是跨越国界的、流通范围扩大的物的流通，其本质是利用现代化的国际物流网络、物流设施和物流技术，服务国际贸易和跨国经营，以促进区域经济发展和全球资源优化配置。

国际物流管理的目标是选择最佳的管理方式，使国际间物资或商品流动路线最佳、流通成本最低、物流效益最高，保质保量地、适时地将货物从供给国运到需求国。

1.1.2 国际物流的特点

由于国际物流跨越国界，涉及国境和关境的物流活动，因此国际供应链的链条更长，物流活动范围更广阔，活动内容更复杂，对物流运作的信息化要求更高。因此相对于国内物流而言，国际物流具有更高的复杂性和风险性，具体有以下七个特点。

1. 物流作业环节多、物流环境差异较大

由于国际物流的地理范围扩大、运输时间拉长，且国际供应链涉及多个国家，各国的经济和科技发展水平、基础设施建设、物流设施设备存在较大差异。此外，各国的法律法规、风土人情、语言文化、地理地貌和资源禀赋也大不相同，而且国际物流活动过程中的管制、查验以及各国政府部门的审批手续复杂繁多，大大增加了国际物流作业的难度和系统的复杂性。

2. 国际物流运输以海运为主，其他多种运输方式相结合

海运是国际物流运输中最主要的一种运输方式，海运量在国际货物运输总量中占80%左右。海运之所以被广泛采用，是因为与其他运输方式相比，海运不受道路和轨道限制，具有运量大、成本低、货物适应性强的优势。但在一些特殊情况下，为了缩短货运时间或满足客户多样化需求，运输方式上还会采用空运、陆运与海运相结合的多式联运。

3. 国际物流运输时间较长，出口企业回款慢

国际物流运输多数以海运为主，而海运效率相对较低。一旦国际物流市场需求远超供给，供需矛盾将迅速传导至物流服务运营商。长时间的海运导致大量船舶滞留海上，缺船问题使得大量货物堆积在码头等待发货，可能造成码头仓储能力不足、集装箱货柜缺柜严重。缺柜的压力会助推集装箱价格飙升，导致海运企业虽接到订舱但无柜可用，国际物流海运的供给能力被进一步压缩。这导致市场表面看似火热，但实际上，由于仓储费、运费飞涨，缺船缺柜导致发货困难、运输周期拉长，严重影响了出口企业的回款能力，进而削弱企业的利润率。

4. 物流运作的风险性较高

国际物流的整个流程周期较长，涉及环节多且复杂。除了面临国内物流活动常见的风险外，国际物流更容易受到国际政治局势变化、国家间经贸关系以及复杂的自然气候和地理环境的影响。较长的运输时间和距离也容易增加货物遗失和损坏的风险。我国初级产品对外依存度较高。从国际能源供应链来看，俄罗斯、中东地区以及南北美洲是我国主要的石油进口来源；从农产品供应链来看，我国的大豆主要从南北美洲进口，肉、奶等农副食品主要从澳大利亚、南北美洲和东欧进口；从矿石供应链来看，铁矿石、煤、有色金属等主要从澳大利亚、南美洲和非洲进口。这些初级产品的运输距离远、进口区域的地缘政治冲突风险较高，而且全球主要初级产品码头和国际能源运输通道多由发达国家主导，我国对全球关键物流枢纽和节点的控制力有限，运输通道存在较多安全隐患。近年来，我国中欧班列开行数量呈快速增长趋势，已经成为联通我国和欧亚大陆之间最重要的跨境物流供应链通道。截至 2024 年 4 月，中欧班列累计开行已超 8.5 万列，形成了由阿拉山口（霍尔果斯）、二连浩特及满洲里出境的西、中、东三条大通道，通达欧洲 25 个国家的 219 个城市。但由于不少沿线国家和地区经济发展水平低、基础设施陈旧，加之不同国家的交通基础设施及技术标准不一，沿途需要多次换轨、换车、换箱，严重降低了物流时效，限制了通道能力，导致拥堵问题较为严重。此外，一些沿线国家自身政治、宗教、民族关系比较复杂，又受域外势力影响干预，长期处于动荡状态，政治环境不稳定，违约行为时有发生。据中国出口信用保险公司评级显示，"一带一路"沿线国家和地区中，评级为高风险区域级别的占 84%，这给中欧班列的发展带来极大的不确定性。

另外，一些企业在进出口时，会经常要求货代或进出口公司不要使用列入 OFAC 制裁国家名单的船籍。OFAC（The Office of Foreign Assets Control of the US Department of the Treasury），即美国财政部海外资产控制办公室，其职责是通过经济和贸易制裁手段，对特定国家、实体或个人实施资产封锁和贸易限制，以实现美国的外交政策和国家安全目标。例如针对实际或潜在恐怖分子的制裁，可以是全面制裁也可以是选择性制裁，利用资产封锁、贸易限制或者直接限制入境来实现外交和国家安全。一旦某个国家

或某个特定的公司被列入 OFAC 制裁名单后，其所有金融行为可能被拒绝，全部财产也可能被限制转移，面临巨大的经济风险。许多美资银行或含美资成分的银行会对清单内的相关信息进行严格审核，一旦涉及制裁名单，收汇风险将大幅增加。国内曾有企业出口到印度尼西亚时采用信用证付款方式，在向花旗银行递交单据时，货代中介在审核船只信息时发现船籍是利比里亚，而该国在 OFAC 制裁名单中。货代中介评估认为收汇风险很大，因为花旗银行作为美资银行，在审核单据时很可能会拒付货款。但在企业准备重新递交单据时，货物已经发出，导致该企业陷入被动。经过多次协商，客户同意改用 T/T（电汇）付款方式支付货款，但中方企业需承担相应的开证费，最终顺利完成该笔订单。

5. 国际物流对信息化和标准化要求更高

要实现国际物流各环节的有序衔接和全链条信息共享，缩短流程周期并提高物流效率，必须依赖功能更强大、信息传输和处理更快的标准化信息系统。除此之外，还要求各国和地区物流发展所依赖的基础设施建设和物流设施设备结构更加标准化，以保证国际物流通道的畅通。虽然标准集装箱运输方式的发展极大地推动了国际物流的标准化，但由于各个国家和地区的基础设施建设水平、运输工具的装载尺寸和载重标准以及铁路轨道规格存在差异，仍导致大量资源浪费和高昂的物流成本。

6. 国际物流对代理机构的依赖性更高

国际物流涉及的物流活动跨越国界，各国法律和通关要求不同，信息不对称问题严重，加之物流单证繁杂，因此从事国际物流活动的企业高度依赖国际贸易中介公司、国际货运代理、船代、报关行、报检行等代理机构。此外，由于各国文化和市场需求存在巨大差异，国际物流活动需要依赖专业的代理机构进行产品包装设计和宣传。

7. 国际物流更加需要市场营销渠道与物流系统的整合

在国际市场上，企业可能在本国生产，将产品运至目的国储存并销售，或者送到贸易中转国储存后再转运至第三国销售。企业也有可能从国外进口原材料，在国内加工后，将部分产成品出口至不同国家。因此，企业需要根据不同的市场营销渠道要求，采取相应的物流系统支持。因此，整合市场营销渠道与物流系统有助于提升企业在国际市场中的竞争力。

1.2 国际物流的形成

国际物流的发展依托于国际贸易，伴随着经济全球化和知识经济的到来，全球供应链日益普遍，企业经营的国际化趋势愈发明显。

1.2.1　国际贸易快速发展、经济全球化和发展中国家的经济增长带动

随着经济全球化的深入发展，发达国家的大型企业为应对日益激烈的全球市场竞争，在国内市场饱和的情况下，纷纷建立全球供应链以拓展利润来源。同时，发达国家政府鼓励企业进行跨国产业转移，将制造业或加工环节转移到其他国家和地区。发展中国家为推进工业化进程，也纷纷出台政策鼓励出口加工贸易。

1.2.2　全球自然资源和人力资源的分布不均匀

首先，全球自然资源分布不均。例如，铁矿石资源主要集中在澳大利亚、巴西、印度、中国、俄罗斯等国家，而天然气和石油资源主要集中在美国、中东地区和俄罗斯。其次，全球人力资源分布不均。例如，非洲和部分亚洲国家的劳动力成本相对较低，而欧洲和北美洲则集中了较多的高新技术人才。

近年来，新技术革命迅猛发展，极大地提高了生产效率，缩短了产品更新换代周期，同时产品的结构与性能也日趋复杂，导致全球市场竞争日益激烈。企业通常将有限的资源集中到自己最具竞争力的领域，而将非核心业务外包给经过筛选的优质供应链合作伙伴。

1.2.3　物流的机械化、自动化、信息化和智能化水平日益发达

EDI（Electronic Data Interchange，电子数据交换）、RFID（Radio Frequency Identification，射频识别）、大数据、物联网、人工智能、区块链和数字孪生等技术的出现，使得全球商贸往来更加畅通便捷，仓储与配送效率显著提升，国际物流配送更加精确可控。同时，企业能够通过信息技术更好地掌握全球消费者的偏好，精准匹配市场需求。

1. 人工智能在物流管理中的应用

人工智能是一门交叉学科，涉及计算机科学、心理学、生物学等多个领域。人工智能可以应用于物流管理的多个环节，如仓储管理、供应链管理、物流配送及物流规划等。人工智能可以和物流技术有机融合，通过机器学习等先进技术提高物流管理水平。例如：基于人工智能的库存管理能随时展示出存储量、存储品种、出货数量、存储时间等详细信息；运算中心和指挥中心可以控制配送中心、运输车、生产车间、维修中心；通过人工智能的可视化技术、大数据、互联网技术，能够快速读取仓库的各项数据，使各个仓库联动起来；智能仓库的设计和运营可以充分依靠人工智能技术来自动分析生产商、供应商的情况（地理位置、仓库情况、费用、政策等），从中抓取众多的数据并对数据进行自动化分析，减少人为因素造成的干扰，形成科学的分析结果；基于人工智能的货物运输，包含路径优化算法、调度算法等，可根据数据中心提供的参数，对运输路径进行优化设计，使得货物的运输更加方便和快捷。

2. 区块链在供应链管理中的应用

区块链最有前景的应用之一是供应链管理。在传统供应链中，制造商、经销商和客户之间的信息是割裂的，许多公司只负责制造产品，而不负责整个供应链的运营。区块链可以通过其可追溯性和不可篡改性来改善这些问题，它的主要功能是使无限数量的匿名方在没有中央中介的情况下私下安全地进行交易，使供应链中的所有参与者都可以共享数据并都能访问数据。区块链提供的信任协作机制，为解决供应链的多方协调问题提供了可靠的技术支撑，通过实现更快更具成本效益的产品交付、增强产品的可追溯性、改善合作伙伴之间的协调以及帮助获得融资，区块链显著提升了供应链管理运营效率。区块链在供应链管理中的应用，主要有以下特点。

【区块链物流】

（1）块链式数据存储。

对于每天通过供应链合作伙伴和产品网络进行大量交易的公司来说，日常涉及成千上万的货物接收、分拣、配送等活动，当错误发生时，比如库存数据错误、货物丢失和重复付款，ERP（企业资源计划）信息系统通常无法实时检测到这些错误，即使员工在事后发现问题，也很难通过追踪海量文件中记录的活动顺序来确定其来源或解决问题，而且成本高昂。订单、发货和付款往往无法整齐地同步，因为一个订单可能被拆分为多个发货批次，或者多个订单可能合并为一个批次发货。

区块链强调数据的深度保存和可搜索性，确保企业能在过去的层层交易中追溯所需记录，捕获交易细节。区块链特有的数据存储方式使供应链中涉及的所有原材料信息、零部件生产信息、每一笔订单商品运输信息以及成品的每一项数据都以区块的方式在链上永久储存。当使用区块链记录时，库存类目、订单、支付记录和提单等项目都会被赋予唯一的标识符，根据区块链上记录的企业之间的各类信息，可以轻松地进行数据溯源，一旦供应链上出现发货或分拣之类的错误，可以迅速识别错误源头，也可以辅助解决假冒伪劣产品等问题。通过这种数据存储的方式，区块链的框架满足了供应链中每一位参与者的需求：录入并追踪原材料的来源，记录部件生产的遥测数据，追踪航运商品的出处等。

例如，2013年美国颁布的《药品供应链安全法》要求制药公司必须识别和追踪处方药，以保护消费者免受假冒产品的危害。在这一法规的推动下，美国一家大型制药公司与其供应链合作伙伴借助区块链在药品清单上贴上符合标准的电子产品代码，当每一个库存单位从一家公司流向另一家公司时，其代码会被扫描并记录在区块链上，从而创建从源头到最终消费者的整个供应链中每一件商品的历史记录。

（2）数据防篡改。

区块链之所以有价值，部分原因是它由一串按时间顺序排列的区块组成，每个区块都被加密并分发给所有参与者，他们维护自己的区块链副本。基于这些功能，区块链为供应链中的活动提供了完整、可信和防篡改的审计跟踪。由于参与者拥有自己的区块链副本，因此每一方都可以查看交易状态、识别错误,并要求交易对手对其行为负责。任何参与者都不能覆盖过去的数据,因为这样做需要重写区块链所有共享副本上的所有后续区块。

在传统的供应链中,数据多由核心企业或参与企业分散孤立地记录并保存在中心化的账本中。当账本上的信息不利于企业自身时,就存在账本信息被篡改或者被私自删除的风险。区块链的链上数据不可篡改和加盖时间戳的特性,能够保证包括产品生产、储存、运输、销售及后续事宜在内的所有数据都不被篡改。数据的不可篡改性使得供应链上的信息不对称大大降低,企业间的沟通成本也随之降低。这一应用帮助企业间快速建立信任,同时分化了核心企业所承担的风险。区块链保证了供应链上下游企业之间数据的无损流动,有效避免了信息的失真和扭曲。

(3)基于共识的透明可信。

区块链的共识机制解决了供应链节点企业间相互信任的问题,使得众多的供应链节点企业能在链上达到一种相对平衡的状态。在共识机制下,使用区块链的企业之间的运营遵循的是一套协商确定的流程,而非依靠核心企业的调度协调,由于信息足够透明,企业之间彼此足够信任,在满足联盟企业之间利益的同时提升了运行效率。

区块链在供应链领域的应用使生产商和经销商更有效地监控货物流转,充分调动链上资源,而消费者也能够对商品的来龙去脉有更直观、可靠的了解。基于区块链的物流平台能够有效解决物流运输场景中订单数据分散、货物运输过程信息不透明等问题。用户可以通过与互联网相连接的设备来监控目标对象,以透明的方式全流程追踪产品的原产地和中间的交易过程。在区块链上,企业不仅可以查看产品的静态属性信息,还可以监控产品从生产商到经销商再到终端消费者的中转运输流程,追踪贯穿整个产品的生命周期,大大提升了用户体验和行业整体效率。

案例1-1

近几年,国内外多个企业积极探索区块链在溯源防伪、物流、供应链金融等场景中的应用,区块链正逐渐向传统供应链业务渗透。例如:马士基(Maersk)联合保险机构与区块链企业等,共同打造了全球首个针对海运保险的区块链平台,形成跨专业的链上联盟;全球最大零售商沃尔玛连锁公司在中国完成了利用区块链追踪猪肉产销全过程的试点计划,大幅缩短了追踪时间;UPS加入专注于货车和船舶运输行业的区块链货运联盟,致力于开发区块链在供应链系统中的使用标准;众安基于区块链技术的养鸡场项目,结合了区块链数据存储、物联网智能设备和防伪技术,实时记录和追溯整只鸡的成长过程;海航科技物流集团基于区块链打造的智能集装箱数字化平台为物流体系提供端到端的虚实融合信息流,实现订单在各个实体间的自动化流转。

(资料来源:http://movies.itheima.com/news/20180329/133435.html)

3. 数字孪生在物流与供应链管理中的应用

除了区块链技术，近年发展得如火如荼的数字孪生技术也在物流与供应链管理中得到较好的应用。数字孪生技术是从产品的全生命周期视角提出的镜像空间模型，是在数字空间中构建一个与物理实体相互一一映射的数字模型，通过数字技术描述物理对象的外部特征、内部运作过程和系统性能来反映物理实体的行为。数字孪生体可以根据物理实体所发生的变化，从数据的角度去模拟这种变化并加以呈现。而在数字孪生体模型中，也可以通过改变某些参数来预测物理实体可能发生的变化。数字孪生和物理对象之间的数据流动是双向的，物理对象向数字孪生输出数据，数字孪生向物理对象反馈信息。数字孪生系统中的数字不仅可连接到它们相对应的物理对象，同时数字之间也是可以相互连接的。数字孪生将通过共享的数字平台和生态保持协同，并促进它们对应的物理对象的协同。企业可根据数字孪生信息系统反馈的结果对物理对象采取进一步干预和行动，如应对不确定因素或及时处理突发事件等。数字孪生技术的出现最开始是为实现制造业的智能化生产，但其预测和优化能力使其在其他行业的应用也有极大的发展前景。数字孪生与供应链的特性相结合，可以实现智慧供应链管理，比如：快速检测供应链变化、收集相关数据、分析机会和威胁；帮助企业管理者掌握制造、仓储、物流配送和营销各环节的实时情况，并做出全局化的最优决策。

【数字孪生在智慧物流中的应用】

1.2.4 全球运输管制的放松

长期以来，许多国家都在不同程度上对运输业实行了管制政策，国家或者直接经营运输企业比如铁路收归国有，或者限制运输市场的进入者从而控制运输市场的企业数量及其运能供给，或者规定运输市场价格，使得运输业成为市场经济中一个相当特殊的领域。但人们越来越多地发现管制措施并没有达到它的预期目的。例如：国营运输企业特别是国营铁路时常亏损较多，效率也比较低下，国家财政补贴不堪重负；市场管制限制了企业创新的潜力，使运输企业适应能力减弱；运输业特别是私人汽车发展造成的环境污染日益严重。

但是运输市场并不是自然垄断市场，运输市场上的竞争大都不是毁灭性竞争，可以通过市场实现运输业外部效应的内部化，运输业的特殊性与市场机制没有根本的冲突。基于这种认识，各发达国家相继放松了对运输业的市场进入限制与运价控制，逐渐放宽了国内运输必须使用本国运输企业的限制，从而增强了全球交通的便捷性。

运输管制的放松是运输政策实施的一种具体表现，同时也是国家规范运输市场行为，实现运输资源配置、产业布局、环境保护，进行运输结构调控，促进运输结构合理化的重要手段。管制是政府矫正市场的手段，美国是运输管制相对完善的国家，1935 年美国国会通过的《汽车承运人法案》赋予州际商务委员会控制市场准入和退出、制定统一的货运价格表以及指定托运货物的种类和运输线路等权力。但是州际商务委员会的管制使得汽车承运人之间的竞争程度较低，汽车货运价格相对较高，增加了经济和商业的成本。然而原本针对市场失灵的管制逐渐出现了管制失灵问题，即政府失灵问题，于是20世纪70年代后，美国、英国、日本等成熟的市场经济国家开始有步骤地放松经济管制。20世纪70年代，美国托运人要求改革的呼声高涨，当时美国经济从以国内制造业为主向国际化服务为主的经济模式转变，经济发展的压力要求商业结构进行重建。1975年美国商业领域强烈要求以较低的运输成本来提高国际国内市场的竞争力。在这一背景下，美国国会于1980年通过了《汽车运输法案》，放松对州际汽车货运的管制，取消运输业进入壁垒，允许价格竞争。但是该法案并没有放松对州内汽车货运的限制，从而形成州际货运与州内货运成本差距的不断扩大。截至1994年，美国仍有42个州保留对州内汽车货运的经济管制措施，在相同运输里程上，州内货运价格平均比州际货运高40%。1980年美国国会又通过了对公路运输放松的管制法和进一步放松对铁路的管制法；1985年美国国会撤销了民用航空委员会；1995年美国国会还成立了地面运输委员会以执行剩余的管制职能，并推动运输业经济管制改革。放松管制后，美国的货运企业从1982年的4.7万家增至1997年的30万家；1982年货运价格下降11%~25%，1995年货运价格下降35%~75%；初期成本下降2%，1996年下降35%，年节约成本高达500亿美元，生产效率显著提高。直到1995年，随着《州际商务委员会终止法案》的出台，州内汽车货运的经济管制政策被取消，州际商务委员会也随之退出历史舞台。

1.3 国际物流的发展趋势

1.3.1 国际物流与国际贸易更加紧密地融合发展

传统的国际贸易主体与国际物流主体原本是各自独立的，但在业务上互相合作、共同发展。两者的物流合作主要依赖传统的业务合作和人际关系，在降低物流成本、缩短时间及提高服务质量等方面仍有较大优化空间。国际贸易企业与国际物流企业及相关的信息、咨询等机构进行资源整合，并与物流企业融合发展，将使得国际贸易企业的物流成本更低、配送效率更高、服务水平更优。

1.3.2 国际物流向国际供应链管理拓展

在国际贸易竞争中，供应链管理更具有特殊的重要作用。通过对全球供应链网络中的物流、商流、业务流、价值流、资金流和信息流等环节进行的计划、组织、协调和控制，可以提升整个供应链运行的速度、效益及附加值，促进跨国企业收益增长和增强跨国企业抵御全球化经营中各种高风险的能力。然而，经济全球化也放大了产业链过长、过细、脆弱性和不稳定性等问题，尤其是电子信息产业、生物医药产业等高附加值产业和原材料产业链。链条上的任何国家的流转不畅都会导致下游业务量的下降。在当今世界格局大变革的背景下，全球供应链的脆弱性突显，出现了新的发展趋势，即本地化、区域化、分散化。在此背景下，各国应该主动适应全球供应链的变革，重视风险管理和灾难救助在全球供应链管理中的重要性，增强供应链弹性，构建能抵御风险的全球供应链模式。因此，国际供应链的设计将更加柔化，以适应产业链转移、经济结构调整和全球格局变化。

1.3.3 国际物流由线下向线下与线上相结合转变

现代物流的经营模式更加依赖电子技术和网络技术，数字化信息技术的发展更加有利于克服国际物流中的语言交流障碍、时差、效率低下等问题，使得国际物流服务的全天候化、精准化、高效化成为可能。数字化信息技术的快速发展为整个运输业带来深度变革，航运业务线上化、数字化转型成为行业发展的大势所趋，多个国际承运人正在加速推进数字化进程。各大船东纷纷推出电商平台，如马士基的 Maersk Spot 平台、中远海运的 Syncon Hub 平台、海洋网联船务（ONE）的 eCommerce 平台等，国内三大航空公司（国航、东航、南航）通过货运混改成立的独立货运公司也在推进数字化和智能化运营。对于国际货代而言，船东电商平台以及航空公司竞价包仓的运营模式让所有的舱位、运价、班期等信息都能得到明确的查询，销售价格公开透明，进一步挤压了订舱代理的"操作空间"。在集装箱进出口领域，2020 年数字化在线订舱的比例已经超过 15%。数字化已经成为不可逆转的趋势，很多货代企业都认识到了数字化运作的重要性。根据权威机构的预测，未来几年内，全行业电子报价、电子订舱、线上可视化比例将超过 40%，数字化将成为中大型国际货代企业的标配。因此，国际货代企业应加速业务的线上化布局，加强与承运人以及客户企业的数据对接。

1.3.4 国际物流与物流金融相结合愈加明显

国际物流的发展是物流与信息技术、金融等多方面协调下的发展，其中资金流是物流发展中最重要的一环。随着中国物流业呈现出前所未有的高速发展态势，物流业的基础设施建设和基本运营得到较大改善，这些改善都离不开物流金融的支持。我国交通设施建设所需资金的 70% 都来自银行贷款。国际货物买卖结算、仓储融资租赁、运输、保险等环节也离不开金融行业的支持。在面向国际物流的运营过程中，通过开发和应用各种金融产品，可以有效地组织和调节物流领域中资金的流动，帮助国际物流业务进行更高效、更便捷的支付和结算。与此同时，由于国际贸易壁垒的存在、国际市场上原材料价格波动较大、人工成本上升的压力等因素的影响，加剧了我国中小微企业经营的困难程度，而银行等金融机构存贷利差日益收窄，银行客户的需求日益多元化，导致商业银行要面对日趋激烈的同质化竞争，商业银行亟须对商业模式进行创新。物流金融既能解决中小微企业的融资问题，也为商业银行等金融机构带来新的发展机遇。

1.4 我国发展国际物流面临的机遇和挑战

经过多年发展，我国已成为名副其实的物流大国。2021年，我国社会物流总额为335.2万亿元，较2012年增长近一倍，货运量、货物周转量、快递业务量等指标位居世界前列，物流业总收入接近12万亿元，我国已成为全球最大的物流市场。但是我国现代物流"大而不强"的问题依然突出，规模经济效益释放不足，组织化、集约化、网络化、社会化程度不高，缺乏具有全球竞争力的现代物流企业，存量物流基础设施网络"东强西弱""城强乡弱"，与世界物流强国相比仍存在差距。

1.4.1 我国发展国际物流面临的机遇

1. 全球经济增长和贸易重心正在从发达国家转向发展中国家

当前全球经济发展形势从以传统发达国家为中心逐步向"多极"演变，从欧美转移至以金砖国家为代表的发展中国家，发展中国家GDP占全球比重从1960年的25%提升至2021年的近40%。与此同时，贸易重心也在加快转向发展中国家，按照联合国贸易发展大会（UNCTAD）的统计，全球将近60%的货物在发展中国家的港口发运和装卸。未来随着全球经济增长的重心从发达国家转移至发展中国家，发展中国家在全球经济和贸易中的地位将不断上升，将为我国对外经贸合作开辟更为广阔的发展空间，因此我国要加快建立适应经贸格局变化的贸易通道和物流供应链体系，进一步巩固和提升我国在全球经济和贸易中的优势地位，在百年变局中赢得主动。

2. 物流专业化分工引领可持续发展

随着我国汽车工业的快速发展，企业对外投资增加和规避国际贸易战，以及货物技术含量的提升，国际物流市场分工将进一步细化、专业化。目前以适箱/件杂货出口运输为主、海运为主的国际物流运输将产生汽车出口、机械设备出口、海外仓储、海外物流加工、跨境铁路、国际航空货物运输等专业服务商。传统的央企、国企以及依赖人际关系发展国际物流的优势正在减弱，模式、机制、管理、技术、服务等方方面面的创新将引领可持续发展，显示强大的生命力。

3. 我国超大规模市场优势显著

我国超大规模市场优势和巨大的内需潜力迫切需要更加稳定的国际物流与供应链。我国已经构建起了相对完善的现代产业体系，作为超大规模经济体，我国的规模经济优势比较突出。首先，我国拥有广阔的国土面积和14.1亿人口，具备大规模要素供给、大规模市场容量，使大规模布局生产能力成为可能，随着国内市场建设的推进和营商环境的优化，规模经济优势进一步巩固。其次，2008年以来，我国需求结构逐渐优化，作为拉动经济增长的"三驾马车"之一的内需对我国经济发展的支持作用越来越突出。

最后，近年来，随着我国国内市场不断扩大，国民经济运行的稳定性、可控性显著增强，有效提高了对抗外界打击的能力，同时也更加迫切地需要我国构建安全、稳定、畅通的国际海运物流通道。

4. 全球基础设施互联互通加快推进

我国提出的"一带一路"倡议推动了全球基础设施建设进入新一轮高潮。欧盟提出了"欧亚大陆互联互通"倡议，哈萨克斯坦提出了"光明大道"计划，印度尼西亚提出了"海洋强国战略"，近期，美国也提出了"基础设施建设"议案。从国际组织到发达国家，再到越来越多的发展中国家，各方都在积极推进基础设施的互联互通，以突破地理条件对经贸活动的限制。截至 2023 年 6 月底，我国与 150 多个国家和 30 多个国际组织签署了 200 多份"一带一路"合作文件，推动了一大批标志性项目和惠民生的"小而美"项目落地。未来 5~10 年，全球在基础设施建设方面将迎来巨大投入，显著提升全球互联互通水平。在这个过程中，将会形成新运输通道、新枢纽，推动全球运输网络和枢纽体系的新一轮布局调整，不仅为我国参与基础设施互联互通建设、运营提供机遇，也为我国建设联通周边区域、对接全球的物流供应链体系提供了重要机遇。

5. 我国国际物流新通道效用明显

运输通道在《公共运输词典》中定义为：运用多种运输方式，将某区域的客货源紧密联系在一起的宽阔地带。国际物流通道是指由各个物流节点及国家间的运输通道构成的承担一定国际贸易物流运输功能的通道。由于内陆地区的国际贸易都是经由沿海或沿边口岸中转，方能到达最终贸易地，故内陆地区的国际物流通道由本地运输通道、本地口岸（包括特殊监管区）、跨区域运输通道、转关口岸（航空口岸国际直达航线除外）和境外运输通道构成。疫情防控期间，国家着重培植的运输新渠道起到了很大的战略保障作用，中国西部陆海新通道海铁班列数量增加了 47%。近年来中国－东盟关系快速发展，双方全年贸易额超过 5000 亿美元。我国与东南亚国家贸易量历史性地超越欧洲与美洲，随着东盟－中国自贸协定的签订，将有超过 7000 种产品类别（占进口总量 90%）的关税税率降至零，极大地促进了我国陆海商贸新通道的发展。除此之外，尽管受经济形势变化影响，我国与欧洲之间海运量有所下降，但由于中远海运等代表性物流企业强大的航线网络和控制运营，中欧陆海快线逆势增长，我国与中东欧 17 国贸易额首次突破千亿美元，达到 1034.5 亿美元，同比增长 8.4%。

【三"路"并进的西部陆海新通道】

1.4.2 我国发展国际物流面临的挑战

1. 我国国际航空货运能力相对不足

随着我国成为世界第二大经济体后，国际货运量稳居世界第二，但是我国航企及货代控制的国际航空货运能力难以对标国家经济社会发展和对外开放的战略总需求。据波音公司数据，航空运输的货物占全球货物比重不到1%，但是价值上却占35%以上。"十三五"期间，我国国际航空货物运输量年均增长6.7%，但我国国际航空货运能力存在明显短板。从运力供应主体看，截至2021年年底，我国航空货运企业（11家）企业规模小、经营业务单一、国际网络覆盖不全。从航空器类型看，我国共有全货机198架，而美国全货机数量超过1100架，美国联邦快递公司（Fedex）拥有各类货机约650架，联合包裹服务公司（UPS）拥有各类货机约285架。我国只有43架大型货机，美国联邦快递公司、联合包裹服务公司分别拥有95架和65架大型货机。我国拥有货运飞机总数规模仅相当于联合包裹服务公司和美国联邦快递公司2家美国公司机队规模的21.2%。

2. 我国国际航空货运受制于重客轻货

从我国航空运输发展战略来看，我国目前是以客机腹舱运力作为国际航空货运的主要运输方式，约占航空货运总量的70%。在国内航线中客机腹舱运量占比高达82%，在国际航线中客机腹舱运量占比49%。从枢纽机场基础设施看，受制于重客轻货的发展思维，大部分机场为客货混合机场，货运综合基础设施投入不足。货机运力不足和国际网络覆盖不够完善，尚未形成国际国内高效衔接的货运航空枢纽，使得我国国际货运代理企业在为客户设计运输方案时常常被航空运力资源掣肘。

3. 我国国际长航线经营企业数量严重不足

我国仅有中远海运一家航运公司具备国际长航线网络，集装箱海运运力主要被国外航运公司掌控，而各海外航运公司又有自己的长期合作的外资货运代理。疫情后，尤其是2021年市场供需严重失衡的情况下，国外航运公司的约价、舱位和集装箱设备优先满足外资国际货代公司的需求，航运环境对于我国的货代企业的运力采购非常不利。

4. 国际合规方面话语权较弱

我国政府部门和协会在国际交通治理中的参与度较低，在参与国际组织事务，制定国际标准与规则等方面的能力亟待提升。我国在国际海事组织（IMO）等国际物流机构中的话语权较弱，导致我国只能被动接受发达国家主导的标准和规则，在全球物流资源配置中缺乏主动权，难以有效维护我国物流及经济贸易领域的合理诉求。

习题

一、判断题

1. 发达国家、发展中国家的通关效率、配送效率不同，一部分原因是受各国文化和政府政策影响。（   ）

2. 国际物流主要是干线运输，对各种代理组织机构的依赖性不强。（   ）

3. 当下全球经济增长和贸易重心正在从发展中国家转向发达国家。（   ）
4. 国际物流主要做的是国际运输、分拣、配送，不需要依赖金融工具。（   ）
5. 人工智能、大数据、区块链在国际物流中发挥着重要作用。（   ）

二、单选题

1. 以下（   ）不属于国际物流的现代化特点。
   A. 依赖条码技术　　　　　　　　B. 主要通过网络实现
   C. 对报关行依赖性较高　　　　　D. 物流作业需大量运筹与决策
2. 以下（   ）属于国际物流与国内物流的共同点。
   A. 高度依赖单证　　　　　　　　B. 运输以陆路为主
   C. 物流环境复杂　　　　　　　　D. 运输依赖仓储
3. 以下（   ）不属于文化对国际物流的影响。
   A. 国外许多国家工会喜欢因为抗议某些政策搞游行罢工，比如港口工人罢工，会影响船舶货物装卸
   B. 东南亚、中东地区社会治安不稳定阻碍了游客去当地旅游
   C. 在国际物流业务中，不同国家和地区的客户和供应商之间存在着语言和文化上的障碍，通过自然语言处理技术提供语言翻译和跨文化交流服务，可以提高国际物流业务的效率和准确性
   D. 日本物流企业注重员工的人性化管理，强调对员工诉求的及时响应，而我国物流企业强调的是儒家思想、中庸思想
4. 以下（   ）不是现代物流必备的技术。
   A. 条码与自动识别技术　　　　　B. GIS、GPS技术
   C. 物联网和传感器技术　　　　　D. AR（增强现实）技术
5. 以下（   ）不属于物流专业化分工。
   A. 件杂货出口运输　　　　　　　B. 电子家电物流
   C. 汽车物流　　　　　　　　　　D. 仓储分拣

三、简答题

1. 请简述国际物流或者国际运输具体的线上运营模式。
2. 什么是全球运输管制？它曾经发挥过什么样的作用？
3. 我国西部陆海新通道是什么？它在我国区域协调发展乃至西部地区国际物流格局中具有什么样的战略地位？
4. 请举例解释国际物流中的风险。

四、案例分析

东南亚电商市场，物流"拦路虎"有多猛？

在我国，内贸玩家们已经习惯了顺丰、"三通一达"等企业从取件、入仓到派送全

程包办的便利服务。但在东南亚，细碎、割裂的物流服务环境，会给那些经济能力有限的中小卖家一个凶残的"下马威"。如果他们无法承担大牌物流商的收费标准、货量达不到合作门槛，那就只能亲力亲为，在每一个地区、为每一个物流环节去物色合适的物流服务商。

东南亚的国家众多、地形复杂，多山、多岛、多林的物理区隔，使得这片市场呈现出碎片化的特征，缺乏全盘整合型的巨头。比如在印度尼西亚、菲律宾这种千岛之国，存在很多小型的物流服务商，他们往往只专精于一个小岛、一条线路、某种类型产品的运输，卖家需要花费大量的时间和精力从中比较和选择合适的物流合作伙伴。此外，每个国家都有自己的物流法规、税收政策、货币单位、语言文化，电商基建发展程度也各不相同，种种或明或暗的行业壁垒和潜规则，也让卖家群体和本地物流市场之间"隔了一层纱"。

印度尼西亚本土物流公司Shipper中国区总经理张焱表示："其实卖家群体，特别是品牌卖家，如果要在东南亚本土落地，如果每个环节都要单独找一家物流企业来承办，那么所耗费的时间与制度成本将是非常沉重的，因此他们还是非常需要一个全流程的解决方案的。"这其实也是物流服务商的一个机遇，如果能够整合自身当地资源，为我国出海品牌提供"一站式"的本地物流服务，解决多供应商管理的难题，不失为一种有力的竞争策略。

"很多人认为跨境电商卖家关注的是运费的高低与否，但从目前的发展情况来看，在直邮小包业务上，他们更关注的是时效稳定和妥投情况，包裹能否准时、安全送达目的国才是首要的考虑对象。"燕文物流新兴大区产品总监戴嘉迪向亿邦动力透露，"求稳还是第一诉求，稳定的时效和妥投率，也是跨境电商运营中重要的隐性成本，配送安全、稳妥可以避免很多不必要的售后麻烦和损失。"

做东南亚市场，在物流上困扰卖家的另一难题则是频繁的退货现象，这与当地独特的支付环境有着千丝万缕的联系。根据马士基的一项数据表明，目前，印度尼西亚仍有40%~50%的购物行为采取货到付款方式结算，这一数字在泰国是70%~80%，而在越南高达90%。"货到付款的退货率特别高，往往是在线支付的三四倍。"一位Shopee菲律宾站卖家表示，"退回来的货如果要再反向物流、回库重装、二次发售，整个成本比原件的售价还高，我们只能放弃。要么联系消费者让他们自己留着，要么直接拉去找处理废货的人贱卖。"而且货到付款还存在着极为严重的回款隐患——不同于资金流转全在虚拟账户中完成的线上交易，货到付款涉及一系列复杂的资金回笼问题。"有的人要刷卡支付，有的人要现金支付。而这笔货款最后要经过物流服务商、平台方、支付物流服务商的好几道手续之后才能到手，平均周期都在30天。一旦快递小哥监守自盗，那与物流服务商扯皮所耗费的时间就更长了。"这位卖家表示。

在卖家面临的困境中，本地化也是一道坎。一位Shopee印度尼西亚站卖家表示，"我的货在仓库里放得好好的，结果莫名其妙就被扣了。开始的时候还好好地正常出货，结果到了年底,物流服务商那边突然告急,说是被人举报,消防和环保资质正在被监管机构审查,货物也被封在仓里,暂时无法取出。"对于人生地不熟的"外来物流企业"而言,本地化的经营能力正是阻碍其提供高质量、高稳定性服务的最大壁垒,也是跨境卖家群体的最大隐患。为了保证经营的正常进行,企业必须先把相关政策"吃得非常透"。一旦出现意外情况,能够分析出风险性到底在哪里、风险到底有多高。"甚至对于当地监管机构什么时候查仓、哪些人来查仓、查仓者的机构背景以及诉求,都能做到心中有数。"唯有如此,才能在遇到无法规避的风险时,依旧能给出最优的应对方案。

(资料来源:https://www.huxiu.com/article/1898171.html)

案例思考题:

请根据上述案例,总结东南亚电商物流主要受哪些方面影响。

五、延伸阅读与写作

习近平总书记在2021年1月11日"省部级主要领导干部学习贯彻党的十九届五中全会精神专题研讨班"开班式上强调,加快构建以国内大循环为主体、国内国际双循环相互促进的新发展格局,是"十四五"规划《建议》提出的一项关系我国发展全局的重大战略任务。国务院发展研究中心、市场经济研究所所长王薇在"2022京津冀物流与供应链高质量发展大会"上的发言表示,在构建新发展格局过程中,物流体系要在畅通国内国际双循环中发挥关键作用。在着力提高物流国际化程度方面,王薇提出几点建议:着力提升我国物流企业国际化经营能力;完善我国物流企业在全球的物流体系拓展;加快网络体系的构建与对全球物流资源的控制能力和配置能力方面的建设;促进物流企业的创新。

请结合本章内容,查阅资料和文献,具体了解什么是新发展格局,分析在新发展格局下我国应具体从哪些方面提升物流企业国际化经营能力,并写一篇分析报告。

【在线答题】

第 2 章
国际原材料采购与供应链管理

【教学目标与要求】

1. 了解国际原材料采购管理的概念和采购战略
2. 理解国际供应商选择与评价
3. 理解全球供应商关系管理
4. 掌握国际供应链管理模式

第 2 章
国际原材料采购与供应链管理

【导入案例】

每天净赚 1 个亿，宁德时代还是很焦虑

2022 年 10 月 21 日，宁德时代（300750.SZ）发布 2022 年三季报。报告期内，宁德时代营业收入 973.7 亿元，同比大增 232.5%，这相当于在第三季度，宁德时代平均每天都净赚 1 亿元人民币。

【全球原材料大涨原因】

供应链原材料价格的波动，确实直接影响到了宁德时代的财务数据。2022 年 3 月，电池级碳酸锂价格首次出现下跌，到 8 月再次走高之前，最低跌至约 47 万元/吨，而到了 9 月，价格再次突破 50 万元/吨大关。根据上海钢联发布数据显示，10 月 21 日，电池级碳酸锂涨 2000 元/吨，均价报 54.25 万元/吨，续创历史新高，电池级碳酸锂现货最高价达到 55 万元/吨。实际上，第二季度出现价格洼地，给宁德时代充足的时间进行存货的补充。根据此前第二季度财报，库存中原材料的金额为 143.3 亿元，较 2021 年底 79.7 亿元提升明显。而最新的第三季度财报显示，截至三季度末，宁德时代存货余额为 790.25 亿元，同比增长 96.58%。

作为国产车用电池龙头企业，宁德时代的市场占有率仍处于"王位"之上，但是尽管每天净赚 1 个亿，宁德时代还是很焦虑。按照当前的规定，2022 年国家新能源汽车购置补贴政策将于 2022 年 12 月 31 日终止，之后上牌的车辆不再给予补贴。这意味着新能源汽车的需求量将会在第四季度被集中释放。显然，动力电池供不应求的局面依旧会持续一段时间。但车企更关心的可能还是"新电池"。根据此前的公告，自 2025 年起，宁德时代的大客户——宝马集团将推出"新世代"车型，新车型将率先使用大圆柱电芯。要知道，宁德时代在方形电池上是具有绝对领先地位的，包括最新的麒麟电池也是基于方形电池衍生的第三代 CTP 技术产物。但在圆柱电池领域，宁德时代在技术端和产业端并没有足够强的统治力。实际上，从业内的技术趋势来看，大圆柱电池搭配 CTC 电池底盘一体化技术，已经成为电动汽车领域广受认可的一种终极形态。将圆柱电池作为底盘结构件，可以使续航里程和座舱空间利用率最大化。

宁德时代已放缓其在北美电池厂的投资计划，因担心美国采购电池材料的新规定将推高成本。据了解，美国《通胀削减法案》要求汽车制造商到 2024 年将 50% 用于电动汽车电池的关键矿物从北美或美国盟国采购，到 2026 年底增加到 80%。在宁德时代北美扩张遇阻之时，"老客户"已经牵手了"新欢"。10 月 19 日，宝马集团宣布与国内动力电池企业远景动力合作，将采购远景动力生产的下一代锂离子电芯，搭载于宝马美国斯帕坦堡工厂生产的下一代电动车型上。相比早些年宁德时代向宝马的独家供货，宝马的采购名单中已经有三家中国动力电池供应商。而且，再不加速研发和量产新电池，车企就要自己下场造电池了。以特斯拉的结构化电池 4680 电池为例，在不久前的三季度财报电话会上，马斯克透露：4680 电池的量产爬坡进展顺利，季度产量环比增长 3 倍，

每周生产 1000 套以上，目前重心转向降本和扩大北美的生产能力。

（资料来源：https://baijiahao.baidu.com/s?id=1747473379731239263&wfr=spider&for=pc）

请问：宁德时代为什么营利不少却依然很焦虑？

2.1 国际原材料采购管理

2.1.1 国际原材料采购管理范围

企业原材料采购管理是包括与原材料、半成品、零部件或其他资源有关的集预测、采购、包装与储存于一体的管理活动。而企业的国际原材料采购管理范围则进一步扩大，具体来说，包含以下内容。

1. 国际原材料采购预测

【工业品价格指数的内容】

采购预测包括采购时机预测和采购价格预测。国际市场原材料价格波动频繁，跨国企业需要持续关注铜、锌、黄金、石油等基础性原材料的期货价格走势。期货市场原本具有套期保值和风险规避的功能，但现实中，国际市场原材料期货价格的剧烈波动已成为一种常态。此外，在国际货币储备体系多元化背景下，外汇汇率持续波动，加之各国通货膨胀率差异显著，跨国企业需要洞察这些趋势，实时了解外汇市场行情，利用国际期货市场交易工具，提前规划采购工作，降低进货成本。不仅如此，跨国企业还需要随时关注工业品价格指数。该指数通过调查和收集部分代表性企业以及产品的价格变动情况，旨在反映工业品价格的变动趋势，包括工业品出厂价格指数和原材料、燃料、动力购进价格指数。工业品价格指数不仅是衡量工业发展状况的指标之一，还能揭示工业企业出厂商品价格及工业企业中间投入品价格的变动趋势和变动程度，同时也是评估通货膨胀水平的重要参考之一。我国工业品价格指数的调查产品有 2700 多种（规格品 5000 多种），已覆盖全部 39 个工业行业大类。

采购预测还包括对宏观情况和实际情况的预测。比如棉花和聚酯纤维是服装制造中经常使用的两大原材料，如果国内甚至全球范围内出现棉花产量下降的情况，企业可以预测棉花供应将面临短缺，同时工业市场的需求方可能会从采购棉花转向采购聚酯纤维。这一趋势表明，聚酯纤维的需求量可能会持续增加，企业需要提前做好聚酯纤维的储备工作。如果预期中的聚酯纤维需求量增加了，那么聚酯纤维的价格也可能会上涨。

2. 跨国企业供应商选择

（1）跨国企业在选择供应商之前首先应该考虑的问题如下。

原材料或者零部件是选择自制还是外包。基于此，企业应该分析与自制相比，外包给第三方是否会为企业带来更多的收益或者降低更多的成本。如果自制成本太高，或者企业根本不会自制，那么企业应该优先选择外包。当前，制造业企业选择外包的考虑因素主要分为两类：第一类是基于知识技术水平的外包，第二类是基于产能的外包。一些企业因为不具备生产某种原材料或零部件的工艺技术，而不得不从其他供应商处购买，这属于第一类外包。比如韩国三星集团非常擅长制造款式和功能先进的手机屏幕，近年来特别受消费者青睐的OLED屏、曲面屏和折叠屏都是韩国三星集团率先研发和量产的，许多其他手机制造企业甚至连苹果公司都要将手机屏幕生产业务外包给韩国三星集团。而有一些企业虽然具备生产某些零部件的能力，却因为供应商的生产能力更强、生产成本更低，而选择将零部件生产过程外包，这属于第二类外包。比如英特尔公司具备研发和生产电脑主板的能力，但在2005年以前英特尔都没有自己的主板生产线，而是采取外包的形式发给亚洲的主板生产企业进行制造，华硕、富士康和神达电脑等几大厂商都曾为英特尔提供主板代工服务。

（2）跨国企业的供应商选择与评价通常从以下几个方面来考虑。

第一是供应商的产品质量、生产工艺和生产设施设备水平。需要考察供应商的生产设备、试验设施、员工配置等是否与公司生产发展的要求相匹配。有些跨国企业甚至要求供应商的产品达到欧盟认证标准，或者供应商获得ISO质量管理体系认证。

第二是供应商的报价水平。尽管优质的供应商的报价是不可能低的，但是跨国企业也需要结合市场行情和行业标准来进行估价和比价。

第三是供应商对订单的服务水平，包括订货周期、订单完成率、及时交货率、准确交货率等。

第四是供应商的产品研发能力。供应商对自己产品的研发能力决定了其产品的创新水平或质量改进水平。供应商产品质量的提高有助于下游制造商更有效地抢占市场份额。

第五是供应商对自己的供应商的考察能力。比如海尔公司在考核供应商的时候，还会考察供应商对其上游供应商的采购过程是否足够规范与安全。

3.采购过程中的原材料运输管理

原材料或零部件采购签订合同以后，货物在运输途中因为路途遥远、气候差异较大、运输环节较多等因素，使得货物在途风险增大。货物供需双方在签订合同的时候应结合贸易术语和贸易规则，选择对自身有利的贸易条件，保障货物能够按期、安全地运抵目的地。

2.1.2 国际原材料采购业务模式

以在中国建立物流配送中心的跨国企业为例，国际原材料采购业务模式主要有以下几类。

第一类：在中国采购零部件，在配送中心分类、打包，运到海外进行装配。比如索尼公司在中国香港设有索尼国际香港有限公司，负责其在中国香港及华南地区的业务。

索尼公司不仅将低端电子产品的生产交给华南地区的工厂代为加工生产，而且将一部分高端电子产品零部件生产也交给华南地区的工厂加工。在 2001 年，广东省就有 24 家企业为其生产电子产品成品，为其生产零部件的企业超过 150 家。此类零部件统一交货到索尼公司在中国香港的仓库——亚洲货运中心，并在仓库做拼箱出口到日本的工厂后再合成高端产品。索尼公司在日本有 12 家生产企业，分别生产不同类别的电子产品，他们独立在全球采购原材料、半成品及零部件，而很多零部件的采购越来越集中在华南地区的工厂。面对日益激烈的竞争，为了降低成本，提高竞争力，索尼公司 2001 年整合了其在日本的 12 家生产企业，成立了索尼 EMCS 公司，新公司可以发挥统一的物料采购、金融财务、市场战略等优势。鉴于华南地区已经发展成为世界上主要的电子产品生产加工中心，索尼公司决定以 EMCS 的整体力量在华南地区建立国际采购中心，以发挥集中采购的优势，避免中间环节，降低成本。2001 年索尼公司已经在深圳成立了国际采购中心，并于 2001 年 8 月举办了采购招商大会。同时，为了节约物流成本，索尼公司计划在华南地区的深圳盐田综合保税区建立物流配送中心，将在境外成本较高的物流配送业务转移到中国境内，既可以充分发挥靠近货物产地的成本优势，又可以做到境外生产的"零库存"。深圳盐田综合保税区物流配送中心的一项基本职能，就是将索尼公司在华南地区采购到的零部件运送到保税区内，再根据日本生产企业的需要，及时拼箱付运。

　　第二类：将在中国采购的成品，在配送中心进行简单的加工、处理、包装等，再发送到海外市场。比如飞利浦公司利用华南地区的出口加工企业为其生产小家电、电脑显示器、组合音响等产品。一直以来，飞利浦公司在中国采购的产品均采取直接出口到目的地市场、然后重新分拣包装上货架的做法。受到世界经济下行的影响，飞利浦公司开始重视降低流通环节的成本，于 2001 年开始尝试在深圳盐田综合保税区进行增值服务。当年飞利浦公司的组合音响分别由广东的两家企业生产，一家生产 DVD 机，另一家生产功放机及音响。飞利浦公司将两家企业的产品运至深圳盐田综合保税区的仓库，把生产功放机和音响的包装箱打开（箱子里已经预留了 DVD 机的空间），将 DVD 机连同其包装放到其中，组合成一套家庭影院，这样可以将产品直接运送到目的地市场进行销售，从而减少了在目的地的分拣时间及劳动成本。

　　美国美泰公司是全球最大的玩具生产商之一，其最著名的产品是风靡世界的芭比娃娃。美泰公司在中国香港设有两家公司，负责采购和销售其他种类的玩具，生产均外包给了华南地区约 20 家出口加工企业。美泰公司的玩具 80% 产于中国，其中 70% 产于广东，2000 年美泰公司在华南地区共出口了 24040 个 40 英尺的货柜。美泰公司在美国有 20 万平方米的配送中心，以往美泰公司将在华企业生产的玩具直接运到美国的配送中心，再分送到零售商。随着当时美国经济步入衰退期，美泰公司也开始重视降低仓储与流通成本，它发现其在美国仓库的许多玩具要存放一个多月，以等待销售季节的来临。为了降低成本，美泰公司考虑利用深圳盐田综合保税区便宜的保税仓库将其在华南地区采购的玩具存储于此，等待销售季节来临时再按照销售进度拼箱或整箱运往美国。

第三类：海外统一采购，在配送中心分类，发送到在中国的数家加工企业。很多跨国企业在中国投资建有自己的工厂，同时还有很多跨国企业委托中国的工厂进行代工生产，其中不少采取来料加工的方式。上述两种情形下，跨国企业均负责原材料、零部件的采购与配送。为了节约成本，发挥统一采购与配送的优势，一些跨国企业已经开始尝试将统一采购的原材料、零部件运送到国内保税区的仓库中，在此进行开箱、分装，再运到相关工厂。

第四类：在中国采购成品，在配送中心处理后，返销国内市场。主要办法有两种：一种是将原有的来料加工工厂重新注册，转型为外商投资企业，将来料加工改为进料加工；另一种则是利用中国的保税区来解决其来料加工工厂没有内销权的问题，将国内产品先出口到保税区，再进口到中国国内市场。美泰公司就是利用深圳盐田综合保税区作为其产品进入中国市场的跳板。

第五类：建立多国货物的国际拼箱业务。将在中国采购的物品与在海外采购的物品统一运至配送中心，进行仓储、拼箱、加印条形码等流程，然后运送到海外分销商。这种方式是真正将中国建成国际物流配送中心的较高级阶段。随着跨国企业在我国采购量的不断扩大，以及我国国际航运基础设施和管理效率的提高，我国建立多国货物配送中心的潜力是巨大的。

2.1.3 跨国企业原材料采购策略

采购策略是指为达到跨国企业战略目标而执行的一系列采购方案、计划和措施。跨国企业所处的行业和竞争环境不同，所采取的采购策略也是不同的。跨国企业的采购策略主要包括以下几种。

1. 集中式采购

集中式采购是指企业总部结合公司整体的管理战略，综合考虑市场变化趋势和各部门的采购需求，制订切实可行的、统一的采购目标和采购计划。集中式采购的特点是采购量大、采购周期长、集中度高、支付条件宽松、优惠力度大，这增加了采购的专业性和责任性。为了获得更具竞争力的采购价格，提升企业与供应商讨价还价的能力，跨部门的、以集团为中心的集中式采购可以通过大批量采购取得规模经济效应，降低直接采购成本。在物流配送成本方面，集中式采购使企业能够跨组织对物流网络进行有效的统一规划，且在和供应商建立战略联盟后，部分物流费用会由供应商来承担，可以降低企业资金压力。集中式采购能够从全局出发，避免各分公司重复设置仓库的现象。集中式采购对于企业来说是一种战略优势，通过对关键物资优先采购来保证关键业务的稳定性，企业可以与供应商建立良好的合作关系，以消除供应市场的不稳定因素。

2. 分散化采购

分散化采购是指企业下属部门为了满足自身生产需要，进行独立的物资采购。分散化采购的特点是采购数量少、采购金额小、采购手续比较简单、采购方式比较灵活、采购后的存储空间小等。分散化采购可以使物资使用部门更加了解自己的实际需要，可以进行自我物资采购业务。因此原材料的通用性越高，集中式采购的优势越明显，节约的成本也越多。而分散化采购更适用于专业技术强、对采购数量非常敏感的物资。

3. 成本识别TCO理论

TCO即Total Cost of Ownership（总体拥有成本），Ellram（1993）是第一位提出TCO理论的学者，她将其定义为采购方在向供应商采购产品或服务的过程中，所发生的整个生命周期中产生的成本总和，并且提出作业成本法可以更好地实现采购成本的控制和分析，通过识别采购方的全部成本，包括物流、仓储、品质和其他供应商的无效成本，对未按计划出现的成本变动加以分析和优化，以便采购管理者做出更加合理的决策。TCO理论在分析采购成本时，认为采购成本不仅包括购买时的价格，还包括了采购前期、采购中期和采购后期等所有采购环节的成本。采购管理者的思维不再仅仅局限于单一的采购价格的降低，因为这可能会导致其他环节成本的增高。采购管理者应站在全局思维的角度去优化采购各个环节可能存在的显性成本和隐性成本。

4. 供应商全面质量管理策略

全面质量管理需要供应商完全配合供应链下游企业进行产品质量的优化，研究更好的生产模式，进行质量检查，提高发现问题的能力并纠正或改善。下游企业的采购人员应该在第一时间向供应商提出质量方面的意见，并和供应商进行洽谈及沟通，选择合适的供应商。供应商的全面质量管理绝不是简单地检验供应商所提供的产品质量，而是对供应商的质量管理工作的全面参与，这要求供应商了解六西格玛管理，进行统计流程控制、实验设计、加工能力研究以及质量审计，提高对即时问题的识别能力，以及对纠正行为能力的论证。全面质量管理还要求供应商持续改善服务质量，以形成一个零缺陷理念。在某些情况下，来自采购企业的团队可能要与供应商一起估算生产能力，评价他们的质量宗旨，并推荐一些具体的质量控制技术。

▶ 案例2-1 ◀

2021年中国食用油消费数据显示，中国食用油自给率仅为31%，远远低于国际安全警戒线50%的标准。其中，大豆油在中国食用油消费中占比高达44%。中国食用油进口依赖程度的决定因素是大豆。2021年，中国大豆进口量达到9651.8万吨，国产大豆产量仅为1640万吨，大豆进口依存度达到85.5%。中国是全球最大的大豆进口国，占全球大豆进口额的70%以上。随着国际食用油的紧缺，未来中国食用油市场不容乐观。

中国本是大豆起源国，1995年以前更是大豆净出口国。彼时的中国飞速发展，生活质量全面提升，对食用油的需求量也因此而增加。然而，为了保主粮产量，用来压榨食用油的大豆却不能无限扩大种植面积。1996年，中国开始选择进口大豆，那一年中国仅进口111万吨大豆。在内需推动之下，中国大豆进口量逐年增长，进口依存度自2012年就突破了80%，如今缺口高达8000万吨，大豆自给率不到20%，而90%以上的大豆来自巴西、美国、阿根廷。大豆已经成为中国粮食安全中最脆弱的一环。2003年8月，距离大豆上市时间不到一个月，美国农业部以天气为借口，将大豆库存调至20多年来的最低点。华尔街的金融巨头们借势开始疯狂炒作，美国芝加哥期货交易所的大豆价格持续飙升。彼时的中国刚刚进入WTO，大豆关税降到3%，"洋大豆"在国内大受欢迎，但中国大豆对进口的依赖还不算高。然而，由于国内大豆加工企业对国际市场认知不足，一时之间竟然造成大面积恐慌。2004年初，中国向美国派出农产品采购团，以4300元每吨的历史高价购入800多万吨大豆。中国大豆企业不知道，自己已经踏入美国精心编制的陷阱。就在中国企业完成采购的一个月后，美国农业部竟然调高大豆库存，金融巨头们又在芝加哥期货交易所反手做空，开始疯狂抛售大豆。不到三个月，中国市场的大豆价格惨遭腰斩，所有大豆相关企业损失惨重，更有70%的企业停产倒闭。从此，垄断全球粮食的四大粮商（美国ADM、美国邦吉、美国嘉吉和法国路易达孚）开始大举收购中国大豆压榨企业，国内知名食用油品牌"金龙鱼""福临门""鲁花"先后被四大粮商控股或参股，中国食用油市场形成外资主导的局面，其中80%的大豆进口货源被四大粮商垄断。从大豆到食用油，中国一步步失去了话语权。

客观地讲，短期内中国大豆的进口依赖度并不会发生质的变化，幸而食用油市场还有56%的其他种类，其中相对占比较高的就是22%的菜籽油和12%的棕榈油。菜籽油的原料是油菜，油菜早在2018年就成为中国植物油供给基本安全的保障。

在油菜方面，中国付出的努力颇具成果，已经拥有了多项科技创新，品种、含油量、机械化程度均达到国际领先水平。同时油菜还能有效利用冬天闲置的耕地和滩涂。有数据证明，如果能有效利用长江流域约1.5亿亩闲置耕地和滩涂，届时将增加6000万亩以上的油菜面积。棕榈油是中国居民生活消费中仅次于大豆油、菜籽油的第三大油品，其原料为油棕树上的棕榈果，印度尼西亚、马来西亚、越南为前三大主产国。起初引进的油棕树试种效果相当好，但可惜能够用于种植的土地有限，且技术瓶颈也长时间无法突破，中国油棕树产业只得另辟蹊径。2006年，就已经有企业响应国家"走出去"的号召落户印度尼西亚，兴建油棕种植园并进行油料加工，逐步成为中国行业内领军企业。截至2021年，中国相关企业已经在海外种植了300多万亩油棕，这些油棕经过加工运回国内，将能使中国的食用油自给率提高2%到3%。

（资料来源：https://xueqiu.com/8448834584/219041345）

2.2 国际供应商选择与评价

供应商管理工作包括供应商开发及对供应商的选择与评价。供应商开发是供应商管理的先决条件。供应商选择与评价是供应商管理的关键环节，选择一个合格的供应商可以大大提高采购工作的执行效率和实施效果，而且合格的供应商可以按时提供合格的产品，甚至参与项目的前期设计、满足项目个性化的需求、协助企业做好产品售后服务和设备安装调试工作等；而不合格的供应商可能无法提供满足基本性能和质量要求的产品，影响采购工作进度，甚至会导致项目最后的失败。

2.2.1 不同类型的国际供应商选择与评价标准

尽管所有企业选择供应商的关键性因素都围绕着产品、质量、交付、履约能力而展开，但在不同行业采购过程中，对供应商选择与评价的标准是不同的。下面介绍几种典型的国际供应商选择与评价标准。

1. 国际工程采购中的供应商选择

国际工程一般是指跨国的涉外工程。国际工程采购工作是一项技术含量比较高的工作，不仅仅是简单的咨询价格、下单操作，还需要评价以下几项内容。

（1）供应商资质。

该项内容一般包括营业执照副本及其年检合格的证明材料，质量、环保及职业健康等管理体系证书以及其他相应证明。

（2）供应商财务状况评价。

该项内容一般审查其3年内的财务报告和审计报告，对负债率过高和现金流为负值的供应商应尽量排除，还要对供应商的资信等级证书及财务资信等级证书情况进行了解。

（3）供应商的管理能力和生产能力评价。

该项内容一般需考察其管理人员、专业技术人员和产线工人的结构比例，制造设备、检验设备的先进层次。

（4）诉讼史及相关法律纠纷调查。

该项内容一般需调查供应商有无对经营状况产生重大影响的法律诉讼。

（5）供应商执行国际化标准的供货经验。

由于国际工程一般是执行国际化标准，比如 ISO、ASME、DIN、JIS 等标准，这些标准与国内 GB 标准有很多差别。供应商应具有符合国际化标准的供货经验，有熟悉国际化标准的技术人员和工人，有按照国际化标准制作标准化文件的能力，这是国际工程中要特别注重的评价内容。

2. 国际物流供应商选择

跨国企业可以自建物流部门，也可以选择由国际物流供应商来完成跨国企业的部分或全部物流活动。国际物流供应商的选择会直接影响到跨国企业国际运输的质量和企业的声誉。受物流运作的系统复杂性和供应商人员稳定性等因素的影响，如果供应商选择不当，可能产生服务质量难以保证、货物不能准时安全送达等不利因素。因此在国际物流中，国际物流供应商的选择对跨国企业而言是一件非常有战略意义的事情。

国际物流供应商选择时需要评价以下内容。

（1）物流服务和管理能力。

物流服务和管理能力包括供应商的运输时效、运输能力、清关能力、对运输各个环节的管控能力、货损货差率的控制、事故发生率的控制、物流服务态度等。

（2）财务稳定性。

财务稳定性代表着供应商自身资金是否充裕。在航空物流业中，货物运输代理与航空公司之间，一般是采用预付或月结的方式进行运费结算，但许多大体量的货主与其供应商之间一般只采用月结的方式进行费用结算，供应商为保障业务的连续性和服务质量，会为其客户垫付运输费用，而后再向客户收取运费，这段账期的时间差就产生了一定的财务压力。比如近年来受新冠疫情影响，国际航空运能大幅缩减，运费也随之上涨，供应商的财务稳定性也随之受到影响，因此在高财务压力的影响下，供应商会逐渐暂停其承运线路的运输服务或主动缩减承运规模，从而影响到服务质量。

3. 外贸公司的供应商选择

（1）价格水平。

目前在外贸行业尤其是国际零售业中，外贸公司对价格的要求相当苛刻，这产生的结果就是外贸公司在寻找货源时把价格放在最重要的位置。一个供应商无论其他条件如何具有竞争力，如果产品单价比其他供应商高出 20% 左右，无论怎样都容易被外贸公司忽略。另外，外贸公司基于对自身利润的追逐，会在采购过程中向多家供应商询价和比价，通过压低采购价来提高利润。因此，价格水平是外贸公司选择供应商时考虑的首要因素。

（2）产品质量。

与国际工程采购相比，零售、杂货等外贸行业对于所采购产品的质量要求相对较低，但是就不同国家而言，一些欧美发达国家的客户对供应商产品的质量要求偏高，而来自拉丁美洲、非洲等国家的客户对供应商产品的质量要求偏低。

（3）供应商对外贸易的专业性。

对外贸易有其一定的专业性，对于习惯做内销订单的供应商而言，对外贸易的订单更为复杂。从产品的打样、下单、产前样的确认、测试、特殊的包装要求再到出运程序等，都需要供应商熟悉外贸的操作流程并做好工作上的配合。具有外贸经验的供应商对国外市场的需求和国外客户的偏好等都更为了解，有利于外贸公司推广新产品。

（4）付款方式。

能够提供远期付款方式的供应商显然更受采购商欢迎，因此在供应商的选择阶段，采购商会考察供应商是否可以提供对其更有利的付款方式。

4. 国际制造型企业的供应商选择

（1）供应商的研发设计能力。

供应商的研发设计能力能够体现其未来的发展潜力。拥有研发设计能力的供应商，在面对客户提出的各种产品设计理念时，能够更好地帮助客户解决问题，满足产品开发多方面的要求。

（2）供应商的产品质量。

对于制造型企业来说，供应商选择最关键的指标之一就是产品质量。产品质量包括供应商是否获得国际通用和认可的质量认定证书、供应商处理不合格品的能力、产品不良率等。

（3）供应商的绿色生产和生态设计。

如今，世界各国越来越重视绿色环保和低碳发展，绿色生产、生态设计已成为大多数制造企业必须考虑的因素。供应商对污染废弃物的处理、环保原材料的采用、产品可回收再制造的设计等因素是制造企业考核供应商的主要指标。

案例 2-2

美国苹果公司作为全球知名的科技公司，其供应链管理一直备受瞩目。一台iPhone手机大概有1500多个零部件，从采购、生产到组装，其跨度之大、协同之难。从苹果公司公布的2019年供应商名单来看，其供应链至少涉及200家企业、800多个工厂，分布于27个国家的数百个城市，其中171家工厂来自日本、美国、韩国等国家，436家工厂来自中国。而这些工厂又涉及跨国管理等问题，在话语权、成本控制、产品质量、生产效率、商业效率等问题交织下，苹果供应链管理的复杂程度可想而知。

和苹果一起赚得盆满钵满的，还有其生态体系下的整个供应链。富士康、台积电等因为给苹果代工而发展壮大，成为标杆；立讯精密、歌尔股份、蓝思科技的股价更是在两年内涨幅高达五倍，成为A股消费电子板块三大龙头。大树底下好乘凉，某种程度上，赢得苹果公司的认同，似乎就是一种身份象征。苹果向来以其严格高标准的供应链管理著称，跟苹果合作，成为苹果供应商，不但可以提升业绩，还可以提升品牌影响力，在竞争对手面前有更强的议价能力。因此，经常有供应商把苹果挂在嘴边，当作抬高自己的筹码，以此吸引客户。那么，苹果在供应链的管理上究竟采取了哪些措施？又是如何让这些供应商欲罢不能的呢？

1. 掌控核心技术，进行战略卡位

苹果对核心技术有着极强的控制力，比如芯片和iOS系统一直遥遥领先对手。近几年苹果还决定自己研发GPU。此外，除增强自身核心能力之外，苹果还通过注资、收购等手段获得供应商的技术。早些年，比如iPhone手机中的触摸屏等关键零部件，苹果在供应商建厂时就会投入巨资，直接买断其6~36个月的产能。等到这些技术成了大众化的商品、竞争对手可以采购时，苹果则利用早已谈好的合同，拿到供应商的相对优惠价。苹果一旦发现某供应商的技术与其未来的核心利益绑定，则会选择收购这家厂商，拥有话语权。2012年，苹果宣布以3.56亿美元收购生物公司AuthenTec，而后苹果便可以使用AuthenTec的硬件、软件以及专利技术。一年之后，苹果在当时的iPhone5S中配置了Touch ID技术，核心原因就是为了阶段性垄断指纹识别技术，而主流手机厂商基本是在两年后才真正普及该技术。在非核心技术上，苹果会寻找多家供应商，相互牵制压价，其名单就有仁宝电脑、伟创力（Flex Limited）、英业达集团、光宝科技、和硕联合、广达电脑、纬创资通、台积电（芯片代工）以及鸿海。

2. 半监督半合作，构筑降本空间

苹果作为整个果链的"链主"，主导着整个供应链的价值分配和运行协调，有一整套供应链管理和控制措施。

一是秉持极其审慎严格的态度和超高的标准挑选代工制造商。苹果美国总部会派出专门团队到工厂考察，考核项目众多，苹果只对占据所属加工业前五名地位的制造商感兴趣，注重制造商的工艺水平、信息化建设、流程管控能力。

二是对供应商"事无巨细"的管理。从厂房的规划建设到如何培训工人，再到原材料和生产监控所需的计算机系统和软件，供应商都会得到苹果的建议，而且这种建议是带有强制性的。凡被苹果选中的供应商，都必须使用苹果指定的生产设备，以保证每一个产品模具的质量。苹果还深入生产过程中的每一个环节，事无巨细，都要过问。苹果有一支非常庞大的驻厂工程师队伍，仅在富士康工厂就有近5000名驻厂工程师负责保障苹果公司产品一流质量和生产效率。每个季度，苹果会对所有供应商进行打分和排名。排名靠后的供应商，未来获得的订单配额将会越来越少。

三是驻厂管理。驻厂的根本原因是不能相信供应商的承诺和能力或供应商能力和水平有限，根本目的是让专业的人在现场盯住供应商的各个工作步骤、环节和流程，在现场提供最直接的辅导和咨询，用最快速的时间帮助供应商解决问题。常见问题如产线员工流失，机台坏了或者被挪用给其他客户，不良品是不是被偷偷出货了，等等。对于整机组装厂，由于组装技术复杂，为了避免产品上市时间因为各种状况而耽搁，苹果公司必须安排驻厂人员入驻供应商工厂，比如苹果在富士康、和硕联合、广达电脑的驻厂人员就在百人以上，每个工厂都有专门的Apple Room让苹果的驻厂专家现场办公。至于原物料或模组器件供应商，就要针对公司规模、技术的复杂性和物料供应的紧急性、重要性来安排数量不等的工程技术专家和商务专家。苹果一般是由负责GSM（Global System for Mobile Communication，全球移动通信系统）、TPM（Total Productive Maintenance，全员生产维护）的研发工程人员以及 SQE（Supplier Quality Engineer，供应质量工程师）共同驻厂，现场解决重大问题，根据产品需求计划驱动项目向前推进。

（资料来源：https://baijiahao.baidu.com/s?id=1768008138133793620&wfr=spider&for=pc）

2.2.2 国际供应商选择与评价的方法

可以用来评价供应商的方法非常多，下面仅介绍其中一种最常用的方法——AHP-TOPSIS 分析法。首先利用 AHP（Analytic Hierarchy Process，层次分析法）计算所有影响因素的权重（该部分内容可参考《管理运筹学》教材中"决策分析"的相关内容）。TOPSIS（Technique for Order Preference by Similarity to an Ideal Solution，逼近理想解排序法）是根据有限个评价对象与理想化目标的接近程度进行排序的方法，是在现有的对象中进行相对优劣的评价。

① 确定权重。

假设一个企业面对 m 个备选供应商，有 n 个评价的影响因素，通过 AHP 分析得出所有影响因素的权重 ω_j，x_{ij} 表示第 i 个备选供应商在第 j 个影响因素下的评价值，则评价矩阵为：

$$A = \begin{bmatrix} x_{11} & x_{12} & \cdots & x_{1n} \\ x_{21} & x_{22} & \cdots & x_{2n} \\ \vdots & \vdots & \ddots & \vdots \\ x_{m1} & x_{m2} & \cdots & x_{mn} \end{bmatrix}$$

由于评价指标中每个指标的量纲和单位是不同的，无法直接比较、计算，所以需要将评价指标做归一化处理，可得到评价矩阵：

$$B = \begin{bmatrix} y_{11} & y_{12} & \cdots & y_{1n} \\ y_{21} & y_{22} & \cdots & y_{2n} \\ \vdots & \vdots & \ddots & \vdots \\ y_{m1} & y_{m2} & \cdots & y_{mn} \end{bmatrix}$$

其中，$y_{ij} = \dfrac{x'_{ij}}{\sum_{i=1}^{m} x'_{ij}}$（$i = 1, 2, \cdots, m; j = 1, 2, \cdots, n$） (2-1)

② 矩阵归一化。

将各影响因素的权重与归一化后的评价矩阵相乘可得加权评价矩阵：

$$V = \begin{bmatrix} \omega_1 y_{11} & \omega_2 y_{12} & \cdots & \omega_n y_{1n} \\ \omega_1 y_{21} & \omega_2 y_{22} & \cdots & \omega_n y_{2n} \\ \vdots & \vdots & \ddots & \vdots \\ \omega_1 y_{m1} & \omega_2 y_{m2} & \cdots & \omega_n y_{mn} \end{bmatrix} = \begin{bmatrix} V_{11} & V_{12} & \cdots & V_{1n} \\ V_{21} & V_{22} & \cdots & V_{2n} \\ \vdots & \vdots & \ddots & \vdots \\ V_{m1} & V_{m2} & \cdots & V_{mn} \end{bmatrix}$$

第 2 章
国际原材料采购与供应链管理

③ 确定最佳供应商集合和最差供应商集合。

最佳供应商集合 V^+ 由 V 中每列中的最佳值构成：

$$V^+ = \{(\max_i V_{ij} \mid j \in J_1), (\min_i V_{ij} \mid j \in J_2 \mid i=1,2,\cdots,m\} \quad (2-2)$$

最差供应商集合 V^- 由 V 中每列中的最差值构成：

$$V^- = \{(\min_i V_{ij} \mid j \in J_1), (\max_i V_{ij} \mid j \in J_2 \mid i=1,2,\cdots,m\} \quad (2-3)$$

其中 J_1 表示效益型影响因素的集合，J_2 表示成本型影响因素的集合。

④ 计算每一个备选供应商与最佳供应商和最差供应商的欧氏距离。

$$l_I^+ = \sqrt{\sum_{j=1}^n (V_{ij} - V^+)^2} \quad (i=1,2,\cdots,m) \quad (2-4)$$

$$l_I^- = \sqrt{\sum_{j=1}^n (V_{ij} - V^-)^2} \quad (i=1,2,\cdots,m) \quad (2-5)$$

⑤ 确立评价值的大小。

最后再应用式 2-6 计算每一个备选供应商的 TOPSIS 评价值，并根据评价值的大小进行排序选优，评价值越大越好。

$$Y_i = \frac{l_i^-}{l_i^+ + l_i^-} \quad (2-6)$$

【例 2.1】假设某一厂商正为工厂里需要的某种零部件选择供应商，一共有 7 个备选供应商，该厂商需要考虑的指标是交货提前期、产品质量、交货可靠性、产品价格。备选供应商评价表如表 2-1 所示。

表 2-1 备选供应商评价表

供应商	交货提前期	产品质量	交货可靠性	产品价格/元
供应商 1	16	0.89	0.91	208
供应商 2	18	0.88	0.95	236
供应商 3	21	0.96	0.93	229
供应商 4	14	0.85	0.88	198
供应商 5	13	0.83	0.94	216
供应商 6	20	0.94	0.96	205
供应商 7	24	0.98	0.99	212

假设通过 AHP 进行专家打分，交货提前期、产品质量、交货可靠性、产品价格这四个指标的权重分别是 0.36、0.32、0.21、0.11，加权后的归一化的评价矩阵为

$$V = \begin{bmatrix} 0.0457 & 0.0450 & 0.0291 & 0.0152 \\ 0.0514 & 0.0445 & 0.0304 & 0.0173 \\ 0.0600 & 0.0485 & 0.0298 & 0.0167 \\ 0.0400 & 0.0430 & 0.0282 & 0.0145 \\ 0.0371 & 0.0420 & 0.0301 & 0.0158 \\ 0.0571 & 0.0475 & 0.0307 & 0.0150 \\ 0.0686 & 0.0495 & 0.0317 & 0.0155 \end{bmatrix}$$

最佳供应商和最差供应商的评价值为

$$V^+ = (0.0371, 0.0495, 0.0317, 0.0145)$$

$$V^- = (0.0686, 0.0420, 0.0282, 0.0173)$$

计算可得 $Y = (0.6973, 0.5312, 0.3208, 0.7838, 0.8024, 0.3959, 0.2118)$

由此可见，供应商 5 是该厂商首选的合作伙伴。

2.3 全球供应商关系管理

全球供应商关系的发展先后经历了从最初的传统贸易往来关系，到后来的竞合（既竞争又合作）关系，供应商在向制造商或者零售商供应原材料或零部件的同时，自身也进入终端市场销售同类型产品，这种情况下，制造商或者零售商销售得越多，供应商获取的收益越高。但是供应商与制造商或零售商在终端市场竞争的时候，又会损害彼此的利益，因此随着这种竞合关系的发展，逐渐出现了普通合作伙伴关系，上下游企业之间通过合作提高产品质量，并进行一定程度的信息共享，快速响应市场。但是这种合作程度较浅，也并不稳固。近年来，随着经济全球化的加速发展，企业经营难度和风险显著增加，市场竞争已经从企业之间的竞争转变为供应链之间的竞争，于是产生了合作共赢的战略联盟伙伴关系。

2.3.1 全球供应链合作伙伴关系

随着经济活动的全球化发展与跨国企业的全球化布局，供应链的国际分工和复杂化程度不断提升。因此，全球供应链体系的形成是各类企业跨地域分工协作与各国国际分工布局深度递进的必然结果。

1. 全球供应链合作伙伴关系的概念

在全球化竞争环境下，跨国企业纷纷在全球范围内进行供应链的资源整合，与上游供应商和下游制造商结盟，或者说某一国卖主与另一国买主之间结联。结盟是指国际供应链中，上下游企业为了实现特定的目标，根据不同产品特性和经营环境，将设计、供应、生产、配送置于最适合的区域，使之相互协调、相互促进，在一定时期内实现信息共享、风险共担、共同获利的供应链合作伙伴关系。

2. 建立全球供应链合作伙伴关系的意义

（1）对于上游供应商来说，合作框架下的信息共享有利于其更多地掌握目标国市场需求信息，对目标国用户需求有更清晰的了解和理解，能够更快、更好地根据市场需求变化进行零部件或产品设计调整，减少产品开发的时间与成本。

（2）对于下游制造商来说，供应商参与制造商的产品设计和研发，可使供应商对其零部件在制造商终端制成品中的应用情况有更多了解。基于此，供应商对其零部件性能的改进可以提升制造商终端制成品的整体性能表现，进而提升消费者满意度。

（3）对于上下游企业双方来说，由于单独一个企业的研发成本较高且失败风险巨大，因此供应链合作可以实现上下游企业之间的工艺和技术集成，通过成本分担和利益共享来弱化风险，缩短交货提前期，提高交货可靠性。

2.3.2 全球供应链合作伙伴关系分类

关于供应链合作伙伴关系分类，不同学者给出了不同的分类方法，其中最著名的是Bensaou，他将供应链合作伙伴关系分为四种类型：买方积极型关系、卖方积极型关系、市场交换型关系和战略性合作关系，如图2-1所示。所谓积极，就是指投入越多者越积极。他用对合作伙伴投入"专用资产"的程度来衡量买方与卖方之间合作伙伴关系的差异，其中专用资产指的是企业为发展合作伙伴关系而投入的资金或专用设备，并且这种资金或专用设备一旦投入就很难转换为其他用途。专用资产不仅包括有形资产投入，还包括一些无形资产投入，例如针对双方企业合作进行的人员培训、供应链合作过程中的信息共享等。

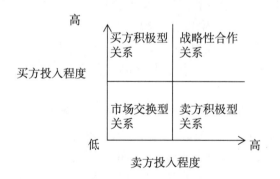

图 2-1 Bensaou 的供应链合作伙伴关系分类

但近年来更多的学者根据供应链成员合作的深化程度，将供应链合作伙伴关系大致分为以下四类。

1. 传统合作伙伴关系

传统的供应链上下游企业之间仅以订单为契机进行合作，订单结束合作即终止。供应链合作伙伴之间没有深度了解，交易的业务也比较简单，没有技术含量，因此供应链合作没有稳定性可言，下游企业较容易找到其他的替代供应商，上游企业也较容易找到其他的替代下游企业。

2. 竞争型合作伙伴关系

竞争型合作伙伴关系一般采用契约的形式，与建立合资企业这种股权式的伙伴关系相比，契约型合作关系通常持续时间不长，结束合作关系也不会涉及股权分割、财产清算等方面，手续比较简单。在这种竞争型合作伙伴关系里，合作双方的信任度不高，在合作的过程中难免会因为利益分配不均而起冲突，使合作关系破灭，因此这种合作关系较为脆弱，合作失败率高，合作时间短。

例如，阿里巴巴在 2008 年第一次进入印度市场的时候，选取印度 Infomedia 公司为合作伙伴，Infomedia 为阿里巴巴的印度 Gold Supplier 会员提供店铺营销策划方面的帮助，并帮助阿里巴巴积极地开发印度用户。合作过程让阿里巴巴了解了印度市场和消费者的需求，合作伙伴的本土企业身份也间接提高了印度消费者对阿里巴巴这个品牌的信任度和接受度。但是 Infomedia 公司和阿里巴巴同样从事 B2B 电子商务业务，两者之间存在较大的竞争关系。此外，由于当时印度电商市场尚未成熟，且印度的经济环境较差，因此双方合作并没有持续多久。

3. 跨国企业战略联盟关系

跨国企业战略联盟是指两个或两个以上的跨国企业为了追求共同的战略目标进行合作的形式，但联盟企业在经营过程中又不会丧失自主性。资源基础理论认为，战略联盟可以将联盟企业的资源聚集在一起，形成互补优势，企业不仅可以获得规模经济，而且还能够形成新的资源和能力。这种战略联盟关系需要多个职能领域的交互，从产品设计研发到生产计划安排，从产品库存管理、质量管理到市场营销和售后管理。

例如，近年来汽车行业的重要发展方向之一是自动驾驶技术。尽管部分公司能够自主开发自动驾驶技术，但由于开发成本高昂且风险较大，多数公司需要通过合作来分担资金和技术负担。因此，汽车制造商和供应商正在扩大联盟，共同开发可用于多家制造商的自动驾驶技术。比如宝马集团就曾宣布与全球最大芯片制造商英特尔及以色列地图和视觉感应系统供应商 Mobileye 结成战略联盟，共同合作开发自动驾驶汽车。Mobileye 为全球 20 多家汽车制造商供应摄像头、芯片以及辅助驾驶系统软件，这些都是自动驾驶汽车的基本组成部分。Mobileye 的 CEO 阿蒙·沙舒亚表示，"这一过程中面临的技术挑战是巨大的，就好比将人送上月球"。

不仅在制造领域存在供应链上下游企业的结盟，在电商和物流行业也是如此。例如，阿里巴巴在2014年以15亿元人民币入股新加坡邮政，双方签署了一份联合战略业务发展框架协议，共同寻找潜在的跨境电商契机，在不同的市场推出个性化的物流解决方案，促进彼此间的行业认知和平台资源的共享，充分利用双方的优势，以实现电商物流的服务效率提升和全链路覆盖。

4. 供应链纵向一体化战略关系

当战略联盟都不足以让供应链上下游企业进行深度合作、资源互补、互利互惠时，就会出现供应链更深层次的合作伙伴关系——纵向一体化。不同于战略联盟，一体化是指多个原来相互独立的主权实体通过某种方式逐步结合成为一个单一实体的过程。供应链纵向一体化是指企业通过兼并与其上下游相邻的其他企业，来获取更多资源，从而获得竞争优势的战略过程。

【福特汽车"纵向一体化"】

供应链纵向一体化又分为前向一体化和后向一体化。前向一体化是指企业将其产业布局向下游供应链或者消费端延伸，通过自己从事分销活动来控制自己的产出，这样能更直接地了解消费端的需求信息，增强在销售市场的竞争地位，并提升企业营业收入。后向一体化是指企业将其产业布局向上游供应方延伸，主要用于解决供应链生产成本控制、原材料管理和供应量问题，这样能够有效控制自己产品的质量和把控原材料的价格波动，降低供应链交易成本，避免政府的限制或管制以减少企业税收支出，但这一过程需要大量资金和人力资源的支持。

供应链前向一体化主要包括供应商被自己的供应商收购、供应商收购制造商、制造商收购零售商这三种情况。第一种情况，例如2021年11月16日，新疆八一钢铁股份有限公司发布公告，以自有资金收购其下游企业新疆八钢金属制品有限公司100%股权。新疆八钢金属制品有限公司是钢铁公司的下游企业，该公司主营业务为金属制品相关产品的生产与销售。公告显示，本次交易可延伸上市公司产业链，将疆内资源利用价值最大化，向钢铁制造上下游产业链覆盖，提高区域资源配置广度和配置效率，做强做大上市公司，增强盈利能力，减少关联交易。第二种情况，例如2022年9月，钣金与加工生产部件供应商Cadrex Manufacturing Solutions（简称Cadrex）宣布收购了IDL Precision Machining，后者是一家专注于工程的高度复杂精密零部件和组件制造商，这些零部件和组件主要用于航空航天和国防终端市场。而Cadrex的前身是CGI Manufacturing Holdings，该公司是一家复杂钣金和机加工生产部件、组件和焊接的领先供应商。Cadrex的合伙人Matthew Puglisi表示："我们认为IDL是Cadrex的一个高度协同的附加组件。除了扩大平台的覆盖范围，包括诱人的航空航天和国防部门众多细分领域的新市场客户外，收购IDL还提供了增量的复杂精密加工能力和太平洋西北地区的新市场机遇。"第三种情况，例如2017年1月10日，全球最大的香水制造商、全球美容界公认的领导厂商科蒂公司以6亿美元收购在线化妆品零售商Younique 60%的股份。科蒂公司在这起收购案中看中的是 Younique 独特的销售模式,据科蒂公司方面介绍,Younique 构建了一个极具影响力的点对点电商平台,依托互联网的广泛传播,Younique 已经在全球范围内募集了 20 万名美容代理,吸引了 400 万名消费者,2016 年的销售额有望突破 4 亿美元。

而供应链的后向一体化也很常见。比如在白糖领域,中粮集团是中国白糖贸易和生产的主要参与者之一。自 2010 年以来,白糖价格大幅上涨,涨幅超过 50%,但中粮集团的白糖年产量不足 100 万吨,相较于全国每年 1300 余万吨的市场需求,显得杯水车薪。尽管中粮集团对原材料的加工能力较强,但是由于国内农业资源有限,并且甘蔗等农作物容易受强降雨影响,原材料大量依赖进口,对于原材料供应数量、价格等关键问题的决定,中粮集团的影响力非常有限。面对这种原材料供应受制于人的情形,中粮集团必须向海外寻求资源,尽可能控制原材料的供应和减少成本,增强中粮集团在国内乃至国际白糖领域采购的话语权,进一步提高中粮集团在农产品领域的控制力。早在 2011 年 7 月,在对澳大利亚两家产能 40 多万吨的糖厂的收购争夺战中,中粮集团以 1.4 亿澳元的高价击败国际巨头邦吉公司,完成对澳大利亚 Proserpine 和 Tully Sugar 糖厂的收购,并在 2016 年收购了中国糖业酒类集团公司下属 7 家糖库公司股权,实现了规模、议价能力和谈判能力的快速提升。

2.4 国际供应链管理模式

2.4.1 初期国际供应链管理模式

初期国际供应链管理模式主要有三种:国际营销与配送模式、国际采购模式和离岸加工模式。

国际营销与配送模式是指企业的采购和生产以国内为主,但有一部分配送系统与市场在国外,面向国外业务。我国国内很大一部分一般商品出口贸易采用的是这种模式。

国际采购模式是指企业的原材料与零部件由国外供应商提供,最终的产品装配是在国内完成,部分产品装配完成后再运回到国外市场。比如美国著名的国际化品牌 UGG®Australia,它的中国代工厂,也是其全球最大的代工厂——位于河南省孟州市桑坡村的隆丰公司。该公司每年在澳大利亚的羔羊皮采购量占澳大利亚供应量的 70% 以上,它从澳大利亚大量进口生羊皮,再经过十几道工序鞣制成熟皮,并制成雪地靴、羊皮毛背包等产品。产成品中的一部分发往国内门店的仓库,一部分再发往美国、澳大利亚、欧洲等国家和地区的仓库。富士康等知名电子产品代工厂亦是如此。富士康常年为苹果公司代工手机组装业务,首先由苹果公司将手机零部件发往富士康在国内的各工厂,手机组装完成后,一部分产成品发往苹果公司在国内的仓库进行分销,另一部分则发往全球多个国家。国际采购模式是我国加工贸易最常采用的运营模式。

离岸加工模式是指产品生产的整个过程一般都在国外的某一地区完成,产成品最终运回到国内仓库进行销售与配送。比如近年来随着我国经济发展,劳动力成本逐渐上涨，而越南拥有比中国还廉价的劳动力成本优势，胡志明市的制造业一线劳动者月薪水平仅在 1500～2900 元人民币，加之越南政府政策方面的各种优惠政策，越来越多的中国企业赴越南投资建厂，再将产成品运回国内销售。

2.4.2 供应链延迟策略

随着全球经济一体化的快速推进，国际供应链逐渐形成以跨国企业为核心、价值链全球布局、业务流程协同合作、信息系统快速响应的精细化运作模式。这种模式下，供应链更加追求高效和快速响应，以适应不断变化的市场需求。针对客户需求稳定且需求量较大的产品，供应链尽可能以最低的生产成本来满足客户需求；针对客户需求波动性较大且难以预测的产品，供应链尽可能采用模块化生产和延迟策略来提高运营效率。

1. 延迟策略的内涵

延迟策略这一概念最早出现在与市场营销相关的研究中，是由 alderson 在 1950 年出版的《营销效率与延迟原理》一书中最先提出，他将延迟定义为一种营销策略，将形式和特征的变化尽可能向后推迟。这一概念后来广泛应用于物流和配送业务的延迟。而尤里奇、R.I.van Hoek 等学者认为在供应链中，延迟策略是将产品的差异化尽量延迟到供应链末端，在供应链的制造、存储、配送等活动中，根据客户订单到达点来延迟这些活动。还有的学者把延迟策略按照形式和时间进行分类。而我国物流与供应链管理领域的研究专家马士华认为，延迟策略是将部分供应链活动安排在接到客户订单之后，企业根据客户偏好组织最好的生产活动甚至是为客户定制产品。根据《物流术语》（GB/T 18354—2021）的定义，延迟策略是指为了降低供应链的整体风险，有效地满足客户个性化的需求，将最后的生产环节或物流环节推迟到客户提供订单以后进行的一种经营战略。

2. 延迟策略举例

惠普打印机的全新供应链模式是延迟策略最为经典的案例之一。惠普打印机凭借过硬的质量，在世界各地受到欢迎。但是，原来"供应商→本地工厂（进行打印机的全过程生产）→分销中心→分销商→客户"的供应链模式造成了运输时间长、占用流动资金多等问题，以及由于不同地区的电器规格和包装要求不同，当某一地区缺货时，为了应急，企业可能会将原来为其他地区准备的产品拆开重新包装，这大大增加了配送打印机的成本，给惠普带来了不小的压力。基于延迟策略，惠普采用了全新的供应链模式，即"供应商→本地工厂（生产通用打印机）→分销中心（对打印机进行本地化生产）→分销商→客户"。这一模式将最终产品的个性化定制延迟到本地的分销中心，从而大幅降低了成品库存量与安全库存周期，使得惠普可以根据销量变化更准确地控制产量，更好地把握市场需求，进一步增强对产品需求变化的适应性。由于通用打印机（半成品）的价格比最终产品低，从而在一定程度上节约了中途运输、成品损耗的费用。

总体来说，延迟策略包括制造延迟和物流延迟两类。制造延迟指的是将各种不同型号、不同规格的模块化的零部件暂时储存在组装厂或者距离客户较近的配送中心，当接到客户订单之后或者客户订单即将实现之时，再将这些零部件按照客户要求进行组装和包装。物流延迟指的是产品按照预测的计划来进行完整的生产，生产活动在客户下达订单前已经完成，这些产成品统一储存在配送中心或工厂仓库，在客户下达订单之后再将不同客户需要的不同产品分别进行配送。

汽车供应链属于典型的可模块化的装配型供应链，汽车工业的发展也出现了大规模定制的趋势，其中娱乐设备、舒适性设备的定制已经成为汽车定制中非常重要的一部分。汽车电子设备的控制元件和计算机一样是由软件和硬件组成的，许多控制元件的硬件外观极为相似，只是其中的软件有所不同。在实施延迟策略前，这些控制元件都是由供应商运输给汽车主机厂，并且控制元件中的软件已经安装好，汽车主机厂的工作就是把这些控制元件安装到汽车上。由于元件供应商控制了元件软件的安装，随着软件功能越来越多，供应商的定价也越来越高，导致采购成本不断增加。由于这些控制元件的硬件相差不大，其功能的变化主要取决于所安装的软件，因此有的汽车公司成立了自己的软件部门，在主机厂进行总装的时候在控制元件的硬件上安装基于消费者个性化定制的软件。这样可将通用的硬件组装业务从供应商处延迟到主机厂生产组装环节，不仅降低了与供应商谈判的成本，还显著提高了采购和生产效率。

服装企业的供应链也是如此。服装供应链涉及产品策划和设计、采购和生产、物流配送、销售等若干模块，服装产品更是极具个性化，容易受到消费者偏好改变的影响。众所周知，服装、鞋帽、箱包普遍存在同一款式不同花色的情况，许多企业提前将毛线或纱线编织成各种型号的半成品，当销售季节到来时，再根据当季的畅销颜色对半成品进行染色。有的服装企业还会先大量准备白色的底布，当销售季节到来时，再根据当季畅销款式进行着色和加工。这种策略将个性化生产工艺从原材料采购环节延迟到半成品加工环节，大大提高了商品的畅销概率。

3. 延迟策略的要求

延迟策略实施的前提是不能牺牲客户服务水平，其核心在于制造商生产过程的相对延迟，而不是延迟货物交到客户手中的时间，从而避免影响客户的购物体验。延迟策略对制造商接单后的生产速度与生产质量提出了较高的要求，同时也需要对生产工艺与生产流程进行重组与优化。制造商应当推进生产工艺的标准化，并且尽可能地简化原本复杂的操作流程，使得通用化、标准化的产品生产更为高效统一，大规模标准化生产也可以为后续最终产品的个性化组装定制节约更多的时间。延迟策略的实施需要多个部门和组织的通力协作。制造商接到订单后的快速反应是关键，所以对于信息的准确把控至关重要。企业需要根据订单数量及时进行统筹规划，确定生产的内容、数量等信息，并建立完善的信息系统以支持决策和执行。

2.4.3 一体化全球供应链模式

一体化是供应链上不同主体间推进合作的高级形式和发展趋势，一体化全球供应链管理是商界和监管部门面对国际贸易安全威胁日益严峻的形势所做出的主动回应，它有机地融合了全球供应链和全球监管链。如果将国际供应链看作是一条由货流、信息流和资金流等构成并连接供应商、制造商、分销商、零售商直到消费者的连续链条，那么以国际海关为代表的一体化监管链的构建，则是通过推动国际供应链上所有海关以及口岸各监管部门之间的有效合作和资源共享，围绕货物从启运地到目的地之间流动过程的各个环节，编织一条点到点的完整控制链，图 2-2 展示了一体化全球供应链下各参与方的运作流程。一体化全球供应链构建的目的是最大限度地兼顾各方主体的利益，通过各监管部门和商界的合作，以共同认可的规则、制度和手段实现协同运作与资源共享，使监管的时间和空间在国际层面上得以最大限度的延伸与拓展，从而保持监管部门和商界对货物在国际贸易流动过程中持续而有效的控制，使国际贸易能够以尽可能低的成本将各种危险因素排除在外，有效实现和维护国际贸易的安全与便利。

2.4.4 基于 SCOR 的国际供应链运作

1. SCOR 的内涵

SCOR（Supply Chain Operations Reference-model，供应链运作参考模型）是由 SCC（Supply Chain Council，供应链协会）开发并授权的跨行业供应链管理标准，是适用于不同领域的供应链管理所参考的模型。SCOR 建立在业务流程重组、标杆设定及业务流程评测等概念上，将这些技术集成到一个可配置的跨功能框架中，是一个标准的供应链流程参考模型，也是供应链的诊断工具。

SCOR 按照流程定义可分为三个层面，每一层面都可用于分析企业供应链的运作。第一层面即顶层，由 5 个基本的管理流程组成，它们分别是计划、采购、生产、配送和退货管理流程，每个流程都有相应的支持系统。第二层面定义了 26 种核心流程目录，企业可以从这些核心流程中选择适合自己所需的流程，构建实际的或理想的供应链。第三层面是为企业提供提高供应链绩效所需的计划和目标设定信息。

首先对第一层面进行分析。

（1）计划流程。

计划指需求/供应计划，其重要作用在于帮助跨国企业规划和建立一套能监控供应链，使其更有效率、成本更少，并能够给予客户更高服务品质的行动方案。计划流程包括跨国企业评估自己的整体生产能力、总体需求计划，针对产品分销渠道进行制造或采购决策的制定、供应链结构设计、长期生产能力与资源规划等。

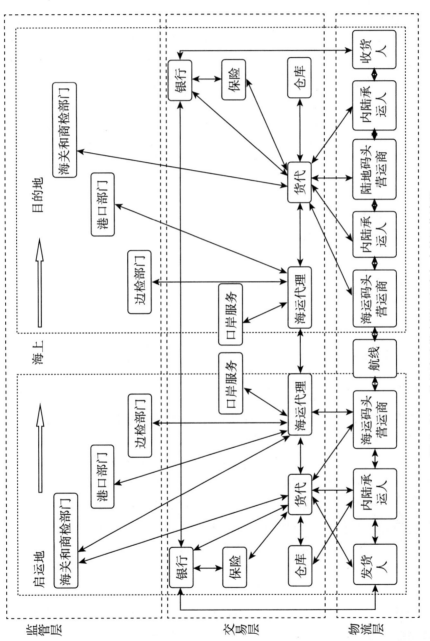

图2-2 一体化全球供应链下各参与方的运作流程

（2）采购流程。

采购流程是指跨国企业根据计划阶段制订的采购计划，与供应商进行谈判、签订合同等操作。在采购流程中，跨国企业需要选择合适的供应商，确保其能够按时、按质、按量地提供所需产品或服务。跨国企业与供应商应共同研究制定出一套有关产品定价、货物发运和付款过程保障的机制，并建立能改善彼此关系的合作制度。

（3）生产流程。

生产流程是指将原材料或零部件转化为成品的过程。这个过程中需要考虑到生产效率、产品质量、成本等因素，同时需要跨国企业与供应商和下游企业进行及时沟通，确保生产计划的顺利执行。生产流程还包括跨国企业物料接收、测试产品、货物包装、储存与发货等活动，这些活动受到设施与设备、车间作业计划、短期生产能力等因素的影响。

（4）配送流程。

配送流程是将产品或服务交付给客户的过程。在这个过程中，需要考虑配送渠道、配送时间、运输方式、运输成本等因素，同时需要确保客户能够及时收到满意的产品或服务。

（5）退货流程。

退货流程包括退还原材料给供应商、与商业伙伴的沟通、接收并处理从客户处返回的产品。

第二层面涉及核心流程数量多达 26 个。例如，在计划层面，企业需要整合资源、管理产品以及规划库存；在采购层面，企业需要识别供应商并确定合作关系、购置原材料或设备，同时开展产品采购标准化管理；在生产层面，企业需掌控和监督生产现场的实际状况，包括设备运行、工程进度以及产品运输等；在配送层面，涉及多项管理活动，如产品订单管理、装车操作、运输工具选择及配送路线规划；在退货层面，企业需与合格合作伙伴沟通，主要交涉内容包括原材料的购置与退货。此外，企业可依据订单情况重新对供应链进行配置，并执行新的运行策略。

根据对 SCOR 的层次划分可知，流程要素层是第三层面，有助于企业获取所需目标的基础信息，并在第二层面之上细化配置层所有流程单元中的相关元素，使流程更为详细，进而实现供应链效益的不断提升，为供应链风险的识别和防范打好基础。

2. 基于 SCOR 的国际供应链风险因素识别

（1）计划流程的风险因素识别。

主要包括市场需求预测不准确，客户订单中应急订单和插单，供应链管理出现问题，供应链库存控制管理缺乏系统性，计划与公司政策不匹配，生产计划不合理导致供应链风险。

(2) 采购流程的风险因素识别。

主要包括采购需求不准确，目标地域选择不当，对国外市场不熟悉，采购时机错误，无法获取准确的供应商信息，采购合同不规范，原材料交货延迟，原材料质量不合格，原材料仓库地址选择不当，原材料库存过高，采购价格变动，付款交易不规范导致的供应链风险。

(3) 生产流程的风险因素识别。

主要包括生产活动不合理，生产线设计时间过长，生产设备不能满足生产需求，生产工艺制定不当，生产技术不成熟，产能不足，生产人员安全意识淡薄，生产人员技术水平不达标，产品质量不合格，产品库存不合理导致的供应链风险。

(4) 配送流程的风险因素识别。

主要包括运输模式不适合，产品延迟交付，配送环节较多，有多个物流运输商，海关通关效率低，汇率变化导致的供应链风险。

(5) 退货流程的风险因素识别。

主要包括退货过程中的重复运输，过多产品被退回，退货策略不当导致的供应链风险。

习题

一、判断题

1. 在采购中，企业与供应商仅需关注产品定价和货物发运的物流信息，无须建立合作制度以改善彼此关系。（   ）

2. 某超市集团总部结合每个门店上报的数据，统一采购货品，再分发到每个门店，这属于集中式采购。（   ）

3. 供应商对自己的供应商的考察不属于跨国企业供应商选择考察的范畴。（   ）

4. 某汽车制造商和某芯片公司达成战略合作协议，共同研发汽车自动驾驶芯片，这属于供应链纵向一体化战略。（   ）

5. 某油漆制造商在油漆生产过程中根据订单需求添加不同颜色的颜料，再将成品投入市场，这属于延迟策略。（   ）

二、单选题

1. 以下（   ）不属于跨国企业战略联盟合作形式。

A. 东风集团和沃尔沃集团分别持有55%和45%股权，建立以资本为纽带的战略联盟，共同研发东风品牌商用车

B. 雷诺汽车公司与日产汽车公司签署合作协议，组建雷诺-日产联合采购公司

C. 戴姆勒公司与克莱斯勒公司结成战略联盟，实现优势互补、提高竞争力、扩大国际市场

D. 阿里巴巴与苏宁易购宣布进行战略合作，双方交叉投资，打通线上线下服务

2. 以下（　　）属于完整的国际采购模式。

A. 传音公司在非洲本土采购原材料进行手机加工组装，再将手机成品卖向非洲市场

B. 苹果公司在中国台湾地区采购平板、手机、电脑等电子产品的零部件，并在中国内地的富士康公司进行加工组装，再将产品卖到国内和国外市场

C. 国际婴幼儿奶粉品牌公司从荷兰、新西兰、爱尔兰、澳大利亚进口优质奶源到中国国内工厂，再在中国国内工厂添加微量元素等配方，最终将奶粉全部卖向中国市场

D. 温州某纺织厂从台州采购桑蚕丝、聚酯纤维、棉花等原材料，做成旗袍出口到欧美国家

3. 以下（　　）不适合用 AHP-TOPSIS 方法来分析。

A. 跨国企业海外工厂选址　　　　B. 某超市的配送中心选址
C. 某企业的供应商评选　　　　　D. 某企业的运输路径优化

4. 以下（　　）属于供应链一体化战略。

A. 沃尔玛和宝洁公司合作开发的著名的宝洁-沃尔玛协同补货模式

B. 中集集装箱制造公司与它的钢材供应商宝钢公司结成供应链联盟，约定市场旺季时宝钢公司向中集集装箱制造公司稳定供给，市场淡季时中集集装箱制造公司保证向宝钢公司进行一定量的采购

C. 中粮集团农产品板块的利润率受制于原材料供应不足，为了提高其在农产品领域的控制力，斥巨资收购澳大利亚 Tully Sugar 糖厂

D. 日本本田汽车公司与韩国浦项制铁集团签署合作协议，共同研发碳中和环保钢板

5. 以下（　　）不属于国际供应链风险。

A. 在全球供应链中，企业向某一国家拓展业务时难免会遇到目标国的政策性区别干预

B. 全球供应链上每个国家的对外开放程度，税务制度的变动，法律法规的限制，货币税率、汇率的波动都会影响供应链的稳定

C. 世界格局的复杂性和多变性、国家与民族之间不同的政治环境和合作友好关系程度均会成为全球供应链风险的重要来源

D. 由于产品设计考虑不周、生产技术水平不够、生产过程把关不严等原因造成的质量不确定性风险

三、简答题

1. 延迟策略的内涵是什么？请举例说明。
2. 供应链合作伙伴关系在什么时候或者什么条件下有必要采取纵向一体化战略？
3. 试用 AHP-TOPSIS 方法分析你身边遇到的需要评价和比较的对象。
4. 请结合某一具体行业，分析该行业的供应商选择与评价标准，以及该行业的供应链上下游企业合作伙伴关系。

四、案例分析

零部件供应商密集整合　波音正在重塑零部件供应链

【波音、空客的供应商结构分析】

鉴于飞机制造业的利润和产能屡屡受限于供应商的状况，各类OEM为了获取更多利润和更强的话语权，都纷纷选择实施整合战略，通过投资、合资、并购的方式将产业链延伸，其中以延伸至零部件行业者居多。目前，波音正在实施垂直整合战略并已取得惊人进展。其纵向一体化格局雏形初现，将与零部件供应商展开正面竞争，机体、电源系统、航电系统极有可能是波音的下一个供应链整合目标。

空客、波音等机体OEM承担飞机型号项目的大部分风险和开发成本，利润率却通常只为零部件供应商的一半。据Avascent咨询公司提供的数据显示，以过去3年未计利息、税项、折旧及摊销前的收入为例，空客的利润率为7%，波音的利润率为10%，而飞机结构件供应商Spirit的利润率为14%，内饰供应商B/E公司的利润率为20%，发动机供应商普惠公司的利润率达到了20%，航电供应商罗克韦尔柯林斯的利润率更是达到了23%。因此，机体OEM开始采取积极的双管齐下的方法以重新平衡业务盈利能力：一方面迫使供应商在原来基础上进行重大价格让步，另一方面力争在利润丰厚的售后市场中占据更主导的地位。

空客和波音在提高盈利能力上做出了一致的努力——强制降低零部件采购成本。2015年，空客启动了一项针对空客A320飞机的SCOPe+计划，施压A320飞机项目供应商在2019年前降价至少10%。与之相对应，波音公司也已经早在2012年就推出了旨在削减成本的成功伙伴计划（Partner for Success，PFS）倡议。PFS倡议为波音的供应商提供了一个简单而又艰难的选择：或者降低15%~25%的价格，或者面临失去与波音合作业务的风险。

联合技术公司的航空部门UTAS在加入空客SCOPe+计划一年之后，拒绝降低起落架组件的价格。2017年9月4日，联合技术宣布将以300亿美元（含70亿美元债务）收购罗克韦尔柯林斯，成就了目前航空史上最大的一起收购案。在联合技术与罗克韦尔柯林斯顺利整合后，新公司Collins Aerospace Systems将是全球航空系统领域中规模最大、业务最全面的零部件供应商，将能够生产飞机发动机、起落架、座椅及航电设备等所有飞机部件，甚至包括娱乐设备上的触摸屏。这一整合的主要原因是联合技术和罗克韦尔柯林斯希望进一步扩大规模，增加自身与机体OEM合作时的筹码，但客观上进一步加剧了机体OEM与其主要零部件供应商之间的紧张关系，同时也对全球航空业格局产生了深远的影响，刺激了航空业引发新一波的并购高潮。

当飞机零部件供应商巨头之间纷纷开始联手之后，波音和空客等机体OEM在零部件设计方案和价格谈判中的话语权越来越弱，主导地位越来越受到挑战，不仅需要维持现有的销售业绩和利润率，协调客户和供应商之间的关系，还需要寻找在这一快速变化的行业环境中继续保持增长的新途径。于是，空客、波音等机体OEM开始从源头抓起，力图把更多的飞机零部件生产供应掌握在自己手中。

波音纵向一体化格局初现

在过去两个月中，波音加快了垂直整合战略的实施步伐，并取得了一系列惊人的进展。波音先后宣布收购航空航天零部件制造商KLX，以及与赛峰集团成立APU合资企业，在业界引起了不小的震动。

2018年5月1日，波音宣布将以约32亿美元现金收购航空航天零部件制造商KLX，用以扩展飞机服务业务。这笔43亿美元的交易将于今年结束，届时将并入波音旗下的零部件、设备和服务子公司Aviall。KLX拥有约2000名员工，在超过15个国家拥有客户服务中心，这将让波音一跃成为业内领先的紧固件、化学耗材和配送服务的供应商，KLX拥有的复合材料制造能力也将扩大Aviall的产品服务范围。波音估计，到2021年，此次收购将能每年为其节省成本约7000万美元或更多。

2018年6月5日，波音宣布将和法国发动机制造商赛峰集团成立合资企业，旨在设计、制造辅助动力装置（APU），以及为APU提供相关售后服务。双方计划在2018年下半年签订正式合作协议，两家公司将各自持有新公司50%的股份。这意味着波音将与业内两大APU供应商——霍尼韦尔和加拿大普惠（联合技术旗下）进行正面竞争，强烈冲击霍尼韦尔和联合技术在此领域的优势地位，并大大增强波音实施成本控制策略的筹码。

事实上在五年前，波音就开始通过其垂直整合战略，向航空工业产业链中下游延伸，通过投资、合资、并购的方式更多地控制下游飞机零部件的生产，实现了向航电、结构件和推进系统等新领域的扩张。垂直整合战略不仅能够增强机体OEM自身的飞机零部件生产能力，很好地帮助他们为客户提供更好的飞机产品，还帮助机体OEM在售后服务市场获取更多利益。航材服务历来是机体OEM侵入售后服务市场的撒手铜。以波音为例，其航材部的业务主要包括Aviall和波音公司自己的原厂件销售，2017年Aviall公司的年收入近40亿美元，加上波音的原厂件业务，预计波音整个民用航材部门的业务收入在50亿美元左右，占到了其整个民机售后服务市场收入的70%。

（资料来源：https://www.sohu.com/a/238498412_614838）

案例思考题：

1. 企业在什么情况下需要建立纵向一体化战略联盟？
2. 纵向一体化给下游制造企业带来什么好处？

五、延伸阅读与写作

欧盟委员会于2022年6月底通过了国际采购工具法案（International Procurement Instrument，简称IPI法案），该法案于2022年8月底正式生效，有效期5年。早在2012年3月，由法国牵头、欧盟委员会首次提出，须使用政策性工具改善欧盟同非欧盟国家间在政府公共采购领域的不对等关系。根据欧盟的观点，欧盟在政府采购领域，尤其是重大工程项目的招标程序中，对所有国家都采取了无差别、无歧视的透明政策。而非欧盟国家，尤其是非GPA（Agreement on Government Procurement，政府采购协议）成员国，却通过歧视性政策的设置，限制或者禁止欧盟成员国企业参与其政府采购项目。

欧盟援引了一系列研究文章，用于佐证其观点。在这一系列文章中，主要针对中国工程市场的开放程度进行了批评，指责中国对重大工程建设项目未开展无差别的国际招标，如三峡水利枢纽工程和高铁工程等。因此，虽然官方口径中IPI法案针对的是所有非GPA成员国，但实际上对于中国具有很强的针对性。2016年，欧盟委员会又对IPI法案的立法草案进行修订。值得注意的是，在该版草案中，欧盟已经开始不掩饰其对中国的针对性，明确提到了中国中标了价值3.52亿欧元的欧盟资金工程项目。

2021年6月，欧盟27个成员国首次在IPI法案适用的意见上达成共识。同年，欧洲人民党党团向欧盟议会提交了最新版IPI法案的立法草案，并交由欧洲议会国际贸易委员会进行讨论和审议。2021年版本的IPI法案较2016年版本有两处重大修改，包括：① 2016版草案中的IPI不触发的条件中规定的单个项目投标来自非覆盖国（指非GPA成员国以及未与欧盟签署政府采购双边协议的国家）的份额从不超50%降为不超15%；②将2016版草案中的调查与谈判两个独立流程合并为一个流程，时间从之前的最多27个月缩短为最多14个月。

非覆盖国是指未加入WTO框架下政府采购协议（GPA）的国家或者未与欧盟就开放政府采购签订双边协议的国家。我国虽然早在2001年便加入了WTO，但是目前尚不是GPA成员国，也未与欧盟签订开放政府采购的双边协议。IPI法案要求，欧盟可以自己发起或者应相关利益方的申请，对未加入世界贸易组织（WTO）政府采购框架，并且未与欧盟签署政府采购协议的非覆盖国发起调查，以判定是否在其政府采购程序中对外国企业存在的歧视性政策，调查的同时邀请该非覆盖国进行谈判并要求做出整改。如在规定的时间内得出的调查结论为存在歧视性政策且该非覆盖国在规定的时间内未能废除或修改歧视性政策，则可针对该国启动使用IPI。

IPI的使用包括：①价格评分调整措施，即价格评分时，在报价基础上可最多赋值40%，用以计算价格得分。如进行价格单项评分时，最低价为满分，其他出价按照最低价与其比例作为系数，乘以100分后得出该价格的得分。IPI触发时，在进行价格评分前，先对来自非覆盖国企业的报价进行赋值，再排名。赋值仅用于评标，与最终签约价格无关。②直接排除该国企业参与资格。③上述①和②结合使用。

政府采购协议（GPA）是世界贸易组织（WTO）的一项多边协议，目标是促进成员方开放政府采购市场，扩大国际贸易。GPA由WTO成员自愿签署，截至2020年，有美国、欧盟等14个参加方，共41个国家和地区签署了协议。尽管中国已于2007年底启动了加入GPA谈判，至今依然没有成功加入GPA。GPA 2012第22条2款规定，

WTO 成员方可"根据其与各参加方议定的条件"加入 GPA，这意味着只有在与所有 GPA 参加方谈判成功的基础上，我国才能加入 GPA。

请你广泛查阅资料和文献，分析中国为什么要加入 GPA？中国企业应如何应对 IPI 法案？并写一篇分析报告。

【在线答题】

第 3 章
国际企业生产管理

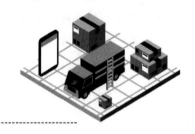

📖【教学目标与要求】

1. 了解国际生产体系
2. 理解国际生产管理相关理论
3. 掌握跨国企业生产区位选择

第3章
国际企业生产管理

【导入案例】

越南将取代中国,成为下一个世界工厂?

近年来,中美之间的贸易战,带动了首波产业转移风潮。在美国政府多次施压喊话后,部分在华外企开始向中国周边国家转移,于是,方便海运物流的越南"渔翁得利",成了外企眼中的香饽饽,比如耐克、三星,乃至苹果等,都将生产线迁到了越南。因此,越南也被部分国际媒体捧成了下一个"世界工厂"。

客观而言,一方面因为中国严格的抗疫政策,导致部分外企转移出口订单。越南与中国相邻,方便转移生产线,海运物流条件也不错,劳动力更廉价,而且与多国签有自贸协议,足以满足外企需求。另一方面,由于中美之间的贸易战和西方遏华战略的种种举措,一些外企因迎合本国的政治立场,抵制采购我国原材料产品等,遭到了中国民众的自发抵制,令其在华利益受到了不小冲击。于是,在中美之间左右逢源的越南就成了外企"逢凶化吉"的选项。"如果不是美国加税,我们不可能去越南。"一位在越南办厂的汽配企业负责人如此表示。特朗普时代美国大幅增加对华进口关税,同样是汽配产品,美国对越南是零关税,对中国则征收25%的关税。

然而越南真的可能撼动中国"世界工厂"的霸主地位吗?对此,一些入驻越南的企业却持否定态度,还异口同声地表示"不可能"。实际上仅仅是供应链终端组装环节的外企转移去了越南,上游供应链环节的中间生产部分的外企仍然在我国。越南的工业体系和产业链尚未成熟,加工出口的上游供应链持续依赖中国,电子业厂商更多是通过中越陆路的边境,从中国获得企业所需的零部件和原材料,这其实从某种意义上意味着以中国为中心的供应链网络规模变得更大了。所谓的"越南制造",实际上大部分是在对"中国制造"进行组装和包装,一旦中国这个供应方出现"断供",外企在越南的产业链将会受到大幅制约。

不仅如此,越南国土面积狭小,平原面积不足20%,自然资源十分稀缺。越南的人口不到中国的10%,连广东省的人口数量都不到,如果把越南全国GDP总量放在中国城市GDP的排行中,只能排在第八,介于苏州和成都之间。随着近些年越南持续接收来自我国和外国转移的制造业,其人力成本也在飞速上涨。而且,越南的专业技术人员太少,难以满足高端产业链的需求,只靠低端产业链是无法与中国争夺"世界工厂"的。

(资料来源:https://baijiahao.baidu.com/s?id=1739316011284123161&wfr=spider&for=pc)

请问:世界各大经济体为什么要将代工厂、生产线从中国转移到越南?越南是否能取代中国成为下一个"世界工厂"?

3.1 国际生产体系

3.1.1 国际生产体系概述

自 20 世纪 90 年代后半期以来,为适应经济全球化发展趋势,跨国企业纷纷调整战略和组织结构,全球化战略成为跨国企业发展战略的主要特征。国际生产体系是跨国企业为适应世界经济环境而形成的产物,它体现了国际企业对其全球价值增值活动的区位布局安排。国际生产体系也被称为"以世界为工厂""以各国为车间"的全球化经营模式。该生产体系是以跨国企业为中心,几个国家参与一个特定产品的不同生产阶段的制造过程,最终形成国际化生产网络。在这里,生产指的是广义的增值过程,而不仅仅局限于加工制造过程。在制造业领域,增值过程包括从研发、制造、销售到售后服务的各个环节;在服务业领域,增值过程更是贯穿于服务提供的全部阶段。在这个过程中,跨国企业通过生产流程优化设计,将不同生产阶段布局在最有效率和成本最低的区位上,利用区位成本、资源、物流和市场的差别来获取利益。

3.1.2 跨国企业国际化生产的基本模式

跨国企业国际生产体系的模式多种多样,不仅包括产权模式,而且包括种类繁多的非产权模式。具体来说,其主要包括以下几种常见的基本模式。

1. 加工外包

加工制造企业利用采购者提供的原材料和设备从事加工生产,在我国被称作来料加工。来料加工是指由外商提供全部或部分原料、材料、辅料、零部件、元器件、配套件和包装物料,必要时提供设备,由我方加工制造企业按外商的要求进行加工装配,产成品交给外商负责销售,我方仅收取加工费。加工外包又分为两种形式:第一种是原料和成品不计价,加工制造企业收取约定的加工费;另一种是原料和成品分别计价,加工制造企业通过对开信用证或付款交单的方式收取费用。

2. 原始设备制造(OEM)

OEM(Original Equipment Manufacturer,原始设备制造),又称贴牌生产,是指加工制造企业完全按照委托企业(品牌商)提供的设计方案生产并在产成品上贴上委托企业的品牌。委托企业不直接生产产品,而是利用自己掌握的关键核心技术负责新产品的设计和研发并控制销售渠道,具体的加工任务交给别的企业去做。

OEM 模式是许多行业尤其是装备制造业最常见的分工合作方式,品牌商只生产最核心的部件,如发动机、变速器等,其他零部件全部采用 OEM 模式采购,最后在总装工厂装配下线。品牌商往往也不会把其产品的核心技术传授给代工企业。大众熟悉的消费电子领域如手机、电视等,则是使用 OEM 模式最早、最普遍的领域,几乎所有我们熟知的消费电子品牌均采用了 OEM 模式，如苹果、华为、海尔、美的等。

OEM 模式是早期中国制造业参与国际贸易的模式。早期的中国制造业利用廉价劳动力的比较优势，进入国际贸易市场参与竞争。OEM 企业并不需要担心除生产以外的事情，通过低端又简易的加工就可以参与国际贸易，正好适合以前技术落后、资源薄弱的中国制造业。而品牌商也可以专注于研发自身产品所需的核心技术以及开拓市场等，还能免去本地高额的加工人力费用。我国制造业中的服装企业曾经是一支庞大的代工产业队伍。例如服装企业的出口量一直持续增长，我国每年的服装出口金额超过 1000 亿美元。虽然是贴牌生产，但是带动了服装行业在我国的发展与改革。OEM 模式是劳动密集型企业偏爱的模式，在资源有限的情况下，以极低的劳动成本获得国际订单，同时生产技术得到提升，为现在中国的创新改革之路奠定良好的基础。

纵观国际代工企业发展过程，OEM 模式给代工企业带来诸多好处，主要体现在以下几方面。

（1）有利于消化过剩的生产能力和闲置的资源。

希望承接 OEM 生产的代工企业往往具有一定量的过剩的生产能力和闲置资源（包括劳动力），充分利用这些能力和资源，使其得到最大化的利用、创造最大的价值，是符合企业利益和经济学规律的。

（2）进入国际市场，参与国际竞争。

代工企业通过 OEM 模式参与全球生产，能够使代工企业的产品低风险地进入国际市场的同时，逐步熟悉国际市场中的经营环境，为自己逐步参与国际竞争创造了条件。比如国内电子制造等行业竞争日趋激烈，市场趋于饱和，某些国内制造企业为了能开拓市场，为国外品牌企业进行 OEM 生产，这样做既在一定程度上化解了经营风险，又使得企业参与到全球生产中来，增强了企业的国际化意识。

（3）学习先进的管理方法和生产技术，缩短与先进企业的差距。

OEM 购买方一般在生产管理、市场营销和产品开发等方面具备较强实力，OEM 代工企业的生产环节往往在 OEM 购买方的产品供应链中扮演重要角色，因而在双方合作过程中，OEM 代工企业的生产环节往往需要在质量控制和运营管理等管理环节上按照 OEM 购买方的要求，以先进的现代企业管理方法和生产技术组织生产活动。因此，利用参与代工产品生产环节的机会，可以逐步掌握代工产品中的技术并加以消化吸收，不断积累参与该产品价值链的上下游环节的经验和客户，提高企业的管理水平和生产技术。

（4）避开本企业不熟悉的环节，充分利用比较优势。

对有些起步阶段的代工企业来说，自己除了生产上的成本优势外，并无太多设计、研发和市场开发方面的经验，如果能够利用代工做 OEM 生产，能够避开自己暂时不熟悉的环节，利用自身的优势进行经营发展。当企业初次面对国外市场时，由于经营环境、社会文化等诸多方面的差异，很难快速建立自己的经营体系，但是如果借用当地公司的销售力量，就会便捷很多。比如富士、理光等公司在刚进入欧美市场时，都主动对其在欧美的厂商和经销商采取了 OEM 生产方式，这样既减少了企业适应新环境的风险和矛盾，又减少了企业进入市场初期的投入。

3. 原始设计制造（ODM）

ODM（Original Design Manufacture，原始设计制造），又称设计外包，是指委托企业（品牌商）提出产品的大致要求后，由制造方提供从研发、设计到生产、后期维护的全部服务，由品牌商负责销售的生产方式。承接设计制造业务的制造商被称为 ODM 厂商，其生产出来的产品就是 ODM 产品。尽管 OEM 和 ODM 都是贴牌生产模式，ODM 与 OEM 模式相比制造方不是纯粹地按单生产，而是加入了自己的设计开发，相对来说有更多的话语权。ODM 厂商不仅可以为多个品牌商服务，也可以创立自己的品牌。例如河南省孟州市的隆丰公司，长期以来为美国品牌 UGG® Australia 代工羊毛加工产品，但是因为其过硬的技术，隆丰公司也在积极开拓自有品牌产品的生产和销售。毛利率低是 ODM 厂商面临的普遍难题，由于没有品牌溢价，ODM 厂商面对行业下行和同行竞争时只能不断压缩自己的利润空间。

▶ **案例 3-1** ◀

一年卖出 1.4 亿部手机、1000 多万台笔记本电脑、3000 多万台平板电脑，但在"智能硬件三大件"的品牌销售榜单里，华勤技术却没有上榜。"一顿操作猛如虎，最后入账二块五。"高营收、低毛利率，是 ODM 企业的通病。华勤技术是专业从事智能硬件产品的研发设计、生产制造和运营服务的平台型公司，属于智能硬件 ODM 行业，华勤技术大客户云集，包括三星、联想、小米、OPPO、华为等众多知名品牌。有行业人士指出，ODM 跟做品牌最大的区别是，在给别人做东西还是给自己做东西，归属权非常清晰，给自己做东西的心态是不一样的。

华勤技术表示，其与部分客户采用 Buy&Sell 模式实施部分关键原材料的交易，拉低了毛利率。报告期内，华勤技术存在大量供应商与客户重叠的情况。如联想、三星、华硕、宏碁都曾在华勤技术前五大供应商之列，同时，三星、联想、华硕、宏碁也均是华勤技术报告期内的前五大客户。这就是华勤技术的 Buy&Sell 模式。该模式常见于 OEM 代工厂，OEM 是指品牌商拥有产品的知识产权，生产厂只负责生产制作。Buy&Sell 模式下，品牌商向供应商直接购买原材料，再将原材料（不经过任何加工）直接转卖给 OEM，由 OEM 将原材料组装成成品再出售给品牌商。该模式弊端很明显，因为账期的差异，OEM 代工厂需要投入更多的运营资金。

（资料来源：http://baijiahao.baidu.com/s?id=1766143907103856308&wfr=spider&for=pc）

4. 原始品牌制造（OBM）

OBM（Original Brand Manufacture，原始品牌制造），指的是加工制造企业在具备生产能力之后，生产自有品牌产品的一种商业模式。这种模式下，加工制造企业掌控设计研发、生产制造、市场销售、售后服务等一系列环节，并通过自有品牌参与国际竞争。OBM模式更加注重品牌战略，企业一般通过自主创新创设新品牌或收购目标市场已经成熟的品牌。例如台湾宏碁（Acer）公司早期专门为IBM这样的大公司做OEM业务，后来逐渐发展成为拥有自有知名品牌的原始品牌制造商。又如捷安特（Giant）公司是一家非常受欢迎的专业售卖高性能自行车的公司，但是它曾经也是以贴牌生产为主的OEM厂商，曾为Trek、Cervelo、Scott等品牌商贴牌生产自行车车架。

【OEM、ODM、OBM简介】

3.2 国际生产管理相关理论

3.2.1 国际生产分割理论

1. 国际生产分割的概念

最早对国际生产分割给出完整定义的是Jones和Kierzkowski，其将国际生产分割定义为"生产链被分割为两个或两个以上的分离环节，并在不同的国家被执行的过程"。类似的一些概念在公开场合被相互替代使用，如"外包""离岸生产"等。图3-1展示了国际生产分割结构的基本特点，有助于读者能够更好地理解国际生产分割。

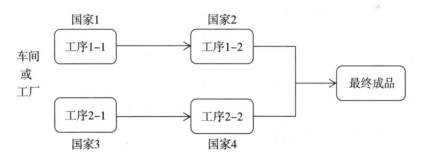

图3-1 国际生产分割结构的基本特点

国际生产分割本质上是包含中间产品的产业内垂直贸易分工。在国际生产分割条件下，各个生产环节在价值增值中的地位不一样，有的生产环节位于价值链的上游，附加值比较高；而有的生产环节位于价值链底端，附加值比较低。比如随着中间产品贸易的发展，全球生产网络在加工制造业中发展得非常迅速，但是中国各行业进口使用的外国成分存在很大差异。中国的计算机行业总体上处于价值链的底端（外国成分占比高），纺织行业处于价值链的中端（外国成分占比中等）。在食品加工行业，以及玩具、运动用品和家具等制造行业，外国成分占比较低。甚至有学者发现，当把企业出口产品中所使用的外国成分与其出口产品质量联系起来后，可以发现以下经验证据：中国出口到富裕国家的产品比出口到贫穷国家的产品包含更多的外国成分。

2. 国际生产分割的度量

大量国内外学者研究了国际生产分割程度的度量问题。发展中国家在参与国际生产分割的过程中总体上处于接受外包的一方，所参与的主要环节是从发达国家或其他发展中国家进口中间产品和零部件，进行进一步加工以后对外销售；加工完成以后，很多最终产品所处的分类位置和中间产品与零部件所在的分类位置并不相同，因此难以使用进口量作为度量国际生产分割程度的指标。国际生产分割程度的度量方法主要可以分为三大类：第一类方法是基于国际贸易标准分类（Standard of International Trade Classification，SITC），选择特定分类或者自定义中间产品或者零部件的分类范围来直接度量生产分割的程度。Yeats发现机械与运输设备（SITC7）类产品的零部件贸易占到了世界制造品贸易的50%，因此可以通过测算这类产品的中间产品贸易比例来近似地估计国际生产分割程度。第二类方法通过跨国企业母公司与子公司之间的贸易来估计中间产品贸易。Hanson等利用企业级数据分析跨国企业母公司与子公司之间的中间产品贸易，发现如果贸易成本较低、低技能劳动力工资水平低、企业所得税较低，那么子公司进口中间投入品的需求就越高。第三类方法则通过投入产出表估算生产分割的程度。Hummel等利用投入产出表测算1970—1990年间的10个OECD国家与4个新兴工业化国家的生产分割程度，发现生产分割能够解释这些国家30%的出口增长的原因。Koopman等指出Hummel等提出的生产分割概念对于中国、墨西哥等拥有大量关税优惠的加工出口贸易不太合适，因为加工贸易可能意味着特别低的国内增值（每单位出口商品）；因此他们提出可以利用投入产出表，分别计算出口商品中的国内增值与国外增值的分析框架，并发现中国出口商品中的国外增值部分高达50%，这几乎是Hummel等模型预测的两倍；此外，不同行业的出口商品中的国外增值部分不同，外商投资企业的出口商品中的国外增值部分高于国内企业。

3.2.2 国际生产折衷理论

国际生产折衷理论是英国著名的跨国企业研究专家约翰·邓宁在20世纪80年代提出的突破传统经济学理论假设条件的理论，从不完全竞争出发，在微观层面上研究企业从事国际投资的动机和行为。它全面分析了国际生产的决定因素、国际生产所采取的形式、国际生产的开展程度等方面的内容。国际生产折衷理论认为，企业从事国际直接投资是由该企业自身拥有的所有权优势、内部化优势和区位优势三大因素综合作用的结果，这就是跨国企业直接投资的OIL（Ownership-Internalization-Location，所有权－内部化－区位优势）模式。

1. 所有权优势

所有权优势主要指企业拥有或者能够得到的其他企业没有或无法得到的无形资产和规模经济优势,是企业相对于东道国的企业所具备的特有优势:一是资产性所有权优势,指企业对有价值资产(原材料、先进生产技术等)的拥有或独占;二是交易性所有权优势,指企业拥有的无形资产(信息、管理、营销、品牌、商誉等)。企业拥有所有权优势的大小直接决定了其从事国际直接投资的能力。邓宁认为,企业之所以能够进行国际生产,其基础在于具有所有权优势。该理论认为,企业的所有权优势来自产品要素市场的不完全,如企业所独有的技术、资金、管理等方面的优势,这些优势使得企业在对外直接投资中能够获得较大的市场或形成规模经济、降低成本。

2. 内部化优势

内部化优势是指拥有所有权特定优势的企业,为了避免外部市场的不完全性对企业经营的不利影响而将企业优势保持在企业内部,在其内部进行资源配置的能力。外部市场不完全性可分为结构性的和知识性的。前者指竞争壁垒等障碍,后者指获得生产与销售信息很困难或成本很高。因而在技术等无形产品的生产与销售领域,以及在某些有形产品的生产与销售领域,企业对其优势实行内部化,避开外部市场机制不完全,可以获得最大利益。而且内部化将交易活动的所有环节都纳入企业统一管理,使企业的生产销售和资源配置趋于稳定。

3. 区位优势

区位优势是指某一地区在发展经济方面客观存在的有利条件,是东道国在资源禀赋、制度政策、投资环境的特有优势,这种优势为企业向东道国进行对外直接投资提供了良好的条件。自然资源丰富、地理位置优越、劳动力充裕、市场需求旺盛、政治环境稳定、法律法规健全的国家和地区更加具备区位优势。区位优势决定了企业从事国际化生产的区位选择。

【区位优势】

3.3 跨国企业生产区位选择

3.3.1 区位因素

德国经济学家韦伯首次提出了"区位因素"这一概念。韦伯认为区位因素指特定地理区位上对工业生产布局起积极作用和吸引作用的因素,这些因素对工业生产的地点选择有重要影响。他认为,理想的工业区位应该选在生产费用最小的地点,而影响生产费用的最主要因素是运费、工资和集聚效应。集聚效应是指因一些特定的经济活动在空间上的集中而产生的正外部性以及规模经济。企业集聚是跨国企业之间的核心竞争优势的互补,为扩大企业利用外部资源的边界,增强跨国企业各自市场竞争地位而形成的一种事实上的相互依赖。集聚效应是外商对外直接投资考虑的一个重要因素，韦伯认为集聚效应的作用如果十分强大，那么它可能使企业的生产区位选择放弃那些运费及工资较高的地点，而转移至集聚经济效益最明显的地点。

韦伯把区位因素归结为以下几类：①一般区位因素和特殊区位因素。一般区位因素指对每种工业的区位都产生影响的因素，如劳动力费用、运输费用、地租等；特殊区位因素指对某种特定工业的区位产生影响的因素，如气候、地质、水质等。②区域因素和集聚因素。区域因素指由于其影响通常决定工业企业布局的地理区域或地点的因素，如矿产资源、水资源、运输费用等；集聚因素指工业固定于某地后所产生的工业集中或分散的伴生因素，如联合与协作、城市化及其产生的综合优势、地价变动、环境污染等。③自然技术因素和社会文化因素。自然技术因素指自然条件和资源的特殊性及技术的发展等因素；社会文化因素指社会经济形态、文化水平、居民消费水平和习惯、利率的区域差异等因素。

但是韦伯区位因素理论的缺陷之一是没有注意到市场对工业布局的影响，德国经济学家克里斯塔勒和廖什在20世纪30—40年代提出并发展了市场区位理论。克里斯塔勒通过分析市场的服务半径和市场区域的形状等问题，提出了"中心地理论"。他认为每个经济活动区域都有一个中心地，而每个中心地都有各自的需求门槛和服务范围。廖什则创造性地将需求作为空间变量放入该理论中，他认为最佳区位选择并不是导致成本最低的点，也不是带来收入最大的点，而是综合两者，选择利润最大化的点。廖什将生产和市场结合，强调市场对工业布局的影响。他认为企业应该尽可能地接近市场，市场和利润最大化是企业布局的原则及目标。诸多研究表明，一个地区的市场规模以及相对于其他地区的位置，与该地区的外商直接投资成正相关，跨国企业活动与东道国市场规模之间也存在着正相关关系。

邓宁把区位特征变量进一步归纳为以下几类：①自然和人造资源禀赋及市场的空间分布；②劳动力、能源、原材料、零部件、半成品等投入品的价格、质量和生产率；③投资刺激和投资障碍；④对货物贸易的人为障碍，如进口控制等；⑤商业、法律、教育、交通和通信等基础设施条件；⑥心理距离，如语言、文化、习惯等差异；⑦政府政策以及资源配置的制度框架。

综合韦伯、克里斯塔勒、廖什和邓宁的理论，可以看出他们概括了工业布局的一般规律和区位选择的科学方法，即不同的产业因其有不同的生产、消费和销售特点，因而应在布局上选择不同的策略。

3.3.2 区位选择

区位选择是指区位决策主体寻找特定地域空间位置以实现预期目标的过程，这个过程受东道国区位因素及自身各种因素的影响和制约。由于生产要素初始配置与再配置的地域空间差异性、生产要素地域空间流动的非均衡性、自然地理位置与交通运输条件的差异性、政府行为与制度安排的空间演进的差异性、历史基础与文化传统的地域差异性等，使不同的经济区域的区位因素截然不同，造成其在生产成本、市场交易费用和经济收益等方面的区域差异，最终形成优势经济区域与劣势经济区域。在跨国企业区位选择的过程中，由于经济区域外部收益的不同，其经济活动效果也存在差异。跨国企业通常选择市场交易费用低、外部收益明显的优势经济区域，尽可能离开市场交易费用高、外部收益不明显甚至为负值的劣势经济区域。

3.3.3 跨国企业生产区位选择动因

跨国企业生产区位选择动因主要分为以下四个类型。

1. 市场导向型

由于贸易保护主义抬头和各种名义的贸易壁垒，导致一些企业的商品很难通过正常的贸易渠道进入目标国家的市场，因此市场导向型的区位选择是为了避免人为的运输成本增加以及关税或非关税壁垒等贸易保护，从而更好地确保其在国际市场的份额和竞争力。这类企业一般投资规模较大，技术先进、资金雄厚、拥有国际销售网络。因此，此类投资一般发生在市场规模大、发展潜力大和竞争激烈的国家或地区。一般来讲，对发达国家的投资动机属于此类型。如日本对欧美发达国家的投资动机在于保持和占有生产份额，以及专利和信息的收集。

2. 自然资源导向型

以自然资源为导向的跨国企业对外直接投资旨在克服国内的自然资源瓶颈现象，扩大国内已失去比较优势或在国内无法生产的产品的进口，因此此类企业进行区位选择时，更多考虑的是自然资源比较充足的国家或地区。国际经营中的投资者要利用其他国家丰富而廉价的劳动力和土地资源，就必须在那里投资建厂，直接利用低成本的投入，提高企业的生产经营效率。对于原材料、农产品加工企业而言，靠近资源产地是选址时考虑的主要因素。由于在加工过程中资源性产品原材料消耗很大，而如笨重原木等原材料的运输成本也较高，所以靠近资源产地可以大大节省运输成本。一些农产品加工企业选址在靠近原材料产地的另一重要原因是这些原材料易腐化变质。如部分日本企业对东南亚和中国的直接投资着眼于自然资源的开发和进口，进行标准化的劳动密集型产业的生产转移。自然资源导向型投资在韩国对外直接投资的区位选择中占比较大，作为出口导向型工业化国家，韩国国内工业原材料奇缺，对国外的其他工业资源需求量较大，具备丰富矿产资源和劳动力资源的国家和地区对韩国资本具有较大吸引力。

3. 劳动力导向型

发达的资本主义国家由于在劳动力成本上没有比较优势，所以需要不断地将劳动密集型产业向发展中国家转移，以低成本劳动力维持其在国际市场上的竞争力。这些资本主义国家，主要看重发展中国家尤其是中国劳动力相对良好的体能和智能，其投资领域主要集中在服装、鞋类、纺织等劳动密集型产业，近年来日益参与到计算机软件、动画片制作等一些智能行业。

4. 污染密集型产业转移导向型

随着世界各国发展低碳经济的不断深入，碳减排标准对各国产业形成了一种倒逼式的约束，不同国家的产业由于受各自碳排放管理政策的约束不同，极有可能促使产业在国际间发生转移和流动。发达国家的国内环境保护法律法规较为先进和完善，导致污染密集型产业在国内很难生存。由于针对各种污染排放的税收惩罚的增加，企业在发达国家内的生产成本逐渐提高，渐渐丧失其比较优势，同时伴随着本国环境标准的提高，高新技术产业及节能清洁型产业的发展，污染密集型产业逐渐被淘汰为劣势产业。为了减少在环保减排上的开支，这些企业逐渐将产业向发展中国家转移。污染密集型产业转移是发达国家的企业或公民通过在发展中国家投资污染密集型产业，将一些资源浪费大、工艺落后且污染严重的工艺、设备、技术或工程项目转移到发展中国家，从而在总体上表现为污染密集型产业从发达国家向发展中国家的单向转移。

3.3.4 跨国企业生产区位选择决策

企业区位选择是企业对所经营的外部环境进行评估和分析，从而决定企业在一个区域内的什么地方进行研发、生产、营销或者管理控制活动。当企业实施空间扩张战略时，区位选择问题就不可避免。企业的区位选择决定了其经济活动空间分布。一个跨国企业可以把它的所有活动集中在一个地点进行，或者分布在许多地点进行。跨国企业生产区位选择决策主要有三个过程，即先选择特定的国家，再在选定的国家中比较不同的地区，最后进行选址决策。

1. 选择特定的国家

与在国内选址不同，跨国企业在国外选址建厂必须考虑跨国运作的风险问题。跨国企业应从规避风险和良好的投资环境两个方面对备选国家做出评价。评价内容包括政治、经济等方面，主要因素包括国家的土地征用政策、外汇风险、知识产权保护、进出口管制、税收体制差别、当地市场的需求容量、所在国政府或团体对合资企业的压力、限制外资直接投资的产业部门、对管理人员的移民限制以及其他的限制条款等。在研究区位因素时除了关注传统的硬件环境和经济等因素外，更要注重对制度因素的分析和研究，包括东道国的国际直接投资和贸易运行框架（如进入和运行条件、待遇标准、规则的稳定性和透明性等）以及企业运行的便利性（如鼓励和优惠政策、仲裁成本、腐败等）。

2. 比较和选择不同的地区

在此阶段，跨国企业通常要借助地区或国家产业促进机构的帮助。跨国企业往往根据不同产业或企业的特殊需求，在具有吸引力的国家或地区中选择一个或多个地区进行对比分析，在地区比较中一般要考虑该地区的地理位置、产业的聚集程度、地区的开放程度、基础设施的完善程度、资源的丰裕程度，甚至该地区自然环境如气候等因素。美国南部凭借适中的工资和消费水平、融洽的劳资关系、雇员良好的职业道德、宜人的气候和良好的娱乐环境吸引了大量的跨国企业直接投资。日本汽车零部件生产企业之所以选址在美国南部，决定性因素在于这一地区已经建有汽车总装厂，日本的 JIT（Just In Time，准时制）生产模式要求零部件要及时供应，这意味着供应商和总装厂要相对靠近。意大利的一家葡萄酒公司在美国扩展市场时则从自然环境的角度选择了种植葡萄的加利福尼亚州、纽约州和弗吉尼亚州。对一些跨国企业来说，交通设施的完善程度、选址地点是否临近这些交通设施，都是其选址决策的重要考量因素。对于在美国东南部选址的许多日本公司来说，工会环境，一些州制定的禁止强迫工人加入工会的法律等弱化工会组织的做法的存在，也是非常重要的。

3. 最终选址

当选址目标最终选定在一个或几个特定的国家或地区时，国际企业必须最终选择出适合自身要求的区域或场地。同样，影响最终决策的因素也是随着企业的特定需求的不同而变化的。可利用的土地、低廉的成本和价格合理而又适宜的建筑设施对于跨国企业选址决策很重要。最终选址时，当地的交通运输条件是必须考虑的因素，这些要求包括靠近深水港，邻近铁路和高速公路。信息成本也对跨国企业选址有重要影响，与国内投资企业相比，国际投资企业缺乏对东道国社会、经济和文化环境的足够了解，因此国际投资企业十分关注信息技术发达的区位的选择，以降低信息成本。生活质量是国际企业选址决策时考虑的另一因素，企业宁愿选择利润较低但生活质量较高的地方作为企业所在地。经济鼓励政策在地区选址和场地选择中至关重要，一些地区提供了许多优惠政策以吸引国际企业直接投资。

习题

一、判断题

1. ODM 是指根据产品概念和规格等一系列需求，为委托企业研发相应的产品，可以覆盖产品设计和开发等所有流程。（　　）
2. OEM 是代工厂按照委托企业特定的条件而生产，所有的设计图等都完全依照来样委托企业的设计来进行加工制造。（　　）
3. 东南亚的森林资源密集，许多跨国企业将木板材加工厂设在东南亚国家，这属于劳动力导向型生产区位选择动因。（　　）

4. 全世界不同国家对污染的容忍度和环保政策不尽相同,所以才会出现污染产业转移导向型的跨国企业生产区位选择。（   ）

5. 跨国生产制造企业选址主要考虑政治环境和经济因素,以及当地劳动力水平,不需要考虑环境气候这些不重要的因素。（   ）

二、单选题

1. 以下（   ）不属于跨国企业市场导向型生产区位选择。

A. 美国是全球最大的汽车市场,我国福耀玻璃选择在美国投资建厂,有利于产品供应

B. 海尔集团与欧洲领先的家电制造商法格家电成立合资公司,在波兰建厂,帮助海尔提高其在欧洲市场的地位

C. 长城汽车看中了印度这个快速增长的市场,与印度马哈拉施特拉邦政府达成合作,将投资10亿美元在印度建厂

D. 苹果公司将供应链从中国迁移至印度,因为印度人口结构比中国的更年轻,劳动力更是便宜许多

2. 以下（   ）不属于国际生产分割。

A. 苹果公司负责它的iPhone系列产品的设计和营销,将iPhone系列产品的生产制造交付给中国大陆和台湾地区的多家工厂

B. 波音公司将关键零部件和子系统的设计和制造委托给澳大利亚、加拿大、意大利、日本、中国等国家的外部供应商

C. 由于通过持续技术创新才能使产品功能保持竞争力,单纯依靠降低成本取得的优势有限,英特尔公司一直采取内部垂直一体化生产方式,研究、开发和制造全部集中在公司内,制造工厂均由英特尔自行投资建造

D. 丰田汽车公司将汽车生产制造所用的高等级电磁钢交由中国宝钢集团生产

3. 以下（   ）属于OEM模式。

A. 闻泰科技公司根据华为、三星、小米、OPPO、VIVO提供的手机产品框架要求,参与部分设计之后,负责采购原材料并生产产品

B. 韩国科丝美诗是全球最大的化妆品代工企业,根据客户的要求（提供的产品配方、想要的产品功效、目标客户群体等）,为雅诗兰黛、迪奥、资生堂、美宝莲、欧莱雅等品牌方代工

C. 加拿大麦格纳国际集团是全球最大的汽车零部件供应商,众所周知的宝马X系列、奔驰G系列,以及丰田、捷豹等均有车型委托麦格纳设计和生产

D. 清洁电器龙头企业富佳股份为戴森、史丹利百得、G Tech等企业进行吸尘器、扫地机器人等清洁类家电产品和无刷电机等零部件的研发、设计、生产

4. 以下（   ）属于ODM模式。

A. 某白酒生产工厂根据客户对酱酒的酒体品质、风味口感以及外包装要求,进行工艺生产

B. 银鹭曾根据广药集团提供的配方，为其代工王老吉凉茶饮料

C. 浙江宁波的三禾厨具是国内顶尖的锅具制造商，凭借其领先全球的技术实力，已成为膳魔师、双立人等国际知名品牌的代工合作伙伴

D. 广州易大皮具厂根据客户提供的皮具款式、材料和产品版型进行皮具加工生产服务

5. 以下（　　）不属于企业的所有权优势。

A. 先进技术　　　　　　　　B. 卓越的营销管理能力

C. 高品牌信誉度　　　　　　D. 地理位置优越

三、简答题

1. 请选择某一行业，分析该行业跨国生产区位选择时应考虑的主要因素。

2. 结合社会调查，选择某一生产制造企业，分析其产品的代工厂构成及该企业与其代工厂之间的关系。

3. 国内某汽车、摩托车生产制造商想要去东南亚建厂，请分析该公司在选择进入东南亚特定的国家前应综合考虑哪些因素。

四、案例分析

大众汽车的新烦恼：在墨西哥建了厂，车怎么卖给美国？

在位于科罗拉多州丹佛市汽车经销商埃米赫大众（Emich Volkswagen）的近400台库存车中，大约有90台是途观（Tiguan），这是大众汽车生产的一款小型运动型多功能车（SUV），售价2.6万美元起。

由于北美市场巨大的汽车需求量、墨西哥廉价的劳动力、北美自由贸易协定的免关税政策，自2010年以来，各大汽车制造商纷纷加大了在墨西哥的投资。目前，墨西哥已经成为全球第6大汽车生产国，位列中国、美国、德国、日本、印度之后。目前，墨西哥年汽车产量接近400万辆，但是本国的实际需求量仅为100多万辆，大部分汽车出口销往美国或者欧洲。

但是这些情况在美国新任总统特朗普上台以后发生了明显的改变。特朗普表示将在不久后正式通知美国国会，终止北美自由贸易协定。特朗普认为，美国企业与外国进行贸易时，既定的边境税政策将美国企业和工人置于不公平竞争的境地，许多国家都要求美国企业为自身出口的商品支付高额边境税，但是当外国企业商品出口至美国时，美国政府却并未向这些产品征税，因此向这些国家征收边境税将有利于改善美国的贸易地位。墨西哥生产的汽车价格低，却剥夺了美国人的就业机会。特朗普威胁向全球各地的汽车制造商征收高额关税。从底特律到东京，只要这些汽车制造商计划在墨西哥生产汽车并出口到美国市场，其就没有幸免的可能。特朗普对从墨西哥出口到美国的汽车征收高达35%的关税，这一政策使很多汽车制造商感到紧张，福特汽车与FCA集团已经率先表示减少在墨西哥的投资，并加大在美国市场的投资力度。

与其主要竞争对手相比,大众在北美布局生产时更加倚赖该地区的自由贸易政策。直到最近,大众在美国田纳西州查塔努加市生产的帕萨特(Passat)轿车是这家德国车企在美国制造的唯一车型,而大众在北美销售的绝大部分汽车来自其位于墨西哥中部的普埃布拉工厂。为了解决途观售价较同行偏贵的问题,大众2016年决定将面向美国消费者的新一代加大版途观车型交由墨西哥工厂生产,但只要边境税政策落实,大众此举并不会给埃米赫和其他经销商带来任何好处。埃米赫表示:"在现在这个价位上,日子已经不太好过了。如果再涨价,我们将变得毫无竞争力。"埃米赫认为,这类税收政策将给大众带来"灾难性"的后果。

边境税对大众的不利影响可能远不止于此,大众旗下的奥迪(Audi)品牌在美国已连续七年刷新销量纪录,但这家豪华车制造商至今未在美国设立生产工厂。2016年9月底,奥迪在墨西哥中部城市圣何塞恰帕市的工厂正式投产,公司计划将该工厂生产的30%的Q5运动型多功能车出口到美国市场。得益于其豪华品牌的定价优势,奥迪一直是大众集团营业利润的主要来源。

来自LMC Automotive的研究报告指出,面对特朗普的关税威胁以及对在美国之外制造的汽车产品潜在的罚款,可能会对北美地区目前和未来的汽车采购、产能整合和投资决定产生冲击,目前与此相关的很多情况已经显现。除非具体的政策特别详尽,否则该地区汽车行业未来的投资计划所面临的不确定性会很高。如何规避特朗普带来的政策风险和负面宣传威胁,已经成为这些计划制订者们不得不考虑的重要因素。福特、通用、菲亚特·克莱斯勒、现代和其他汽车制造商最近都宣布,它们将会在美国国内投资建厂,或者将自己的部分产能撤回美国国内。该研究报告最后还表示,目前部分汽车制造商已经宣布在美国投资,或者取消其在墨西哥境内的投资计划。

(资料来源:https://www.sohu.com/a/129228040_320672;https://www.sohu.com/a/124835243_391212)

案例思考题:

结合上述案例,分析跨国企业在进行生产区位选择时应该考虑哪些因素。

五、延伸阅读与写作

改革开放以来,中国经济持续高速增长,成功步入中等收入国家行列,已成为名副其实的经济大国。但随着人口红利衰减、"中等收入陷阱"风险累积以及国际经济格局的深刻调整等一系列内因与外因的影响,我国经济供需结构性失衡的矛盾日益突出,供给侧能力过剩,经济发展正进入"新常态"。2015年中央经济工作会议提出了供给侧改革这一宏大的命题,供给侧改革全称为"供给侧结构性改革",供给主要指生产和服务等方面,一般包括生产要素、产权制度、组织形式等。供给侧改革有利于提升生产要素的质量,由于我国企业生产的很多产品只注重短期利润,对产品质量改进投入不足,导致我国产品在国际市场缺乏竞争力。通过对供给侧改革还可以解决很多问题,比如:化解产能过剩,清理一些僵尸企业;理顺市场机制,从而加强市场在生产要素方面的定价、配置等方面的作用,提高经济发展效率;聚焦创新发展,培育新的动能,从而增强我国贸易领域的竞争力。

试根据以上思路,对新常态下国内出口制造企业的生产要素、生产方式、生产区位等进行调研,写一篇关于供给侧改革背景下出口制造企业转型升级策略研究的小论文。

【在线答题】

第 4 章
国际配送网络管理

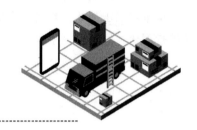

【教学目标与要求】

1. 了解国际配送网络的形式
2. 理解国际配送网络模型的构建

第 4 章
国际配送网络管理

【导入案例】

国际巨头也玩结合配送！DHL、UPS 等五大快递这么干

本来是欧洲快递市场的竞争对手，却因共同目标走到一起。2018 年，DHL（德国邮政敦豪集团子公司）、DPD（法国邮政子公司）、GLS（英国皇家邮政子公司）、Hermes（Otto 集团子公司）和 UPS（联合包裹服务公司）携手参与了一个城市物流试点项目。该项目旨在通过微型仓库和送货自行车，探究城市货运可持续处理方案。试点于 2018 年 6 月在德国柏林市中心的普伦茨劳尔贝格区启动，于 2019 年 5 月底结束。德国快递物流协会称，此次试点项目名为"KoMoDo"，意即"递送企业使用共同的微型仓库，用送货自行车递送"。在试点中，5 家递送企业将共用一片由若干微型仓库组成的物流区域。微型仓库由柏林港口和仓库公司 BEHA-LA 运营。5 家递送企业每天将包裹运输至微型仓库，使用各自的中转箱用于货物的过渡储存和处理。对于商户和个人的"最后一英里"递送的需求，仍由企业使用自有的送货自行车完成。

据介绍，试点的核心在于合作及开放的解决方案，以期整合城市物流服务，优化使用有限的城市空间。试点项目的参与方还包括柏林参议院环境、交通和气候保护部，协调方为物流网络咨询公司，资助方为德国联邦环境、自然保护和核安全部。该试点也是德国全国气候保护倡议活动的一部分。柏林参议院环境、交通和气候保护部相关负责人表示，微型仓库为城市社区创造了一种新的递送模式。未来，这里的居民将不再看到柴油货车，取而代之的是环保的送货自行车，这将成为柏林一道移动的风景。而且，自行车也非常适合在人口密集的市区通行。

如今，全球大城市都在寻求新的运输方式，以应对交通拥堵和环保要求。德国快递物流协会相关人士表示，本地化的微型仓库非常适合自行车的载货量，也可用于临时存储货物，这种方式不仅能应对小件频繁的物流需求，也有利于城市可持续发展。实际上，在末端配送方面，欧洲快递企业几年前就开始尝试合作。早在 2014 年 6 月，DPD、GLS 和 Hermes 就宣布将共建一个开放的快递柜系统。2015 年，这 3 家企业在德国法兰克福成立了合资公司 ParcelLock，负责运营面向家庭服务的快递柜。起初，UPS 也参与了该项目的建设，但后来逐渐淡出了公众视线，具体原因不得而知。

除了递送企业之间的合作，零售商对联合配送模式也是举双手赞成，有的还积极参与了各种尝试。在英国，为了应对亚马逊带来的巨大竞争压力，各家零售商也开始支持网络零售物流的合作，以提高操作效率。Photobox 在全球有 30 多个物流合作伙伴，去年在全球 8 个国家递送了 2700 万个包裹。该公司运输和采购负责人呼吁，物流企业要加快创新，为用户提供全程物流跟踪服务，整合"最后一英里"服务。"这样客户就不必在同一天内为 8 次递送服务付费，既节省了成本，也缓解了交通拥堵。"英国伦敦最大的百货商店约翰·路易斯的运营总监在公开场合表示："虽然约翰·路易斯有能力独立提供递送服务，但我们已于两年前成立了一家合资公司，并开放递送网络，与驶往相

同方向的递送企业共享货运车辆。"英国零售巨头 ShopDirect 与服务零售商 River Island 共用配送中心,也取得了巨大的合作效应。

(资料来源:https://www.iyiou.com/news/20180501714 45)

请问:上述案例中的国际物流巨头采用的是什么配送模式?

4.1 国际配送网络介绍

4.1.1 直接配送网络

直接配送网络要求每个供应商直接给每个买方送货,每次送货路径都是固定的,供应链管理者只需要确定运输批量和运输方式,如图 4-1 所示。直接配送网络的最大优势在于消除了周转库存,无需中转仓库,简化了运作和协调流程,并使送货决策本地化。由于每次送货都是直接进行的,因此从供应商到买方所在地的运输时间较短。

如果买方需求很大,并足以使每个供应商对每个地区的最优订货批量接近于卡车的最大装载量,那么在这种情况下采用直接配送网络会非常有效。

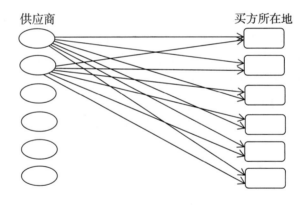

图 4-1 直接配送网络

4.1.2 巡回配送网络

巡回配送网络是指一辆卡车从一个供应商处拣取货物送给多个零售商,或从多个供应商处拣取货物送给一个零售商,如图 4-2 所示。采取该策略时,供应链管理者必须对每次巡回配送的路径进行规划。

和直接配送网络相比,巡回配送网络通过将送往多个地区的货物集中到一辆卡车上,从而降低了运输成本。如果送往每个地点的货物数量较小,不足以装满一辆卡车,但是多个地点相邻且它们的货物合并起来可以装满一车,那么巡回配送网络就有意义了。不论在中国、日本还是美国,许多汽车制造企业都采取巡回配送网络来保障零部件的装配和降低运输成本。

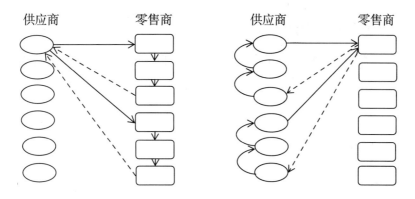

图 4-2 巡回配送网络

4.1.3 配送中心配送网络

在这种配送网络下,供应商不直接将货物发送给买方。买方分散在不同地区,而供应商则在每个地区建立配送中心。供应商将货物发往配送中心,再由配送中心将相应的货物送至买方所在地,如图 4-3 所示。如果运输的规模经济性要求大批量货物进行内向运输,而大批量货物的内向运输与外向运输难以协调,那么在中间位置储存产品是合理的。内向运输指的是货物从生产资料供应商处流向采购企业内部;外向运输指的是企业将产品送达市场并完成与消费者交换的过程。在这种情况下,货物以大批量方式进入配送中心作为库存,然后以小批量补货的方式在买方需要时送往买方所在地。

配送中心的建立不仅使内向运输更靠近最终目的地,而且使供应链获得了规模经济效益。同时,配送中心只服务其周边区域,因此外向运输成本并不高。例如,当家得宝公司从一家海外供应商采购时,供应商直接服务每个商店的成本非常高昂,所以产品会储存在配送中心,因为内向运输的批量远远大于配送中心所服务的商店所需批量的总和。

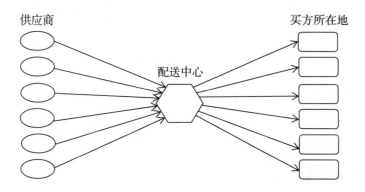

图 4-3 配送中心配送网络

4.1.4 配送中心与巡回配送结合的网络

如果每个买方的订货批量很小，配送中心就可以采取巡回配送网络给买方送货。巡回配送通过集中小批量送货能够降低外向运输成本，如图 4-4 所示。

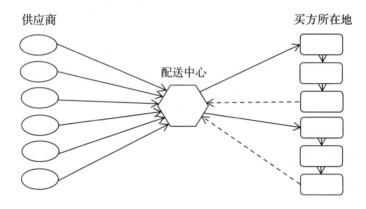

图 4-4　配送中心与巡回配送结合的网络

4.1.5 区域配送网络

1. 辐射型配送网络

这种配送网络是指消费者均匀分布在配送中心附近，配送中心周围是用户相对集中的经济区域，配送中心连接主干运输线路和配送线路，把货物送到指定地点，如图 4-5 所示。

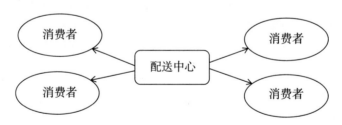

图 4-5　辐射型配送网络

2. 吸收型配送网络

这种配送网络是指配送中心处于居中位置，货物向中心运送，此类配送中心大多属于集货中心，如图 4-6 所示。

3. 聚集型配送网络

这种配送网络是指多个配送中心分布在一个生产企业密集的经济区域，共同为该经济区域的企业服务，如图 4-7 所示。

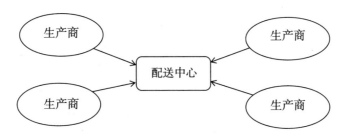

图 4-6　吸收型配送网络

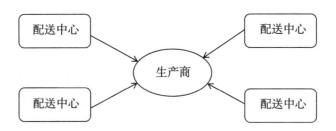

图 4-7　聚集型配送网络

4.1.6　传统跨境配送网络

该网络采取传统的国际配送模式，出口企业将货物运至海外的代理机构或企业自有的驻外机构或海外仓，再分发给不同的国外消费者，如图 4-8 所示。

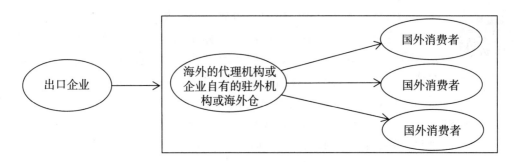

图 4-8　传统跨境配送网络

4.1.7　跨境直接配送网络

该网络适用于跨境电商直邮、大宗货物发货等情况，主要针对在不同国家或地区有较高消费者密度的市场，通过该网络可以直接将商品送达国外消费者手中，而无需在其他地方中转或设立仓库，如图 4-9 所示。

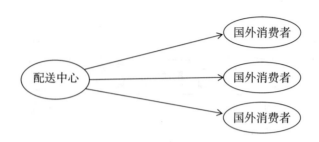

图 4-9　跨境直接配送网络

该网络适用于以下三种模式。

（1）国际邮政包裹模式。

国际邮政包裹模式就是各国邮局将本国的邮局服务范围扩大为全球邮政业务范围，拥有覆盖全球的物流系统，方便快捷，其特点为邮寄价格低廉，物流速度相对较快，覆盖范围面广，可在全世界各国邮局使用，服务态度好。由于服务范围广，国际邮政包裹在多国海关的通关速度较快，提升了运送效率。由于国际邮政包裹模式的优点较多，现在这项业务已经在多国开展，如中国、马来西亚、新加坡。据不完全统计，国际邮政包裹在中国出口跨境电商企业中的使用占比超过 50%。但是该模式也存在诸多不足，比如运输时间较长，从中国邮寄到美国需要 20～50 天。而且国际邮政包裹对运输货物的体积有一定限制，导致一些体型偏大或者特殊的商品无法依靠国际邮政包裹运输。除此之外，该模式无法享受出口退税，和其他模式相比，国际邮政包裹的丢包率和破损率较高，除了挂号件之外，其他物流订单无法进行实时追踪。

【万国邮联终端费体系改革】

在国际邮政业务中，各国邮政运营商会对经过本国境内的他国邮件收取一定的费用，这个费用称为终端费。终端费的制定遵循普通民主原则，而非精英原则，因此不能反映各个国家的经济状况，而是反映普遍意愿。发达国家以支持发展中国家的国际交流为原则，也长期同意将终端费保持在较低水平。终端费由万国邮政联盟（Universal Postal Union）负责制定。万国邮政联盟，简称万国邮联，是商定国际邮政事务的政府间国际组织，其前身是 1874 年 10 月 9 日成立的邮政总联盟，总部设在瑞士首都伯尔尼，其宗旨是组织和改善国际邮政业务，促进邮政方面的国际合作，以及在力所能及的范围内给予会员国所要求的邮政技术援助。万国邮联有 192 个成员国，每 4 年召开一次大会，商定终端费，实行一国一票制，投票结束后 18 个月内实施。

（2）国际快递模式。

国际快递包括商业快递，例如使用人数最多、交易频率最高的国际商业快递四大巨头企业——UPS、TNT、FEDEX 和 DHL 快递。这些快递企业资金充足并大多是自建运输网络体系，其网络体系具有国际化、全球化的特点，信息化服务水平较高，具有全流程的货物追踪、超快的运送速度和低丢包率等优点。这些快递企业利用这些优点建立范围广泛的全球客户供应链体系，由于其时效快、服务态度好，吸引了众多顾客，客户满意度专项水平可达满分。以中国运送至美国为例，0.5 千克的货物仅需要 3～7 天。然而，国际快递模式的缺点是价格昂贵，且受各国快递环境差异（如收费标准、文化差异等）影响，导致国际间货物传递存在困难。因此，该模式多应用于紧急情况下的发件。

（3）国际专线物流模式。

作为与第三方合作的跨境物流模式，国际专线物流通过包舱的方式将货物运输至境外，再由境外第三方物流企业统一揽收和派送，因其集中规模运输，可以获得规模经济效益以降低物流成本。国际专线物流是国际快递和国际邮政包裹的综合产物，其价格水平和服务水平介于国际邮政包裹和国际快递的中间值，其优点是价格要比国际快递低廉，送达速度也要快

【专线物流】

于国际邮政包裹，但作为新型物流模式，其发展体系并不全面，存在一些发展局限性。例如货源少、需要拼件发送，而且有些地方和国家并未开通国际专线物流。顾客选择国际专线物流的目的，就是节约运输成本，但由于国际专线物流起步晚，大众熟悉程度低，所以采用国际专线物流需要建立在货源充足的前提下，否则会造成企业的亏本。国际专线物流公司一般不确定发车时间，大多数为货满车走；若企业不急于发货，国际专线物流成本低，是一个性价比较高的选择。

4.1.8 多国配送中心网络

多国配送中心网络适用于欧盟、东盟等经济同盟体由于同盟体内国家之间的货物出入境不征收关税，可进行自由贸易，因此出口企业可以在其中一个国家设立海外配送中心，由该配送中心向周边同盟国家进行货物配送，如图 4-10 所示。

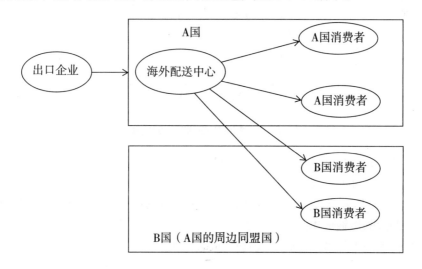

图 4-10　多国配送中心网络

4.2 国际配送网络模型构建

国际供应链配送网络模型构建是一个典型的多设施选址问题。国际配送网络中的主要节点包括供应商、生产制造工厂、仓库和销售市场。在国际配送网络模型构建中，既要考虑仓库选址，又要考虑工厂的产能分配问题。

在进行国际配送网络模型构建之前，首先要明确模型构建的目的是降低成本，还是提高物流的服务水平，构建出来的国际配送网络将来需要实现什么样的物流服务，具备多大的服务能力。由于构建的模型中涉及一些固定设施（如仓库、工厂、配送中心）需要前期大量投资，且通常需要3～5年才能达到一定的回报率，因此在构建国际配送网络时需要预测未来的需求情况，对国际配送网络节点进行科学选址，制定合理的服务水平标准。

4.2.1 重心法配送中心选址模型

该模型适用于客户所在的地理位置已经确定，而配送中心选址未定的情况。该模型的目标是在一个区域范围内，选定一个最优的配送中心，使得从配送中心到各个客户之间的总运输成本最小。假设有 n 客户，每个客户的坐标为 $(x_i, y_i)(i=1,2,\cdots,n)$，配送中心的坐标为 (x_0, y_0)。通过图4-11可知，配送中心到客户之间的距离可以表达为

$$d_i = \sqrt{(x_0 - x_i)^2 + (y_0 - y_i)^2} \tag{4-1}$$

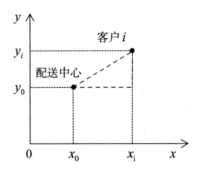

图4-11 配送中心到客户的距离

配送中心到客户 i 的运输成本为 $C_i = d_i D_i F_i$，其中

D_i =配送中心与客户 i 之间的运输数量；

F_i =配送中心与客户 i 之间一单位产品（一单位可以是一件、一托盘、一货车或者一吨）每千米距离的运输成本。

假设总运输成本为 TC，则目标函数可以表示为

$$\min_{x_0,y_0} TC = \sum_{i=1}^{n} C_i \quad (4-2)$$

也即
$$\min_{x_0,y_0} TC = \sum_{i=1}^{n} D_i F_i \sqrt{(x_0-x_i)^2+(y_0-y_i)^2} \quad (4-3)$$

令该目标函数对 x_0 和 y_0 求偏导数如下

$$\frac{\partial TC}{\partial x_0} = \sum_{i=1}^{n} D_i F_i (x_o - x_i)/d_i = 0 \quad (4-4)$$

$$\frac{\partial TC}{\partial y_0} = \sum_{i=1}^{n} D_i F_i (y_o - y_i)/d_i = 0 \quad (4-5)$$

解这两个方程可得

$$x_0^{'} = \frac{\sum_{i=1}^{n} \frac{D_i F_i x_i}{d_i}}{\sum_{i=1}^{n} \frac{D_i F_i}{d_i}}, \quad y_0^{'} = \frac{\sum_{i=1}^{n} \frac{D_i F_i y_i}{d_i}}{\sum_{i=1}^{n} \frac{D_i F_i}{d_i}} \quad (4-6)$$

因为上述表达式中仍然含有未知数 x_0 和 y_0，若要从等式两边直接消掉 x_0 和 y_0 的计算相当复杂，因此需要采用迭代法来求解。具体包含以下步骤。

（1）先任意给定第一个初始的配送中心位置 (x_0^1, y_0^1)。

（2）将 (x_0^1, y_0^1) 值代入公式 d_i 中，因为每个客户的 (x_i, y_i) 值已知，可以得到 d_i^1。

（3）将 (x_0^1, y_0^1) 和 d_i^1 代入公式 $(x_0^{'}, y_0^{'})$ 的表达式中，可以计算出新的坐标 (x_0^2, y_0^2)。

（4）再将 (x_0^2, y_0^2) 值代入公式 d_i 中，可以得到 d_i^2。

分别计算 (x_0^1, y_0^1) 和 (x_0^2, y_0^2) 这两个坐标下的总成本，如果 $TC_2 < TC_1$，再将 (x_0^2, y_0^2) 和 d_i^2 代入公式（4-6）中，可以计算出新的坐标 (x_0^3, y_0^3)，如果 $TC_3 < TC_2$，则继续将 (x_0^3, y_0^3) 和 d_i^3 代入公式（4-6）中，这样一直进行迭代。由于该迭代过程具有收敛性，那么经过无限次迭代以后，可以得到一个最优解 (x_0^*, y_0^*) 使得总成本 TC 值最小。但是在实际应用中，可以迭代的次数是有限的，所以在迭代过程中需要一个迭代中止准则。

① 根据经验和以前的试验结果，直接设置一个确定的迭代次数 N。

② 用每一次得到的迭代结果计算出总成本，跟前面一次的迭代结果计算得出的总成本作比较，如果相邻两次总成本值的差额小于某一阈值，则迭代过程结束。

4.2.2 国际配送网络模型构建步骤

国际配送网络模型构建关系到国际物流中供应商、工厂、配送中心、零售商的选择和选址（图4-12），具有长期效用，属于企业的战略性决策，供应链配送网络规划的步骤如下。

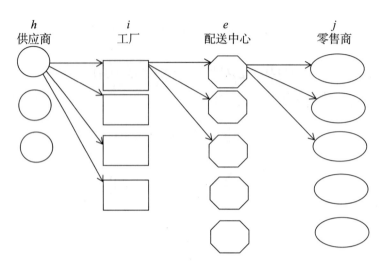

图 4-12 国际配送网络模型

1. 确定国际配送网络构建的目标

在进行国际配送网络构建前,首先要明确国际配送网络构建的目标是效益最大化、服务水平最大化还是总运营成本最小化。

2. 收集并整理数据

国际配送网络构建需要来自各方面的大量数据作为决策的基础。数据包括:产品的数量、种类、储运条件,网络上各个节点的地理位置,每种运输方式的运输费率,运输规模和配送频率,每个零售商的年需求量,各个候选项的相关成本,等等。

3. 建立国际配送网络模型并得出优化方案

模型的建立和求解方法较多,应结合目标和实际情况,选择最适合的方法求解。

当企业的目标为总运营成本最小化时,该模型的参数如下。

l——供应商的数量。

n——潜在的工厂选址的数量。

t——潜在的配送中心选址的数量。

m——市场或需求的数量。

S_h——供应商h的供应能力。

K_i——在地点i的工厂的潜在产能。

W_e——在地点e的配送中心的潜在储能。

D_j——零售商j的年需求量。

F_i——在地点i设工厂的固定成本。

f_e——在地点e设配送中心的固定成本。

c_{hi}——从供应商h运送一个单位到工厂i的成本。

c_{ie}——从工厂i运送一个单位到配送中心e的成本。

c_{ej}——从配送中心e运送一个单位给零售商j的成本。

模型的决策变量如下。

y_i——如果工厂在地点i选址就等于1,否则为0。

y_e——如果配送中心在地点e选址就等于1,否则为0。

x_{ej}——从配送中心e运送到零售商j的数量。

x_{ie}——从地点i的工厂运送到配送中心e的数量。

x_{hi}——从供应商h运送到工厂i的数量。

该模型的目标是确定工厂和配送中心的选址地点以及各节点之间的运送数量,从而使得总的固定成本和运输成本最小化。那么该决策问题可以表达为如下的整数规划问题。

$$\min \sum_{i=1}^{n} F_i y_i + \sum_{e=1}^{t} f_e y_e + \sum_{h=1}^{l} \sum_{i=1}^{n} c_{hi} x_{hi} + \sum_{t=1}^{n} \sum_{e=1}^{t} c_{ie} x_{ie} + \sum_{e=1}^{t} \sum_{j=1}^{m} c_{ej} x_{ej} \quad (4-7)$$

约束条件表达如下。

(1)从一个供应商运送出的总数量不能超过该供应商的供应能力,所以

$$\sum_{i=1}^{n} x_{hi} \leq S_h \qquad h = 1, 2, \cdots, l \quad (4-8)$$

(2)从一个工厂运送出的数量不能超过其从供应商处接收的货物总数量,所以

$$\sum_{h=1}^{l} x_{hi} - \sum_{e=1}^{t} x_{ie} \geq 0 \qquad i = 1, 2, \cdots, n \quad (4-9)$$

(3)工厂生产的总量不能超过其潜在产能,所以

$$\sum_{e=1}^{t} x_{ie} \leq K_i y_i \qquad i = 1, 2, \cdots, n \quad (4-10)$$

(4)从一个配送中心运送出的数量不能超过其从工厂所接收的总数量,所以

$$\sum_{i=1}^{n} x_{ie} - \sum_{j=1}^{m} x_{ej} \geq 0 \qquad e = 1, 2, \cdots, t \quad (4-11)$$

(5)从一个配送中心运送出来的数量不能超过其总储能,所以

$$\sum_{j=1}^{m} x_{ej} \leq W_e y_e \qquad e = 1, 2, \cdots, t \quad (4-12)$$

(6)约束条件规定送给每一个零售商的数量必须满足其要求,所以

$$\sum_{e=1}^{t} x_{ej} = D_j \qquad j = 1, 2, \cdots, m \quad (4-13)$$

(7)约束条件规定每个工厂或配送中心要么开工要么关闭,所以

$$y_i, y_e \in \{0,1\}, \ x_{hi}, x_{ie}, x_{ej} \geq 0 \quad (4-14)$$

习题

一、判断题

1. 国际邮政包裹模式是发货速度最快的模式。（   ）
2. 直接配送网络比巡回配送网络更节省路径。（   ）
3. 重心法的缺陷之一是选出的某一地理位置未必是合理位置。（   ）
4. 全球供应链网络规划不需要做市场调查。（   ）
5. 国际专线物流配送价格较贵但速度很快。（   ）

二、单选题

1. 在区域配送中，以下（   ）不适合辐射型配送网络。
 A. 京东亚洲一号仓库向城市内各个辖区的配送站送货
 B. 沃尔玛的配送中心向各个门店补货
 C. 某市的小商品批发商将货物统一集货，通过中欧班列出口到境外
 D. 某城市某区县的前置仓向周边的小区居民配送商品

2. 以下（   ）适合采用国际专线物流进行运输。
 A. 进口啤酒红酒　　　　　　　B. 出口服装纺织品
 C. 重要商业发票　　　　　　　D. 铁矿石

3. 以下（   ）不适合全部采用巡回配送发运。
 A. 屠宰场向多个火锅店配送食材
 B. 木板材加工厂向多个工厂供应木材
 C. 汽车组装厂从周边城市不同零部件供应商取货
 D. 沃尔玛配送中心收到供应商送来的商品并分发到其各个超市门店

4. 国内某一批货物需要从中国运一部分到德国，再运一部分到法国，请问这样的运输最适合采取（   ）。
 A. 传统系跨境配送网络　　　　B. 多国配送中心网络
 C. 配送中心配送网络　　　　　D. 巡回配送网络

5. 以下（   ）适合用重心法进行选址。
 A. 国内某零售企业准备进军印度市场前的配送中心选址
 B. 国内某制造工厂准备在非洲投资建厂
 C. 某大型商场所属集团准备在某繁华城市选址开立新的门店
 D. 某乡镇某片区准备设立一个配送站向周边居民配送快递包裹

三、简答题

1. 请简要分析辐射型配送网络、吸收型配送网络、聚集型配送网络的实践内涵和适用性。
2. 请简要回答万国邮联的作用，以及中国企业应如何有效应对并利用好它。
3. 请分析配送中心加巡回配送发货这一模式的优点，并举例说明现实中哪些企业采用该模式。

四、案例分析

沃尔玛和家乐福的成与败

企业的运营离不开商业模式,商业模式通常来自企业长期的积累,也因此不会经常变动,但切实可行的商业模式必须基于时代,以及企业的发展实际,也就是说,商业模式必须根据变化而有所变化,否则一个企业很难实现持续跨越的发展,而只能在一个商业模式的生命周期结束后,走向衰落。

1995年12月25日圣诞节当天,北京三环边上,如今老国展中心的南侧,中国第一家真正意义上的特大型综合超市——家乐福创益佳商城开业。在那个百姓购物还主要集中在小卖部、杂货店、批发市场、百货商店的时代,这家拥有上万种产品,整齐划一的商品陈列,一字排开的收银台,可以自选货物卖场的出现,给国人带来了非同一般的震撼。但是,随着国内零售市场的风云变幻,家乐福在发展中逐渐显现颓势。2009年之后,其销售额、门店数量、单店业绩先后被大润发、沃尔玛、华润万家等竞争对手超越,近年来更是连续跌入亏损的泥潭之中。2017年,家乐福在中国市场亏损高达10.99亿元人民币,2018年继续亏损5.78亿元人民币。根据有关数据显示,2018年家乐福中国资产价值115亿元,但负债已达138亿元。在不久前的6月23日,苏宁对外发布公告称,其旗下子公司苏宁国际拟出资48亿元收购家乐福中国80%的股权,相关交易只待政府最后审批。从当初烈焰繁花般地横空出世到业绩持续下滑再到如今"卖身"苏宁,一代零售之王败走中国市场,期间到底经历了什么?

家乐福在中国市场的崛起与其"轻资产"的商业模式紧密相关,通过向供应商收取各种费用,延长账期,占用货款,赚取后台利润,家乐福实现了低成本的快速扩张。家乐福似乎也很满意自己的这种商业模式,以至很长时间都没有自己的供应链体系和配送中心,卖场的商品都由弱势的供应商直接送到店面。2011年,曾有人问家乐福集团董事长罗盛中,为什么在中国不建供应链,不建物流仓,供应商依然是单店配送?而家乐福的主要竞争对手基本都有自己的物流系统?罗盛中回答说,你们中国区的EBIT(息税前利润)是4%,而法国却只有1%,其中的原因就是法国有40个配送中心,如果没有这些中心,法国的EBIT至少是2%,中国幸亏没有物流系统。

家乐福总部的算盘打得很精,但是彼时家乐福的竞争对手们却在埋头大力气建设供应链体系。例如永辉在生鲜供应链端通过买断、直采等方式,不断积累自己在生鲜的供应渠道与链条,建立起了自己的生鲜壁垒;沃尔玛则在全国加大物流中心和配送仓库的建设;大润发也通过生鲜供应链产地直采……没有物流中心和配送仓库的家乐福,不仅供货速度慢,产品差异化小,而且也影响卖场销量。在看到竞争对手们竞争力越来越强时,2015年家乐福才摒弃过去的认识,开始进行集权改革,包括集中采购权,开建配送中心。不过这些动作,毫无疑问,都来得太晚了。

家乐福曾经的竞争对手沃尔玛,一直被很多专业人士称为"伪装成零售企业的物流企业",这是因为沃尔玛的"天天低价"不仅来自它的郊区选点和规模化采购,更来自它在运营过程中的成本节约,尤其是在物流过程中的成本节约。沃尔玛是最早通过配送中心将门店物流集中管理的零售商,即,由供应商将货物运送到指定配送中心(从供应商到配送中心的物流过程称为"入站物流"),再由沃尔玛用自己的运输团队将那些集中于配送中心的货物分发到各零售门店(从配送中心到零售门店的物流过程称出站物流)。今天,沃尔玛80%的货物都是由配送中心集中发货的,而其主要竞争对手凯玛特(K-mart)集中配送的比例仅为50%,其余50%采用供应商直接配送模式。

近年来,沃尔玛期望能进一步加强对入站物流的控制,开始与主要供应商沟通,期望他们能够将入站物流也交给沃尔玛来做(当然相应的物流成本要从供应商的售价中扣除),沃尔玛给出的理由是"相比于供应商,沃尔玛的物流成本更低、更具规模效应,从而可以将节约出来的物流成本转移给消费者";但更深层次的理由还在于如果供应商将入站物流也交给沃尔玛来做,则其对沃尔玛的依赖程度将进一步提高(对于多数供应商来说,沃尔玛之外其他客户的货物运输量是不足以支撑独立物流体系的,因此,交出沃尔玛入站物流工作后,供应商自身的物流体系将面临瓦解),此外,沃尔玛所对供应商生产信息的掌握也将更为充分,对于供应商的谈判议价能力获得相应提升。

(资料来源:张军智, 2019. 以大致胜的家乐福缘何败走中国市场[J]. 企业观察家(8): 1-7.)

案例思考题:

1. 家乐福和沃尔玛采取的是什么配送模式?
2. 哪种配送模式更好?为什么?

五、延伸阅读与写作

"渝新欧""郑新欧""蓉新欧""汉新欧""苏新欧""西新欧"等多条中欧班列自重庆、郑州、成都、武汉、苏州、西安等地出发,通过新疆的霍尔果斯口岸出境,再进入哈萨克斯坦、土库曼斯坦等中亚五国,驶向欧洲。这些"×新欧"路线是我国多个城市积极响应国家"一带一路"倡议而开通的一条条发往欧洲的国际铁路物流大通道。然而在实际运行中,这些"×新欧"班列却不时面临着运营成本高、货源不足等问题,开往欧洲的十几条货运班列有时处于亏损状态。尤其是货源不足问题,已成为影响"×新欧"进一步发展的重要掣肘。

请你通过调研和查阅资料、文献等方式,结合本章所学内容,研究你所在城市的"×新欧"班列(如果你所在城市没有"×新欧"班列,就研究距离你所在城市较近的某一城市的"×新欧"班列)背景下的×市物流集货网络布局研究,并写一份研究报告。

【在线答题】

第 5 章
国际企业库存管理

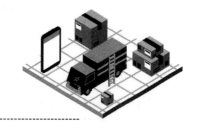

【教学目标与要求】

1. 理解国际企业库存管理的特殊性
2. 掌握前置仓与海外仓的概念和作用
3. 掌握库存管理的几种基本方式

【导入案例】

竖亥——京东"神一样"的物流黑科技

从强大的仓储管理系统到充满想象力的无人机送货,国际电商巨头亚马逊似乎一直是电商领域"技术流"的代表。不过,科学技术的日新月异总是给我们带来各种惊喜。一年前,国内电商领军品牌京东与芯片巨头英特尔共同成立联合实验室,2015 年 8 月,双方合作完成针对仓储管理的"竖亥"项目 1.0 在英特尔 IDF 大会上得到重点展示,如今,"竖亥"再度迎来竖亥 2.0,从电商最关键的仓库入手,"竖亥"成为了京东展现"科技范"的利器。

如何让仓库利用率提高 50%?

竖亥是古时候一个复合测量的神的名字,"竖亥"项目将英特尔力推的 RealSense 技术和京东仓储应用环节相连接,通过三个步骤完成对商品占用体积和自身重量两个重要物流属性的采集。"竖亥"在仓库中以小车的形式出现,首先把待测的物体放在小车上,紧接着,管理人员对商品条码进行扫描确定商品类型,最后,通过传感器的检测,商品的包装尺寸就会在设备屏幕上的黄框中显示出来。当然,不可能所有的商品都是规则体,难免会有许多不规则外形的商品出现,所以就需要一个最优化的方案为商品计算出一个"盒子"来。"竖亥"小车通过算法优化,可以在秒级之内,为商品算好"盒子"。"竖亥"项目落地后,京东仓库的利用率,比原来提高了 50% 以上。

"竖亥"2.0 让测量更进一步

"竖亥"1.0 主要是测量单件的商品,但如果有很多商品堆在一起,如何以最快的速度测算出货物的总体积?"竖亥"2.0 就很好地解决了这个问题。商品堆在一起的情况在物流转运的时候最为常见,一个商家有一堆物品需要转运,需要多大的车,转运的费用是多少,有多少体积和数量都与物流和商业成本息息相关。"竖亥"2.0 可以实现组合体积测量,只需将需要测量的物品放在传感器下方,传感器即可瞬间捕捉并测量一堆物品的组合体积,甚至还可以给出最佳的组合方案,使得物品在车厢中能够以最优的组合容积进行码放,大幅提升仓储物流的运作效率。

打造低成本高效率的仓储解决方案

其实在"竖亥"出现之前,行业中也曾出现过相关的产品,据京东集团研发办公室架构部总监赵刚透露,京东以前采购过一款使用红外线扫描的进口设备,每台设备成本为 20 多万元人民币,可是该设备是比较传统的扫描技术,需要人工去推动商品,操作时间长,自动化程度不高,综合下来使用成本很高。相比之下,"竖亥"对扫描物体的准确度可以达到毫米级,加上每台设备成本不超过 1 万元,并能间接节约 80% 的人工成本。

(资料来源:http://www.diankeji.com/guandian/25048.html)

请问:时下还有哪些最新的高精尖技术可以用在库存仓储中?

5.1 国际企业库存管理的特点

当企业在国际范围内确定库存管理策略的时候，会面临一些特殊问题，比如更长的订货提前期、更多的在途库存，以及在哪里设置仓库既可以提高需求响应速度又可以降低库存成本等。

5.1.1 地理、文化和政策等原因导致订货提前期延长

国际物流通常发生于国际贸易和跨国经营这两种情况下，无论是国际贸易中将商品或半成品跨国销售，还是企业从国外供应商采购原材料和零部件，地理上的距离、文化上的差距、各国海关政策的要求等因素都会延长交易的时间。

【稀土出口管制】

在进口原材料采购业务中，供需双方跨区域、跨语言、跨文化工作，难度较高，而且涉及的环节比国内业务多。从供应商选择、价格谈判、合同签订和执行到物流运输等，企业的控制能力相对有限。因此，为保证原材料能够在需要的时候到位，而不会延误企业的后续业务，所以一般情况下企业都会提前采购，从而为可能出现的各种问题留下足够的缓冲时间。而必要的贸易手续、单证处理时间、海关和检验检疫程序等又因为各个国家的政策不同而变得难以预测。比如我国盛产稀土，号称我国工业"印钞机"，由于我国政府加强了针对稀土出口的管制，我国出口稀土产品所需要办理的出口许可申请和审查时间也都延长了，出口检验也由抽检变成全检，因而检验时间也相应延长，这些都使得稀土的整个订货提前期延长了，因此针对这样的改变需要调整安全库存策略。此外，供应链上某一企业的订货提前期延长，其产业链上各个环节的企业也都会不同程度地增加相应的库存来满足客户的需求，或者调整自身的库存策略对变化的市场做出快速反应。

5.1.2 长途运输导致在途库存增加且风险增大

国际物流中的长途运输会大大增加在途库存，同时多环节的转运可能增加货物损失的风险。进口原材料采购中的环节多、采购周期长，加上国内外企业工作时间的不统一，有时候会出现提前或延期发货，这使得库存管理必然会有更大的波动，对于库存管理也是更大的挑战。货物的运输方式也影响在途库存和货损，不同的运输方式在速度、运量、在途时间、价格和风险等方面各有优劣，企业在选择运输方式和物流公司时，应全面地考虑各方面因素，选择最优的方案。

5.1.3 库存地点的选择要合理化

国际企业利用各个国家的生产要素的成本和质量差异，将研发、营销等涉及产品和服务品质的生产环节配置在能够提供高质量要素的国家和地区，而将制造加工等涉及

成本压力的环节配置在低劳动力成本的国家和地区，目的是利用区域经济带来更多的赢利。然而，这样的生产组织会带来物流成本上升的问题，突出表现为分散库存和集中库存的策略选择。分散库存需要更多的仓库设施和人员，从而会增加固定资本的投入；集中库存则需要更多的运输环节，增加了物流处理的费用。如果再考虑到产品销售的库存因素，在贴近市场的地方设置仓库可以提高需求响应能力，但也会增加成本。因此，如何综合考虑供应商、制造商、配送中心、消费者等诸多因素来确定合理的库存地点是国际企业库存管理的一个重要决策内容。

5.2 前置仓与海外仓

5.2.1 前置仓

1. 前置仓的概念

前置仓是近年来新出现的一种仓储模式，可以理解为是一种转运仓，它将仓库从供应链的后端（距离消费者较远的位置）前置到前端（更靠近消费者的位置），从而优化了供应链布局，提升了物流配送效率，为消费者带来更便捷的服务体验。企业通过数据分析，将客户复购率高的产品前置，在距离消费者足够近的地方设置商品仓库，从而缩短企业物流系统的整体响应时间，提高应对客户需求的响应速度，为企业赢得时间上的竞争优势。目前，国内前置仓主要分为两种类型。

（1）大型电商企业主导的前置仓：以唯品会、京东等为代表，采用"总仓－分仓"的二级仓储形式布局。这类前置仓规模较大，辐射半径通常在 600 千米左右。

（2）生鲜电商企业主导的前置仓：基于 O2O 服务模式，采用"城市配送中心 + 前置仓"的仓储形式布局，在城市内部设置前置仓（图 5-1）。这类前置仓规模较小，仓储面积一般为 80～120 平方米，辐射半径通常在 5 千米左右。

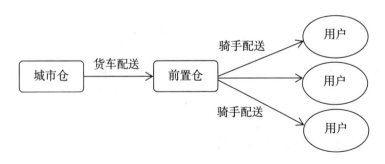

图 5-1 城市前置仓配送网络

2. 前置仓的特点

（1）规模小。

前置仓，又称前置微仓，是设置在消费者附近的具有仓储和配送功能的仓库。在生鲜领域，前置仓更多承担短期中转站的角色。前置仓的主要功能是配送，对仓储功能需求不是特别大，因此从成本角度考虑，前置仓的规模一般都是中小型。

（2）距离用户近。

前置仓通常选址在社区、学校、商务区等消费密集区域，距离人口密集地区3千米以内，配送时间可控制在一小时甚至是半小时以内。这种以"空间换时间"的策略，不仅缩短了与用户的距离，还降低了配送成本，从而提高了消费者满意度。

（3）数量多、分布广。

前置仓的出现有效缓解了生鲜产品"最后一公里"的物流配送难题，既保证了生鲜的质量，降低了腐损率，又可以去"冷链化"。但前置仓的配送范围有一定限制，只有通过增加前置仓的数量，才能扩大服务范围。前置仓订单需求分布广，为了随时应对来自不同方向、不同地点的订单并能够在较短的时间内完成配送，前置仓必须将分布范围扩大。

（4）覆盖范围有限。

前置仓以生鲜品类为主，旨在解决生鲜产品的末端配送问题。由于生鲜产品易腐、易损，对配送时间要求较高，配送时间与损耗值成正比，与配送距离成反比。为尽量缩短配送时间并控制人工配送成本，前置仓的覆盖范围通常限制在3~5千米。

（5）选址、形式灵活。

前置仓的主要功能是分拣、仓储和配送，只在线上进行销售，没有线下销售功能，因此选址灵活性高于生鲜超市等实体店。而且前置仓选址的重点是离消费者近，在此基础上可以利用闲置资源，不局限于商铺。由此可见，前置仓的形式灵活多变，不拘泥于固定模式，这样既节省了租金、储存成本，又充分利用资源。

3. 前置仓的运营模式

经营前置仓的生鲜电商企业主要建立两种仓库：一种是在城郊区域建立的城市中心分选仓，为前置仓提供服务；另一种是在人口密度较大区域建立的前置仓，以此提高配送效率。但高昂的房租成本限制了生鲜多品类的发展。城市中心分选仓负责生鲜产品的采购、质检、分拣、初级包装、存储等功能。部分生鲜电商企业前置仓不仅服务线上顾客，还满足线下需求。整体来看，生鲜产品从果蔬生鲜基地、农产品批发市场或者农产品原产地被城市中心分选仓所采购，在经历分拣、包装后通过冷链运输到对应需求的前置仓，前置仓根据消费者的订单需求对生鲜产品进行分拣、包装、配送，以满足消费者的需求；在消费者对生鲜产品提出退换货的需求时，可在规定时间内申请，退换货成功后前置仓将对这些产品进行评测，确定是将其重复售卖还是销毁。生鲜电商企业前置仓物流运作流程如图5-2所示。

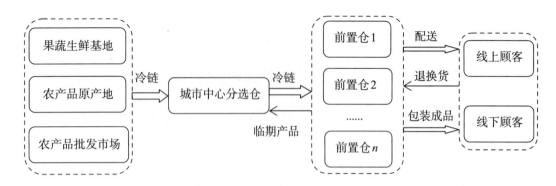

图 5-2 生鲜电商企业前置仓物流运作流程

【前置仓】

4. 前置仓面临的挑战

首先,前置仓的前期运营成本投入非常高,且前置仓的分拣和配送物流体系设立往往是靠企业自建,为了扩大新用户,企业甚至需要在明知会亏损的结果下补贴用户,这对企业来说资金占用明显。虽然企业有权自行涨价获取利润,但缺乏更多的现金流量,获取利润模式相对单一,这也是前置仓模式的主要痛点之一。而且大部分前置仓面积不大,通常在 300~500 平方米,因此所陈列的商品种类有限,通常在 1000~2000 个种类,少数可达到 3000 个。由于消费者偏好存在显著差异,前置仓的选址和铺货策略需要依赖大量的用户数据,并不断优化,这增加了前置仓的运营难度。而高成本投入是否能换来对等的收入,需要考量前置仓每平方米带来的效益。例如,据盒马鲜生 2020 年 9 月公布的数据推算,其单店的线下坪效超过 3 万元;而到 2021 年,沃尔玛的山姆会员商店前置仓的线下坪效已经达到 13 万元。

5.2.2 海外仓

【海外仓到底适合哪些卖家】

海外仓是前置仓的国际版,又称海外仓储,指在跨境贸易中,在本国以外的商品进口国或地区设立的,具有完善配套设施的一站式控制与管理服务的综合物流管理仓库。

1. 海外仓的分类

海外仓常见的形式有三类。第一类是自建海外仓,指的是由大型电商企业或者有实力的大卖家自建的海外仓库,企业自主掌握管理权、经营权和定价权,并自主负责售后服务。该类型海外仓的优点在于企业能更好地进行品控管理,对用户的诉求处理更灵活;企业可以根据市场行情,随时调整商品种类和库存量。但该类型海外仓的缺点是自建仓库投资成本巨大,投资风险较高,经营必须形成规模化,如果进出仓货量达不到保本点的规模,则容易亏损。而且海外仓建设的时间周期较长,电商企业如果自建海外仓,后期的运营也要投入大量的资金和时间,还需要自行解决仓储管理、报关报检、物流运输等问题，对于一些季节性商品，如果缺乏仓储管理经验，很有可能出现旺季缺货、淡季库存积压等问题。因此，该类型的海外仓仅适合经济实力雄厚、库存周转快、信息化水平高、国际化管理经验丰富的大型跨国企业。

第二类是与第三方合作的海外仓，指的是跨国企业与专业的第三方物流企业合作，提前将货品通过海陆空运送至第三方物流企业的仓库，由第三方物流企业提供进口国境内的专业化物流配送服务。与第三方合作的海外仓一般有两种模式：合作建设模式与租用模式。合作建设模式是由跨境卖家与第三方物流企业共同出资建设、管理与经营仓库，卖家仅需支付物流费用，对于提升服务品质具有话语权。租用模式指的是跨境卖家向第三方物流企业支付租金以获得海外仓的使用权，第三方物流企业将负责货品的仓储与物流配送，保证货品在境外末端的专业化运营。在租用模式下，跨国企业只需要支付仓库租赁费、管理费和配送费，不需要承担海外仓的经营风险和建仓成本；境外第三方物流企业对当地的政策法规和文化习俗了解更多，可以降低跨国企业经营风险，解决跨国企业海外仓本土化运营难题。而且与第三方物流企业合作，跨国企业进退海外市场更加容易。但是与第三方物流企业合作的缺点是货品控制权也转移给了第三方物流企业，跨国企业无法直接掌握货品的销售情况，只能从消费者评价、第三方物流企业的反馈中得知货品的销售情况。这其中就存在很多风险，如货品破损、退换货等情况的处理，容易引起卖家与海外买家的纠纷。该模式需要跨境电商卖家企业积极的和其第三方物流企业沟通和联系，在库存、品类、费用、标准、时间、信息查询等方面进行全方面的了解。如果卖家对这些方面不够了解，与海外仓的沟通可能会比较困难。海外仓的信息服务是关键，需要卖家仔细甄选第三方合作对象。第三方物流企业的服务质量和信誉口碑直接影响跨国企业的经济效益。

第三类是平台海外仓或者一站式配套服务模式，指的是依托一些大型的跨境电商平台，利用这些平台自有的海外仓库对平台内和平台外的卖家提供的集仓储、分拣、包装、配送和售后于一体的一站式配套服务。例如，美客多FBM仓库、亚马逊FBA仓库、沃尔玛WFS仓库、阿里巴巴的速卖通，以及Ebay、Shopee、Jumia、Starday等平台均已开设海外仓供卖家选择与使用。一站式配套服务模式为跨境电商卖家量身定制服务方案，提供有效的供应链管理服务和咨询服务，满足不同卖家、不同行业的跨境物流需求，针对性的服务有助于提升跨境电商整体体验。该模式能帮助卖家快速进入目标国市场并快速推广产品，卖家投入成本低，上手快、易操作。但是一站式配套服务模式主要是通过平台自己收集的市场信息和客户数据来运作，市场的信息变化频繁，难以预测。如果目标市场国家发生政策上的重大变化，或者局势的动乱，都有可能造成物流服务方案的不适用。由于平台提供的都是标准化、流程化的定制方案，尽管根据不同国家和不同行业定制了不同版本的方案，但是如果面临一些突发情况和特殊情况，平台的方案对于卖家来说未必合适，而且平台对商品的种类、规格、体积、重量等也有诸多限制。

跨境电商卖家究竟选择哪种海外仓模式，应具体问题具体分析。若跨境电商卖家处于初期发展阶段,主要经营体积小、重量轻、价格低廉的商品,且资金基础薄弱,难以承受高额的配送成本,但是又鉴于卖家初步进入海外市场非常在意用户体验,希望在海外市场打响品牌知名度,此时跨境电商卖家会选择一站式配套服务平台或者与海外仓服务商合作的模式,一般是租用对方的海外仓,将货品先运至目的国,在收到订单后迅速将货物发出,以提高运输效率并提升客户体验。若是货品在海外销售不理想,也可以迅速做出反应,以免造成过多的不可控成本。这种模式适合初次试水跨境电商的中小卖家。

若跨境电商卖家在海外已经经营一段时间,其经营的商品种类与规模逐渐扩大,简单地租用海外仓已经不能满足其逐渐扩展起来的经营需求。此时跨境电商卖家就可以选择与第三方海外仓服务商进行更深度的合作,不仅是租用海外仓,更重要的是利用业务熟练的第三方海外仓服务商来为其提供本土化的配送体系、售后服务体系、商务服务体系等。在这种模式下,虽然跨境电商卖家的运作成本会上升,但是客户体验也会相对提升,有利于扩大及巩固海外市场。

若跨境电商卖家自身有一定的跨境电商经验和财力,且所经营的商品出货率高,想要立足并扩大海外市场,可以考虑选择合作建设海外仓的模式。合作建设模式,即跨境电商卖家与第三方海外仓服务商合作,可以在降低跨境电商企业前期资金投入的同时获得海外仓的使用和管理权,也可以减少后期运营风险。在海外合作建设海外仓模式化方案,相对于租用第三方海外仓模式,虽然运作成本更大,但由于卖家自身可参与海外仓的管理和运营,能够实现更有效率的配送和售后服务,有利于树立口碑、扩大海外市场。若跨境电商卖家自身实力过硬,有充足的资金储备、人才储备及海外业务量,可以选择自建海外仓模式。跨境电商卖家对于海外仓运作模式的选择如图5-3所示。

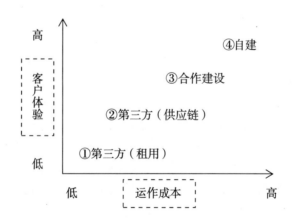

图5-3 跨境电商卖家对于海外仓运作模式的选择

2. 海外仓的运作流程

海外仓是一种先入境后配送的物流模式，其操作流程主要分为头程运输、仓储管理和尾程配送三个部分。首先，国内卖家通过大数据调研分析国外市场需求，并提前确定需要运送的货物量进行备货，将产品从国内通过海运、多式联运等大宗货物运输方式批量运送至目的国海外仓等待销售。产品出境时会办理相应的出关手续，在出入海外仓时也会办理相应的入关手续。产品进入海外仓时会依照海外仓所在国的规定流程完成清关手续入境，如报关报检等，属于"第一次清关"。海外仓对收到的货物进行仓储管理，剔除破损品后再行加工处理。当国外消费者在跨境电商平台下单时，跨境电商卖家接收订单后，通过远程信息管理指导海外仓发货，仓库对接收到的订单立即做出反应，针对不同的订单进行包装和分拣。在货物从海外仓发出时，会进行"第二次清关"，通常包括征税、报检、放行等。由于"第一次清关"已在海关处完成部分产品信息的报备，"第二次清关"的清关时间会相对较短。然后再完成"最后一公里"的本地配送，客户接收产品订单后若对产品满意，则线上电子交易完成；若不满意需要退换货服务，则将产品退至海外仓完成退换货处理。海外仓运作流程如图5-4所示。

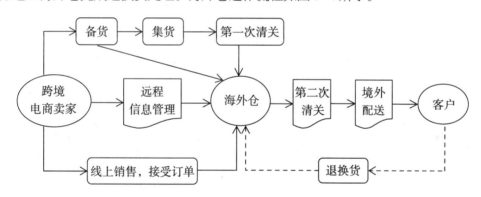

图5-4 海外仓运作流程

3. 海外仓的物流成本构成

海外仓的物流成本主要由以下类目构成。

（1）订货费。

订货费是指采购过程和合同订立过程所产生的固定费用，如采购人员的差旅费用等。如果企业有长期稳定的供应商，这部分费用是很低的。

（2）头程物流配送成本。

使用第三方海外仓模式的跨境电商企业的头程物流配送流程为：境内采购供应商→境内中转仓→境内港口→境外港口→境外海外仓。由于境内中转仓一般设置在境内港口附近，故将商品从境内中转仓运输至境内港口过程中产生的运费纳入境内中转仓的出库操作费;同样将商品从境外港口运输至境外海外仓过程中产生的运费纳入境外海外仓仓储管理的入库操作费。

(3)清关及税收成本。

清关及税收成本指货物出口到目的国,根据目的国的税收政策,由我国和目的国海关等部门收取的出口关税、进口关税、增值税以及其他税费等。因税收政策、商品属性等因素的不同,各国税收结构也比较复杂,导致各国的税目及所征收的税率不一。如美洲国家税收只计算进口关税,欧洲国家税收计算进口关税和增值税,而在澳大利亚税收计算进口关税、增值税以及附加税。

(4)海外仓仓储综合服务成本。

海外仓仓储综合服务指第三方海外仓服务商为跨境电商卖家提供的一站式仓储物流解决方案。除了基本的仓储业务,该服务还包括实时管理库存、拆箱、贴标、分拣、包装等一系列增值服务。海外仓仓储综合服务成本包括入库上架费、仓储管理费和订单处理费。具体收费标准根据服务内容、仓储时间等因素确定。

(5)海外尾程物流配送成本。

海外仓尾程物流配送成本主要是指消费者在电商平台下单之后,由第三方海外仓或其合作的物流企业直接配送给消费者而产生的成本。常见的海外仓尾程配送渠道包括自有团队派送、当地邮政派送、国际快递以及货车运输。具体选择哪种海外仓尾程配送渠道,需要根据配送量、商品属性、配送距离以及是否满足买卖双方需求等因素综合考虑。

(6)缺货成本。

缺货成本是一种机会成本,指当需求产生时,因库存不足无法满足消费者需求而导致的销售机会流失成本。国际物流具有更高的不确定性、风险性,所以国际物流的缺货成本比国内物流的更高。从显性角度来讲,缺货导致的销售机会流失所产生的销售量的损失是最直接的损失。但缺货导致的隐性影响也不容忽视,缺货会导致消费者对跨境电商卖家的评价降低,甚至不再购买该卖家的产品。由于不同地区消费者对于缺货的容忍度不同,加之隐性成本的估量会有较重的主观色彩,因此隐性成本难以估量。

4. 海外仓的选址

国内仓库选址的基本原则同样适用于海外仓。海外仓的地址选择不同,获得的收益也会不同,所以分析影响海外仓发展的选址因素是必要的。

(1)海外仓选址的主要影响因素。

① 成本因素。

对于企业而言,成本是用来衡量并计算企业净收入中必不可少的条件。在海外仓选址决策分析时,需优先考虑货运成本、劳动力成本以及土地和建仓成本,同时还需涵盖能源、固定设备等支出,如建仓材料、装卸设备以及现代化科技设备的投入。大型跨境电商企业在设立海外仓时，一般会选择建立在规模化的、基础设施完善且土地价格相对较低的郊区。一部分小型跨境电商企业由于自身规模有限，海外仓的设立标准相对较低，这类企业会选择发达地区的小型厂址作为海外仓物流的中转站。虽然这类地区土地价格较高，但是由于建仓的规模小，成本和收益也能达到平衡。其次，在跨境物流网络中，海外仓涉及的各个环节的成本主要包括建设运营成本、运输成本、仓储成本、税费成本等。运输成本中又包括头程物流配送成本、干线运输成本以及尾程物流配送成本。税费成本中包括关税成本、进口增值税成本等。

② 市场因素。

企业在海外仓选址时，应充分考虑国外目标市场的经济发展水平和当地居民的人均收入状况。通常情况下，经济越发达的地区，产品更新换代越快，同类商品的竞争压力也越大。因此，就当前形势来看，企业应尽可能的避免在同类产品集中的区域设立海外仓。另外，现如今国际关系风云变幻，受国与国之间贸易往来、区域间合作关系的影响，企业在海外仓选址的过程中应考虑所选地址的所在国与本国是否存在贸易争端、国际关系是否良好、交易信用记录是否有违规现象等。

③ 环境因素。

海外仓选址所在区域的气候条件、地形地势等环境因素对企业的发展起着决定性的作用。例如，如果海外仓设立在非洲干旱地区或者东南亚地形崎岖的山地，那么所需要的交通运输成本也就随之增高，崎岖复杂的地形会给运输体系造成一定的压力。

④ 政策因素。

企业在海外仓选址时，需要重点关注国内外政府相关的政策法规。一方面，使海外仓的建设能够在国外国家得以立足，符合当地的政策法规要求。另一方面，使海外仓的建设能够结合国内外国家发展的需求，充分利用好各类优惠政策，如税费的减免等。

（2）海外仓选址的方法。

上述影响海外仓选址的重要因素可以分为主观因素和客观因素。其中，政策、环境等因素属于主观因素，成本、费用等因素属于客观因素。因此，综合因素评价法比较适合用来对海外仓选址的备选方案进行评价。综合因素评价法的具体步骤如下。

第一步：确定必要的因素。将各种因素分为成本因素（客观因素）和非成本因素（主观因素）。客观因素是可以定量的，主观因素相对而言是定性的、无法用货币单位表示的。主、客观因素在位置评价时影响的权重是有差异的，以反映两类因素的相对重要性。主、客观因素权重之和为 1。用 x 表示主观因素的权重，则 $1-x$ 表示客观因素的权重。

第二步：确定客观度量值（OM）。客观度量值的大小受该位置的各项成本大小的影响，其计算方法如下

$$C_i = \sum_{j=1}^{M} C_{ij} \tag{5-1}$$

$$OM_i = [C_i \cdot \sum_{i=1}^{N} (1/C_i)]^{-1} \tag{5-2}$$

式中：C_{ij}——第i个位置的第j项成本；

C_i——第i个位置的总成本；

OM_i——第i个位置的客观度量值；

$\sum(1/C_i)$——各位置的总成本的倒数之和；

M——客观因素数目；

N——位置数目。

若将各位置的客观量度值相加，总和必等于1，即$\sum_{i=1}^{N} OM_i = 1$。

第三步：确定主观评比值。由于各主观因素没有量化值可以作比较，所以采用强迫选择法来衡量各位置的优劣。强迫选择法就是各主观因素将每一位置与其他位置分别作成对的比较，较佳位置的权重为1，较差位置的权重为0，若优势对等，则其权重为0.5。然后依据各位置所得到的权重与总权重的比例来计算该位置的主观评比值S_{ik}，其计算方法如下

$$S_{ik} = \frac{W_{ik}}{\sum_{i=1}^{N} W_{ik}} \tag{5-3}$$

式中：S_{ik}——第i个位置对第k个因素的主观评比值；

W_{ik}——第i个位置在第k个因素中的权重；

$\sum_{i=1}^{N} W_{ik}$——第k个因素的总权重。

主观评比值为数量化的比较值，可以利用此数值来比较可行位置的优劣。此数值介于0到1之间，越接近1，则说明该位置与其他位置相比越佳。

第四步：确定主观量度值（SM）。主观因素不止一个，同时各主观因素的重要性也有差异。首先确定各主观因素的重要性指数I_k，该指数可以用德尔菲法确定。然后，根据每个因素的主观评比值与该因素的重要性指数，分别计算每一个位置的主观量度值，其计算方法如下

$$SM_i = \sum_{k=1}^{H} (I_k \cdot S_{ik}) \tag{5-4}$$

式中：SM_i——第i个位置的主观量度值；

I_k——第k个主观因素的重要性指数；

S_{ik}——第i个位置对于第k个主观因素的主观评比值；

H——主观因素数目。

第五步：确定最终位置的整体量度值（LM），其计算方法如下

$$LM_i = x \cdot SM_i + (1-x) \cdot OM_i \quad (5-5)$$

式中：LM_i——第i个位置的整体量度值。

通过比较LM_i值的大小，即可对备选方案进行排序，从而确定最优选址。

5.3 库存管理的基本方式

5.3.1 VMI

1. VMI的概念

VMI（Vendor Managed Inventory，供应商管理库存）是一种供应链协同管理的模式，通过共享供应商与下游企业（如零售商、制造商）之间的库存信息，由供应商负责管理和控制下游企业的库存水平，通过共享库存和需求数据，供应商能够根据下游企业的实际库存消耗情况实现高效补货。VMI中的库存是供应商的库存，暂存于下游企业处，供应商只有在商品售出后才收款。这种方式不仅使供应商可以知道下游企业买多少，而且知道其卖多少，以及卖什么等真实的销售情况。另外，下游企业需将促销情况反馈给供应商，增强了供应商对下游企业的监控能力，使其能更直接、准确地掌握市场动态和趋势。

在VMI中，由供应商管理下游企业的库存，决定何时订货、订购什么以及订购多少等关键事项。

2. VMI的实施

首先搭建即时互通的信息系统。实施VMI需要实现供方订单量和库存量的信息共享，只有搭建即时互通的信息处理系统，需方才能及时分享数据，供方在此基础上协调生产，盘点库存并反过来支持需方的市场活动，快速响应市场。然后搭建销售管理系统，在数据即时互通的前提下，需要供方搭建起完整的销售管理系统，按照共同协议统一进行产品编码，并保障编码可读取、可追溯以保证货物的正常流转。

【日日顺VMI智能仓】

再建立合作框架并约定合作内容，这需要参与方明确各自的义务与责任，确定时间节点、落地步骤、项目组建、招聘等执行模块，并就实施中的各项具体内容达成共识，签订协议，比如系统维护与开发、数据打包与传送、风险控制等，以此作为约束各参与方在VMI项目中的行为准则。然后确立库存管理要求，供应商与下游企业应共同确定VMI模式应达到的绩效标准或管理要求，包括对库存、订单在内的整个流程进行量化管理，并以量化数据作为双方结算的依据。量化指标包括订单和库存管理的各种参数，如再订货时间点、合理库存水平、物流配送时间等。最后改革组织架构，与传统模式截

然不同，VMI 要求相关的人员组织架构也随之改革，以适应 VMI 新的处理方式下的项目流转。VMI 全面改变了下游企业的工作流程和组织结构，并加大了供应商的库存管理工作量。当供应商对其众多下游企业统一实行 VMI 时，规模优势使供应商有可能采用全新的库存管理方法，这也可能导致其流程和组织的重组。因此，无论对于供应商还是下游企业而言，VMI 都不是简单的问题。

3. 保税物流与 VMI 相结合

对于制造行业 VMI 来说，最关键的是供应商能快速响应下游企业的采购需求。随着国际分工的不断细化，大多数产成品在生产过程中需要来自不同国家的企业的合作，这必然涉及进出口供应链。为适应现代供应链的要求，国际化 VMI 仓库中的货物往往以保税货物为主，货物出库或入库时，要分别向仓库主管海关、海关通关管理部门、口岸海关物流监控部门办理货物出入库审批手续、进出口报关手续和实物查验放行手续，这大大降低了保税物流的通关速度，难以满足下游企业对快速响应的需求，成为国际 VMI 物流供应链上的"瓶颈"。因此，供应商、下游企业和海关之间的信息交换是否顺畅关系到整个物流供应链是否运作顺畅。

目前，国际物流的最大瓶颈之一就是商品进出口的通关速度，一些国际短途商品在途时间可能只有 1～2 天，但通关时间却需要 3～4 天。保税物流中的出口加工区对进出口货物采取"一次申报、一次审单、一次查验"的 24 小时通关模式正好绕过了这个瓶颈，使进出口商品的通关时间大为缩短。对库存管理而言，这意味着原材料采购的提前期缩短，库存水平降低。

首先是供应商与下游制造商之间的 VMI 模式。供应商把原材料放入保税物流区，下游制造商可要求其主要供应商按事先确定的库存水平将原材料运进保税加工区内的仓库，仓库可采用第三方物流服务的方式。供应商、第三方物流企业、下游制造商三方之间通过信息共享，共同降低供应链整体库存和成本。由于出口加工区通关便捷，货物进入加工区非常及时，大大缩短了供应链采购的提前期，从而降低了供应链整体库存水平。

其次是区内供应商与下游零售商之间的 VMI 模式。由于出口加工区实行"境内关外"政策，进入区内的商品即视同出口，所以供应商的离境出口报关手续非常便捷。对于需转入其他出口加工区、保税区、区外加工贸易企业的深加工结转货物，由于现在海关已可实行"免审批直接报关的管理模式"，即"一次备案、分批送货、集中报关、联动核查"政策，且结转进口企业可按月报关，所以只需在下游零售商完成进口报关后，供应商按月凭当月累计出口资料在当地海关完成出口报关，通关手续也非常方便。对于不合格料件，一般如发现及时，只需在双方完成对应报关前直接更换即可。

综上所述，保税物流与 VMI 相结合的模式有利于保障区内供应商供货的稳定性，采购的提前期也大为缩短，对企业降低库存、提高资金周转率和运作效率具有显著作用。相对而言，出口加工区的特性尤其适合外向型制造企业推行 VMI 模式。

5.3.2 JMI

1. JMI 的概念

JMI（Joint Managed Inventory，联合库存管理）指的是供应商与下游企业（如制造商、零售商）之间的联合库存管理以及企业内部各级仓库之间的联合库存管理。JMI 通过建立库存管理中心实现信息整合，确保信息及时、准确地传递，从而有效降低供应链的需求波动，为实现 JIT（Just In time，准时制）零库存生产创造了条件。JMI 强调供应链中多个节点企业的同时参与，共同制订库存计划，使供应链运作过程中每个库存管理者都能从相互协调的角度来考虑，使供应链各个节点之间的库存管理者对需求的预期保持一致，保证供应链上信息传递的稳定性和一致性。JMI 借助于发达的网络技术，如条形码技术、扫描技术、POS 系统以及 EDI 等，构建流畅的信息沟通渠道，实现信息化管理。

JMI 中常见的两种运行模式是核心企业库存模式和无库存模式。核心企业库存模式指的是将供应链中全部供应商的产品集中存放到核心企业的库存中，实现库存从"分散管理"向"集中化管理"转变。无库存模式指的是供应链供需双方都不持有库存，由供应商"小批量、多频次"地持续补货到核心企业的生产线上，从而实现供应商和核心企业供货与生产的同步进行。

2. JMI 的实施

在 JMI 模式下，企业首先需要对需求预测做出决策，综合考虑需求、订货、供货三方面因素，并协调管理上下游企业的利益，公平合理地建立起激励机制。其次是信息的收集，企业需将上中下游企业的需求信息归集，分别通过制造资源计划和资源配置计划进行库存管理与控制。最后，企业可以充分发挥第三方物流的作用，第三方物流企业参与 JMI 具有以下优势。

（1）信息优势。第三方物流企业参与并作为供应链的信息协调中心，实现第三方物流和供应链中各节点企业的信息共享和整合，能够保证库存信息传递的及时性和准确性。

（2）成本优势。第三方物流企业和生产制造企业结成战略联盟，能够有效降低生产制造企业的投资风险，第三方物流企业能够独自负责仓储基础设施的建设和维护，降低了生产制造企业的基础建设资金投入。第三方物流企业更擅长物流相关的业务流程，比如基础设施建设、合理的运输路线规划和运输方式选择，也极大地降低了生产制造企业的物流成本。

（3）核心竞争力优势。供应链中各节点企业将自己不擅长的库存管理等物流相关业务外包给专业的第三方物流企业，可以集中力量发展自身的核心业务，实现外部资源的有效整合，从而提升企业的综合竞争能力。

5.3.3 CPFR

全球第一个 CPFR（Collaborative Planning, Forecasting and Replenishment，协同计划、预测和补货）项目由沃尔玛与它的供应商 Warner-Lambert 于 1995 年共同推动，该项目最初称为 CFAR（Collaborative Forecasting and Replenishment，协同预测与补货）。经过为期 6 个月的实验，沃尔玛与 Warner-Lambert 每周都会比较预测结果与实际销量的差异，并从各自组织内部寻找产生差异的原因。通过分析双方预测结果的差异，发现预测方式和采用数据的不同影响了预测结果，最终通过协商统一了双方的预测结果。CFAR 项目实施后，沃尔玛的商品有货率从 85% 提升至 98%，销售量明显增长。同时，Warner-Lambert 也基于新的预测结果制订自己的生产计划，在满足消费者需求的同时降低了生产成本。

CPFR 在 CFAR 的基础上，进一步推动供应链上下游企业共同制订计划，即不仅实行共同预测和补货，还将生产计划、库存计划、配送计划、销售规划等原属于各企业内部的事务交由供应链各企业共同参与制订，如图 5-5 所示。协同计划、预测和补货策略是一种基于供应链协同理论的库存管理思想，它能降低供应链的总体库存成本，其最大优势是能够通过信息共享和协同处理准确地预测因商业推广或者其他原因带来的需求波动，使供应链上的企业都能做好充分的准备。CPFR 以协同为核心，制定统一的管理目标和实施方案，是一种先进的供应链管理思想、模式和库存管理技术。它通过一系列合作伙伴认可的业务流程，覆盖整个供应链的合作过程，利用电子化的交流和沟通，共同调整销售和补货计划，提高预测的前瞻性和准确性，减少滞后性带来的高成本，最终实现降低库存和提高消费者满意度的目的。

CPFR 从功能角度分为三个部分：协同计划、协同预测、协同补货。协同计划在 CPFR 实施过程中处于战略阶段，主要任务是设定合作的商业目标和合作范围，明确各方在合作中的角色和责任，针对影响供应和需求的事件制订协同计划。为确保协同计划的有效性，还需建立异常机制，识别和处理超出协同计划范围的异常事件。异常机制包括两个方面：异常标准的制定和异常处理机制的确立。异常标准由供应链双方协商确定预测的差异水平，当双方预测的差异达到或高于某个水平时视为异常。异常处理机制的确立就是建立稳固的沟通交流渠道，包括指定专人负责异常信息的交流和处理，使得异常信息能够交流通畅、处理及时。

协同预测是供应链的核心，预测的精度是实施成功与否的关键。预测结果偏低会导致促销期间客户的需求不能得到满足从而产生缺货成本；而预测结果偏高又会产生不必要的库存，增加库存成本。准确的需求预测是有效补货、有效生产安排的基础，也是降低生产和物流成本、提升销售额的前提。

协同补货是合作的执行阶段，是订单的生产和执行。供应链上下游企业双方在订单处理周期、前置时间、订单最小量、商品单元以及零售方长期形成的购买习惯等细节上进行协商，制订协同运输计划，双方还需共享存货百分比、安全库存水准、订单实现的比例等信息。协同补货充分利用历史数据，确保供应链能够对消费者需求的变化作出快速有效的反应。

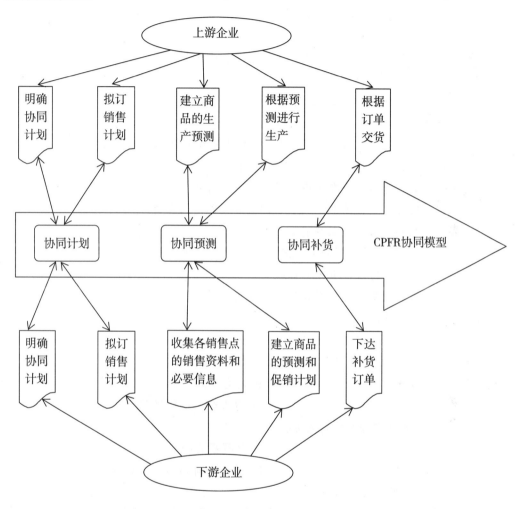

图 5-5　CPFR 运作原理

在零售业中，产品促销和新产品的上市是需求产生波动的主要原因，往往会造成库存积压或短缺。CPFR 为处理零售业中的此类事件提供了一个行业标准，是零售商与供应商共同制订促销策略和协同计划，一般是按年度或是季度评估此类事件对需求和配送所产生的影响，确保促销期间货品供应充足，同时减少临时订单的数量，从而降低生产成本和物流成本。

习题

一、判断题

1. 国内物流比国际物流订货提前期更长。（   ）
2. 前置仓的优点之一是建仓成本和运营成本低。（   ）
3. 自建海外仓投入成本巨大，更适合资金雄厚的企业。（   ）
4. VMI 可以提高保税物流通关速度。（   ）
5. CPFR 可以提升供应链上信息传递的一致性。（   ）

二、单选题

1. 以下（   ）不属于国际库存管理区别于国内库存管理的特殊性。
   A. 进出口许可制度管控导致采购提前期延长
   B. 国际运输路途遥远导致在途库存增多、风险增大
   C. 自由贸易区优惠政策有利于吸引跨国企业在国内设立仓库
   D. 产品被市场淘汰容易导致库存积压贬值
2. 以下（   ）不属于前置仓的优点。
   A. 距离消费者近，可以提升用户体验
   B. 可以更准确地控制库存，增强供应链的实时性
   C. 前置仓品类较少，经营成本较高
   D. 前期运营成本低，开店速度快
3. 以下（   ）不属于海外仓选址时应主要考虑的因素。
   A. 海外当地政府政策   B. 建仓模式选择
   C. 海外当地市场水平   D. 跨国企业组织结构
4. 以下（   ）属于海外仓的优势。
   A. 建设成本低   B. 库存压力小
   C. 提升包裹配送时效   D. 对入仓商品品类没有限制
5. 以下（   ）的描述不正确。
   A. VMI 是供应商管理库存，JMI 是联合库存管理，不局限于供应商，有可能还委托第三方
   B. VMI 和 JMI 都是为了减轻供应链中信息不对称所带来的库存逐级放大的影响
   C. JMI 强调供应链节点企业同时参与、共同制订库存计划
   D. JMI 缩短了订货和交货提前期，但增加了企业的采购成本

三、简答题

1. 请简述海外仓的分类及具体运作流程。
2. 请简述 VMI 如何帮助跨国企业提升保税物流运作效率。
3. 请分析在跨境供应链中，CPFR 是如何运作的。

四、案例分析

宁波奇美电子有限公司的保税物流区 VMI 实践

作为全国首批 7 家拓展保税物流功能试点之一的宁波出口加工区，区内的光电企业集聚度相对集中，对产业规模经济性与产品配送速度要求高，物流进出量巨大、辐射面宽广，而且产品附加值相对较高，尤其是以宁波奇美电子有限公司为龙头的电子公司。

宁波奇美电子有限公司（以下简称宁波奇美电子），坐落在宁波出口加工区内，是专业生产 TFT-LCD 之后段模块（LCM）厂，可广泛运用于笔记本电脑、监控器及液晶电视等领域。近年来，宁波奇美电子已成为全球第二大液晶电视面板供货商。宁波奇美电子的客户遍布全球，在国内包括 TCL、长虹、创维、海尔、海信、康佳、夏新等知名家电生产厂家。作为 TFT-LCD 后段模块的专业生产商，宁波奇美电子拥有近百家原材料及配件产品供应商，分布在全国各地。其采购的原材料从各地通过空运或公路运输方式送达宁波。运送途径有：一是区内的供应商，宁波奇美电子与供应商谈好贸易条件后，供应商自行将物料直接送到宁波奇美电子各厂区的收货码头；二是区外的供应商，在宁波出口加工区没有拓展保税物流功能以前，宁波奇美电子与区外的一些没有进出口权的供应商办理货权转移，需要通过外贸公司，供应商委托第三方物流公司，先将货物送到宁波保税物流园区，办理保税业务，再送达宁波奇美电子各厂区的收货码头。其操作程序繁琐，时间成本较高，而且，对供需双方的互动和响应速度提出了较高要求，提前期拉长，库存增加，资金占用多。随着宁波奇美电子生产规模的扩大，企业日益需要一个专门的大型公共仓库来实现"空间换取时间，延迟资金交付"的就近物流服务。

作为管委会直属企业的宁波出口加工物流保税中心有限公司，已经在区内设立大型公共保税仓库，展开了为区内企业搭建物流平台的工作。加工区内企业的境内外供应商可事先将物料存储于物流中心的公共保税仓库，并可根据区内企业的生产需求，做到 24 小时不间断随时供货，集中报关，有效地降低企业物流成本。宁波奇美电子借此决定将采购中心仓库外包给距离自己厂区只有 100 米远的一家大型第三方物流公司——宁波出口加工物流保税中心有限公司。由宁波出口加工物流保税中心有限公司根据宁波奇美电子进行零库存管理的 JIT 生产需求，提供 VMI 物流的服务模式。

VMI 协议框架中明确规定，供应商采用 DDU 的贸易方式，以宁波奇美电子收货平台为界，即供应商负责由生产工厂到 VMI 仓库，再到宁波奇美电子收货平台为止的所有费用和风险，这样更能体现 VMI 的货物所有权转移点在宁波奇美电子的收货码头，也是宁波奇美电子 VMI 的主导思想。

供应商同意在 VMI 仓库内设立安全库存，供宁波奇美电子随时拉料生产。当宁波奇美电子向供应商发出采购订单时，供应商接到书面的采购单后，随即将采购信息通过固定电子格式发到 VMI 仓库的邮箱中，以便使宁波出口加工区物流中心 VMI 仓库做好收货准备。供应商完成生产后，将零配件采用卡车运输的方式运到宁波出口加工区物流中心 VMI 仓库，VMI 仓库根据进仓通知单和进仓联系单进行收货。货物进入宁波出口加工区物流中心的公共保税仓库后，视同出口并保持保税状态。

当宁波奇美电子的组装工厂产生叫料需求时，宁波奇美电子会将叫料信息通过系统邮件发给供应商，同时发到 VMI 仓库的邮箱中。随即各个供应商将各自的出仓通知单发送到 VMI 仓库，仓库主管马上组织理货人员根据先进先出的原则按照出仓通知单上的料号、数量进行拣货，将理出的货物放在指定的出货区，并扫描条形码，打印条形码。等仓库主管核对无误后，安排车辆送到宁波奇美电子指定厂区的收货码头，完成交货，同时要完成海关申报和完税的手续。

VMI 仓库的仓储管理系统每天会定时上传库存数据给供应商和宁波奇美电子，同时在仓储管理系统中，按照供应商和宁波奇美电子的要求，设定最低和最高库存，一旦某一种物料库存低于或高于所设定的值，VMI 仓库会通知供应商。

（资料来源：朱惠君，2012. 物流保税区 VMI 模式的本土创新与实践 [J]. 商业时代（7）：37–38.）

案例思考题：

请你总结保税物流区和 VMI 给宁波奇美电子有限公司带来了哪些好处。

五、延伸阅读与写作

近年来，受新冠疫情、极端天气、供应链遇阻、地缘政治危机和全球经济增速放缓等多重因素影响，国际粮食价格屡创新高，贫困和饥饿人口数量急剧攀升，全球粮食安全面临前所未有的冲击。我国至今仍有近五分之一的农产品是依靠国外进口而来，以我国自身的农业产量并不能满足全部需求。随着近期多国限制或暂停农作物出口，国际市场上出现"抢粮潮"的趋势。

2022 年 10 月 17 日上午，二十大新闻中心举行首场记者招待会，国家发改委党组成员、国家粮食和储备局党组书记、局长丛亮介绍说，习近平总书记多次强调，"十几亿人口要吃饭，这是我国最大的国情"，"国家粮食安全这根弦什么时候都要绷紧，一刻也不能放松"。丛亮指出，要加强收储调控，在更高水平上实现粮食供需动态平衡；强化粮食产购储销协同保障，完善监测预警体系，加强精准调控，保持粮食市场运行总体平稳；健全粮食储备体系，保持合理储备规模，优化结构布局。

请你结合本章内容，广泛查阅资料和文献，了解我国粮食流通体制，分析我国公共粮食仓储体系建设机制，并写一篇小论文。

【在线答题】

第 6 章
国际货物运输管理

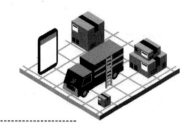

📋【教学目标与要求】

1. 掌握国际货物运输的多种方式
2. 理解每种运输方式的具体运作流程

【导入案例】

俄乌冲突下，俄罗斯煤气资源的东部转移之旅

2022年2月24日，"今日俄罗斯"报道称，俄罗斯总统普京发表全国讲话，宣布在乌克兰东部顿巴斯地区发起"特别军事行动"，俄乌战争全面爆发。随后一段时间内，西方一些国家向俄罗斯发起了制裁，其中包括：停止已签署的新投资协定，冻结金融资产，限制煤炭、石油和天然气出口，等等。

长期以来，俄罗斯经济发展非常依赖煤炭、石油和天然气等自然资源出口，俄罗斯原来大部分煤炭都是出口到西方国家，而且俄罗斯西部的基础设施比较发达。在遭受西方国家制裁后，为了填补这部分市场缺口，俄罗斯开始向中国转移煤炭出口，但俄罗斯东部落后的基础设施建设，给他们的煤炭往中国运输造成了困难。俄罗斯一位负责运输的官员日前告诉路透社，俄罗斯煤炭出口方向向东转移，目前遇到了严重的后勤问题。相比于西部，俄罗斯东部的基础设施建设比较落后，铁路路线单一，而且很多路线常年缺乏人员维护。大量铁路运输车辆堵在始发站里出不去，煤炭港口附近的一些车站，也出现了交通拥堵的现象，煤炭供应商正在到处寻找空车厢。

实际上，俄罗斯东部地区基础设施建设落后的问题，不只是阻碍了俄罗斯煤炭的对华出口，也影响到了俄罗斯天然气的对华出口。中俄之间目前只有一条天然气管道——"西伯利亚力量1号"，而且这个管道还是在2019年才建成的，每年最大380亿立方米的输气量，也低于"北溪1号"和"北溪2号"。跟煤炭一样，俄罗斯现在也想把自己的天然气出口更多地转移到中国，但却苦于没有更多的出口路径：走管道只有一条，走船运液化天然气又太贵了，而且俄罗斯最好的液化天然气工厂都在西部的波罗的海和黑海周边，实在太远了。幸运的是，目前中俄正在规划第二条以及第三条跨境天然气管道，即"西伯利亚力量2号"和"东方联盟"管道，其中"西伯利亚力量2号"预计在2024年正式开工。

（资料来源：https://baijiahao.baidu.com/s?id=1747831723468884252&wfr=spider&for=pc）

请问：结合上述案例，思考国际运输在国际物流乃至国际经济贸易中发挥着怎样的作用？

6.1 国际货物运输概述

6.1.1 国际货物运输的主要特点

1. 国际货物运输具有很强的政策性

国际货物运输是国际贸易中的一项重要涉外经济工作。在组织货物运输过程中，需要在相关国家的宏观调控下进行，需遵循国际法规和国际惯例，与有关国家的法律、管

理条例相适应。而国际政治、经济形势的变化也会直接或间接地影响国际货物运输。

比如 2018 年 10 月美国白宫宣布，即日起启动退出万国邮政联盟的程序，其直接原因是该联盟的有关条约允许中国公司以极低的折扣邮费向美国消费者运送货物。这里的"有关条约"指的是，加入万国邮政联盟后，从不发达国家向发达国家邮寄包裹享有优惠，发达国家会对这类包裹进行补贴，使得这些包裹的运费比美国境内寄送更具成本优势。根据美国政府官员的说法，中国发往美国的货物每年获得的邮政补贴费用约为 3 亿美元，平均运费折扣为 40% 至 70%。早在 2018 年 8 月，特朗普就要求美国通过万国邮政联盟重新谈判国际邮政费用。他表示，借助运费折扣，中国商人可以以极低的价格将商品运送到美国消费者的手中，导致美国企业面临不公平竞争，并损害美国邮政服务的收入。对此，特朗普希望重新审查规则，以确保"美国发件人不会用自己的邮费去补贴外国供货商"。该举动可能对依赖邮政包裹的跨境电商物流产品造成重大打击，美国可以迅速提高美国邮政与外国邮政的结算价格，运费占比会因此急剧上升，对销售廉价低质产品的中国卖家影响尤为显著。

【万国邮政联盟】

2. **国际货物运输距离长、环节多、运输风险大**

国际货物运输是国家与国家、国家与地区之间的运输，一般来说国际运输距离较长，少则数千千米（如中韩、中日运输），多则数万千米（如中美、中欧运输）。在国际货物运输中，往往需要使用多种运输工具、变换不同的运输方式，经由不同的国家和地区，中途货物需要经过多次装卸和搬运。任何一个中间环节发生问题，都会影响整个运输进程。比如 2021 年 3 月 23 日，一艘名为"长赐号"的货轮在苏伊士运河搁浅。该船长达 400 米，宽近 60 米，排水量达 22 万吨，几乎完全侧着身子在运河中停了下来，导致欧亚之间最重要的航道之一的苏伊士运河被切断。经过 6 天的努力，"长赐号"才成功重新上浮。"长赐号"搁浅 6 天，对运河管理部门、等待通航的船只、等待货物的零售商等各方都意味着巨额损失。德国保险公司安联表示，搁浅导致的苏伊士运河封锁或使全球贸易每天损失 60 亿至 100 亿美元。4 月 13 日，"长赐号"已被法院勒令扣押，需赔付 9 亿美元才能离开。

3. **国际货物运输涉及面广、情况复杂多变**

国际货物运输除了需要与国外的客户企业和中间代理商打交道，还需与不同国家的商检机构、保险公司、银行或其他金融机构、海关、港口等机构进行协调，由于各个国家贸易、运输习惯和经营做法不同，金融货币制度存在差异，加上政治、经济、自然条件的变化，都会对国际货物运输产生较大的影响。

4. **国际货物运输时间性强**

对于一些鲜活商品、季节性商品，要求迅速运输、不失时机地组织供应。比如我国义乌小商品市场常年在世界杯、欧洲杯、奥运会、亚运会期间制作与比赛相关的周边小商品出口到国外,如果运输时间过长,商品在赛程结束后才运到,将面临严重滞销的风险。

6.1.2 国际货物运输管理的重要性

国际货物运输管理的重要性体现在以下几个方面。

1. 国际货物运输管理是企业适应全球化需求的重要支柱

在全球化背景下,国际货物运输管理的重要性愈发凸显。企业需要通过高效的运输来快速响应市场需求,满足全球客户的多样化需求。除此之外,通过高效的运输管理,企业能实现跨区域资源整合。

2. 有效的国际货物运输管理可以帮助企业规避风险

国际货物运输涉及多个环节和复杂的国际环境,存在诸多风险,如运输延误、货物损坏、海关问题等。有效的运输管理可以帮助企业提前规划,规避风险,降低损失。

3. 高效的国际货物运输管理可以提升企业竞争力

通过高效的国际货物运输管理可以提升企业的交付速度、库存周转速度、市场响应速度,企业能够在国际市场上更具优势。良好的运输管理能够提高客户满意度,增强客户对企业的信任,促进长期合作关系的建立。

4. 国际货物运输管理能够实现供应链的透明化

利用现代数字化技术,通过实时监控和信息反馈,企业可以更好地掌握货物的运输状态,提高国际货物运输的可视性和可控性,提高供应链透明度。

6.2 国际海洋运输

海洋运输作为货物贸易的衍生需求,随着国际性跨国企业生产经营活动的开展,已成为连接全球经济活动的主要力量。现代化国际海洋运输服务贸易已经是实现经济全球化的承载基础。全国政协委员、交通运输部原副部长徐祖远在 2017 年两会上指出,我国 90% 的外贸货物和沿海内贸物资都是通过海运完成的。海洋运输作为交通运输服务业的支柱产业,在国民经济中发挥着重要作用。

6.2.1 海洋货物运输的特点

① 随着造船技术的发展以及集装箱船舶大型化,海洋货物运输具有运量大、运费成本较低的特点。

② 海洋运输利用海洋这一天然航道完成,航道四通八达,通航能力不受限制。

③ 海洋运输速度相对其他运输方式较低,且容易受自然气候影响。

6.2.2 国际海洋货物运输的种类

1. 班轮运输

班轮运输是指船舶沿固定的航线,经固定的港口,以事先公布的固定船期表航行,并按事先公布的费率收取运费的船舶运输方式。班轮运输比较适合一般杂货和小批量货物的运输。在国际海运业务中,除了大宗商品利用租船运输外,大部分货物通过班轮运输。对于零星成交、到港分散、批次多的货物,只要班轮有舱位,不论数量多少,也不论直达或转船,班轮公司通常都愿意承运。再加上班轮运输手续简便,不仅为货主带来便利,还能提供较好的运输服务质量。因此,大多数国际货物的货主都会选择班轮运输来完成国际贸易。表6-1所示为2022年6月厦门港集装箱班轮航线表(部分)。

(1)班轮运输的特点。

① 四固定:固定的航线、固定的港口、固定的船期和相对固定的费率。

② 一负责:由承运人负责货物配载装卸并负担装卸费用,承运人和托运人双方不计算装卸事件、滞期费和速遣费。

③ 承运人对货物负责期间是从货物装上船起,到货物卸下船为止,即船舷至船舷或钩至钩。

④ 承运人和托运人双方的权利义务和责任豁免均以签发的提单条款为依据,并受国际公约制约。

表6-1 2022年6月厦门港集装箱班轮航线表(部分)

航线	码头	航线代码	班轮公司(联盟)	计划窗口时间	挂靠港路径
美线	海润	PSW7/HTW	OA联盟 EVG: HTW COS: AAS3 OOCL: PCS2 CMA: GEX	周三	台北–厦门–香港–盐田–洛杉矶–奥克兰–台北(美西)
美线	远海	PSW1	OA联盟 COS CMA EVG OOCL PIL WHL	周日	厦门–洛杉矶–南沙–盐田–厦门(美西)

续表

航线	码头	航线代码	班轮公司（联盟）	计划窗口时间	挂靠港路径
美线	嵩屿	TP12/EMP	2M 联盟 MSK：TP12 MSC：EMPIRE ZIM：ZBA HSD：ASUS SLING 2	周日	盐田－厦门－宁波－上海－釜山－巴拿马运河－纽约－巴尔的摩－诺弗克－纽约－苏伊士运河－塞拉莱－科伦坡－丹戎帕拉帕斯－盐田（美东）
欧洲线	国际货柜	FE3	THE 联盟 HMM\HPL\YML\ONE：FE3	周二	宁波－上海－厦门－高雄－香港－盐田－苏伊士运河－鹿特丹－汉堡－安特卫普－伦敦－杰贝·阿里－新加坡－盐田－香港－高雄－宁波
欧洲线	海天	CES	中联航运	周二	宁波－上海－厦门－盐田－蒂尔博里－鹿特丹－汉堡－安特卫普－宁波
中东线	海天	AG2	THE 联盟 HMM\HPL\ONE\COS：AG2 YML：CGX	周一	上海洋山－宁波－厦门－蛇口－巴生－杰拜阿里－哈马德（卡塔尔）－乌姆卡斯尔（伊拉克）－哈马德－杰贝·阿里－新加坡－上海洋山
南美线	国际	ALX2	HMM：NW2 MSC：ANDES HPL：AN2 ONE：ALX2	周六	上海－厦门－蛇口－香港－宁波－釜山－曼萨尼约－拉萨罗卡德纳斯港－罗德曼－布韦那文图拉－卡亚俄－圣安东尼奥－科罗内尔－利尔奎港－圣安东尼奥－安加莫斯－卡亚俄－曼萨尼约－东京－釜山－上海
红海线	远海	RES2	COS CMA EVG OOCL PIL	周二	厦门－蛇口－新加坡－吉布提－吉达－索卡纳－亚喀巴－吉布提－新加坡－上海－宁波－台北－厦门
非洲线	海天	ASA	COS：ZAX2/ASA EVG\PIL\：ASA HPL\ZIM：SA2 OOCL：SAF2 ONE：SAS	周五	高雄－厦门－香港－南沙－蛇口－新加坡－巴生西－德班－开普敦－巴生西－新加坡－钦州－香港－高雄
东北亚	海天	CKV2	SITC：CKV2	周日	曼谷－林查班－海防－钦州－厦门－仁川－大山－青岛－上海－香港－胡志明－西哈努克－曼谷－林查班
俄罗斯远东线	海天	PI5	SEALAND	周六	厦门－宁波－上海－青岛－釜山－东方港－光阳－胡志明－林查班

(2)班轮航线分类。

① 按照运输对象可分为普通杂货航线、集装箱航线和客运航线。

② 按照所跨区域可分为沿海航线、远洋航线和近洋航线。

③ 按照运行组织可分为多港挂靠直达航线、干支结合分程运输航线。

④ 按照航行路线可分为来回式航线与环状航线。

(3)班轮航线参数。

班轮航线参数可以说明航线的特征,主要包括以下几个方面。

① 航线总距离与港间距离。

航线总距离是指从始发港到最后一个目的港的距离。港间距离则是指两个港口之间的距离。航线总距离可以通过累加航线上相邻两个港口之间的距离求得。

② 航线发船间隔时间。

它是指上一个班次的船舶驶离港口之后,至下一个班次的船舶再次驶离该港的时间间隔。由于同一航线上一般有多家船公司同时经营班轮运输,所以发船间隔时间不宜过长。

③ 船舶往返航次时间。

它是指船舶在空间上完成一个循环的总延续时间,包括正向航行时间、反向航行时间以及在始发港、目的港、中途港的停泊时间。如果航线经过运河,可将船舶在运河航行的时间(即两个中途港或者运河两端之间的航行时间)并入正、反向航行时间,进出港时间也计入航行时间。

④ 航线平均装卸总定额。

它表示的是航线上各港口的平均装卸效率和组织管理水平,决定了航线上船舶的在港时间,其数值的大小直接受港口配备的装卸机械设备数量和现代化水平的影响。

⑤ 航线货流总量和两港间货流量。

航线货流总量是指一定时期内在该航线上所承运的或可能承运的各港间的货流量之和。两港间货流量是指两港之间在一定时期内的货流量。对于杂货航线来说,货流量用吨表示;对于集装箱航线来说,货流量用标准箱(TEU)表示,或同时用吨和 TEU 表示。

⑥ 航线货流方向不平衡系数。

班轮航线一般都是封闭的,分去向和回向两个方向,对应于国际贸易的出口和进口方向。对于环状航线,也有顺时针和逆时针方向之分。由于受各种因素的影响,通常情况下两个方向的货流量不平衡。常规定货流量大的方向为正向,小的方向为反向,同时引进了方向不平衡系数 μ 来表示并分析航线上货流的这种特性。计算公式为

$$\mu = (\sum Q_{正} + \sum Q_{反})/\sum Q_{正} \tag{6-1}$$

式中:$Q_{正}$、$Q_{反}$ 分别为正向和反向货流量。

班轮航线货流在方向上的不平衡性对船舶运输效率和经济效果有着不良的影响，主要表现为船舶载重能力在反向上得不到充分利用，导致船舶运输成本提高和运输效率降低。

⑦ 航线货流时间不平衡系数。

班轮航线货流不仅在方向上存在不平衡性，同一方向上的货流在一定时期内也具有较大的波动性，运输量在时间上分配的不平衡现象，常用时间不平衡系数 P 来表示，它等于全年最高月份的货流量和全年平均每月货流量的比值。

（4）班轮船期表的编制。

① 班轮船期表的基本要求。

a. 船舶的往返航次时间应是发船间隔的整数倍。在实际情况中，根据航线参数及船舶技术参数计算得到的往返航次时间往往无法满足这一要求，因此需要对其进行调整。通常采取延长实际往返航次时间的办法，人为地使其和发船间隔时间成倍数关系。

b. 船舶到达和驶离港口的时间要恰当。船舶应避免在非工作日到达港口，以减少船舶在港口的非工作停泊时间，加速船舶周转。港口白天工班多，容易雇佣装卸工人，且装卸费用相对便宜，所以船舶应尽可能在当地白天早晨抵达港口。在船舶驶离方面，例如在五天工作制的港口，周五货源相对充足，因此安排周五晚上开航有助于提高船舶载重量利用率。当多个班轮公司同时使用某一港口的同一码头时，装卸公司一般会具体安排每艘船舶的停泊时间，因此制作船期表时还应该考虑这方面的时间限制问题。

c. 船期表要有一定的弹性。船期表的弹性是指定出的船舶运行各项时间应留有余地，以适应外界条件变化所带来的影响。如船舶海上航行时间是按航线距离除以航速得到的，但是海上风、浪、流等对航速的影响又较为复杂，所以在船期表指定时应加以修正。港口停泊时间计算也应根据码头装卸效率的不稳定和潮水的影响等，预先留有一定的富余时间。

② 班轮班期计算。

对于在航线上运行的船舶，其运行班期按照船舶的航行周期计算。船舶航行周期是指船舶完成一次完整往返航次所需的总时间，从船舶离开起始港口开始，到完成所有装卸任务并返回起始港口为止。班轮班期计算的依据包括航线里程、船舶平均航速、港口装卸效率、航次各港口装货量与卸货量以及其他可能发生的耗时因素。计算公式为

$$t_{次} = \frac{L}{V} + \sum\left(\frac{Q_{装} + Q_{卸}}{M}\right) \quad (6-2)$$

式中：$t_{次}$——船舶单向航次时间；

L——航线里程；

V——船舶的平均航速；

$Q_{装}$、$Q_{卸}$——航次各港口装货量与卸货量；

M——航次各港口装卸总效率。

根据单向航次时间，当船舶往返航向挂靠港口及作业情况相同时，则 $t_{往返} = 2t_{次}$。当船舶往返航向挂靠不同的港口，甚至在航线里程上也有差别时，则船舶往返航次时间不能利用某一单航次时间计算，计算公式为

$$t_{往返} = \frac{L_{往返}}{V} + \sum(\frac{Q_{装}+Q_{卸}}{M}) \tag{6-3}$$

式中：$t_{往返}$——船舶往返航次时间；

$L_{往返}$——船舶航线往返里程；

$Q_{装}$、$Q_{卸}$——往返航次各港装货量与卸货量。

③ 航线配船数计算。

班轮航线通常配置多艘船舶，除非航线里程极短。一条航线究竟需要配置多少艘船舶，是由航线货载运输的要求、航线里程、船舶装载能力以及往返航次时间等因素所决定的。如果班轮公司经营实力雄厚，即可按所占市场份额，尽可能最大限度地配置船舶。但如果班轮公司实力有限，其航线配船数就可能少于总货流量所需要的配船数。在计算时应注意航线货载运输的要求，往返航向上的货流量可能是不平衡的，一般应按往返航向中较大的货流量作为计算依据，计算公式为

$$n = \frac{t_{往返}Q_{max}}{365\alpha_{货}D_{定}} \tag{6-4}$$

式中：n——航线配船数；

$t_{往返}$——船舶往返航次时间；

Q_{max}——船舶往返航向中较大的年货流量；

$\alpha_{货}$——船舶载重量利用率；

$D_{定}$——船舶定额载重量。

④ 航线发船间隔的计算和处理。

根据船舶往返航次时间及航线配船数，便可计算出航线发船间隔时间，其计算公式为 $t_{间} = \frac{t_{往返}}{n}$。班轮的发船间隔必须有一定的规律性，如远洋运输常以月、旬、周为主，而沿海、江河和短途运输常以周、天为主。

2. 租船运输

（1）租船运输的分类。

在国际海运业务中，租船运输的方式主要包括定程租船运输、定期租船运输和光船租赁运输。

① 定程租船运输，是以航程为基础的租船方式。承租人在船舶的某一航次或某几个航次中享有该船舶的使用权，船舶出租人必须按租船合同规定的航程完成货物运输任务，并负责船舶的运营管理及其在航行中的各项费用开支。滞期费和速遣费一般存在于

该种租船运输形式中。在定程租船运输合同中，会针对承租人装卸货物规定许可的装卸时间，若承租人实际装卸时间超过了合同规定的许可时间，则超过的时间为滞期时间，为补偿船舶出租人因船舶延期所产生的损失，由承租人向船舶出租人支付"超时罚金"，该罚金称为滞期费。速遣是指合同规定的许可装卸期限终止前，承租人提前完成了货物装卸作业，节省了船期。船舶出租人为了奖励承租人而支付给承租人一定金额作为报酬，称为速遣费。

② 定期租船运输，是指船舶出租人向承租人提供约定的由出租人配备船员的船舶，在约定的期限内由承租人按照约定的用途使用，并向出租人支付租金的一种租船形式。

③ 光船租船运输，是指船舶出租人向承租人提供不配备船员的船舶，在约定的期限内，由承租人占有、使用和营运，并向出租人支付租金的一种租船形式。

（2）租船运输航次估算。

航次估算是指航运企业根据目前现有资料对船舶航次的营运成本和航次经济效益进行粗略的计算。由于船舶在不同航次中所运送的货物不同，并且船舶的始发港与目的港也不一定相同，这些因素导致船舶在各航次中的具体航行状况存在显著差异，使得每个航次的总成本和总收入存在差异。通过航次估算，航运企业可以预知某个航次是否盈利，并且通过各个航次之间的航次估算结果对比，能够使船公司找出盈利最好、最合适的航次。

为了计算出不同航次盈利的大小，航次估算一定要思路正确、估算准确。航次估算的基本步骤如下。

① 收集和调查有关船舶的资料和航次基本数据。

有关船舶的资料包括船名、建造时间、船级、舱室结构和数目、机舱位置、夏季和冬季载重线的总载重量、船舶造价、船舶使用年限、船舶载重标尺、舱容（散装、包装）、船舶技术速度（重载、压载）、燃料消耗率、船舶常定种类和船舶每天营运费用。航次基本数据包括航次里程、执行该航次所有挂靠港口及港口使费支出、货物装卸速度、港口装卸货时间和费用、燃料价格、装载量等。另外，船公司还应仔细了解港口间距离、港口所处的地理位置、装货港和卸货港的限制水深、港口使费、港口拥挤情况等。

② 估算该航次的航次时间和燃油消耗。

如果船舶没有挂靠加油港也没有经过运河，那么该航次就由压载航段和重载航段构成。可以根据港间距离、压载航速和重载航速以及燃油的每天消耗量，分别计算出各航段的航行时间、燃油的消耗量。但是在某些情况下，例如上个航次卸货港或本航次装货港不能加油，或者能加油但燃料价格过高（有时港口间的燃油价差可高达几十美元，使得多带燃油比多装货物更合算），这时船公司就可能考虑选择一个合适的加油港。

船舶既然选择了中途加油的方式，那么船舶可以多装货并从中赚取更多的运费收入，但是绕航也必定会产生一定的额外支出，比如增加线路引起的航行费用、港口使费和增加航次时间引起机会成本的损失等。所以在选择绕航加油时，要将额外支出与节约

的加油费作比较，如果能够抵消额外支出的费用，在满足时间条件下可采用绕航加油。因此可按式（6-5）决定是否停靠加油港

$$(P_{装(卸)} - P_{油})J_{油} > (K_{港} + K_{绕}) \tag{6-5}$$

式中：$P_{装(卸)}$——本航次装货港（或上航次卸货港）的燃油价格；

$P_{油}$——加油港的油价；

$J_{油}$——需加油的数量；

$K_{港}$——加油港的港口使费；

$K_{绕}$——船舶绕航去加油港所需的航行费用。

③ 确定航次运货量。

确定航次运货量是船舶航次收入估算准确与否的关键。如果合同中规定的运货量小于船舶技术规定的额定运货量，那么该航次运货量等于合同中规定的运货量，否则任何航次运输都应在满足各项技术规定的情形下尽量多装货物。船舶航次运货量的计算公式为：船舶航次运货量 = 船舶总载重量 − 船舶航次储备量。

④ 航次成本费用的估算。

航次变动费用是伴随航次不同而发生改变的费用，包括航次燃料费用、港口使费、运河费、额外附加保险费、货物装卸费用、其他费用。

a. 航次燃料费用。

航次燃料消耗量包括航行期间消耗的燃油和停泊期间消耗的燃油。航次燃料费用占整个航次费用比重较大，为60%左右，特别是航程较长的航次，这个问题显得尤为突出，航次燃料费用估算得准确与否直接影响整个航次的估算结果。

b. 港口使费。

港口使费主要包括拖轮、引水、码头、港口、港务和灯标等费用，这些费用一般按船舶净吨和船舶长度进行征收。由于各港口使费经常变化，在一定程度上给航次费用的估算带来了困难，因此掌握可靠的港口使费资料是非常重要的。港口使费在航次费用中所占比重也较大，它和燃料费用构成了航次租船费用中最主要的两项费用。

c. 运河费。

运河费是按船舶运河吨位征收的，多数运河对重载和压载船舶分别收取不同的费用。

d. 额外附加保险费。

船舶保险费是船舶营运费的一部分，属于固定费用，然而在一些特殊情况下，船舶需支付额外附加保险费。例如，船舶本航次挂靠的港口或行驶的区域超出了保险合同约定的地理区域，船舶驶入了战争险规定船舶不允许到达的地区，货物保险人对15年以上的老龄船收取额外费用等。

e. 货物装卸费用。

货物装卸费用主要包括交货、装货、平舱、积载和卸货等费用。这笔费用是否由船公司承担，取决于租船合同签订时的规定。

f. 其他费用。

比如船舶洗舱费、滞期费、速遣费等。

⑤ 进行航次估算与分析。

通过上述分析计算，已经确定了航次时间、燃料消耗、运货量、航次变动费用，再加上航次营运费、折旧费即船舶固定费用，即可进行航次的盈亏分析，其计算公式如下

$$航次总收入 = 预计运费率 \times 航次运货量 + 滞期费 + 亏舱费$$

$$航次净收入 = 航次总收入 - 佣金$$

$$航次毛收益 = 航次净收入 - 航次费用$$

$$每天毛收益 = 航次毛收益 / 航次时间$$

$$每天净收益 = 每天毛收益 - 每天营运费用$$

$$每天净利润 = 每天净收益 - 每天折旧$$

6.3 国际陆上运输

6.3.1 国际铁路运输

1. 国际铁路运输的特点

在国际货物运输中，铁路运输是一种仅次于海洋运输的方式。铁路运输一般不受气候条件影响，具有运量大、速度快、连续性强、计划性强等特点，可保障全年货物运输。与公路和水路运输相比，铁路运输的安全性相对较高。但因其受轨道限制，灵活性较差，不能直接实现门到门的服务。

2. 国际铁路货物联运

【火车出入境换车轮的原因】

国际铁路货物联运是在国际上通过有关国家之间的协商，订立国际铁路货物联运协定或协议，使得相关国家铁路在货物运输组织上相互衔接，使用一份统一的国际联运票据，由铁路部门负责经过两国或两国以上的铁路全程运送，并且由一国铁路向另一国铁路移交货物时，不需发货人和收货人参与的运输方式。虽然货物在全程运送中要经过多个国家，并且由于不同国家铁路轨道宽度不同，涉及多次交接甚至多次换装等作业，但发货人只需在始发站办理一次性托运手续，即可将货物运至另一国家。发货人利用国际联运办理完出口货物托运手续后，即可凭车站承运后开具的有关联运凭证和其他商务单证办理结汇，而无需等货物到达目的地后再办理。

3. 国际铁路货物联运的种类

国际铁路货物联运办理的种类分为整车货物、零担货物和集装箱货物。

（1）整车货物。

整车货物是一份运单托运的按体积、重量或种类需要单独车辆运送的货物。

（2）零担货物。

按一份运单托运的一批货物，重量不超过 5000 克，按其体积或种类不需要单独车辆运输的货物称为零担货物。

（3）集装箱货物。

铁路集装箱分为小吨位集装箱、中吨位集装箱和大吨位集装箱。铁路小吨位集装箱主要是指那些容量较小、重量较轻的集装箱，用于运输零散或小批量货物。这些小吨位集装箱在提升铁路零散货物的运输效益与效率方面起到了积极作用。例如，中国铁路总公司自 2016 年初就开始投入使用 1.5 吨小吨位集装箱。铁路中吨位集装箱主要指的是总载重 5 吨和 10 吨的集装箱。铁路大吨位集装箱的定义是指符合 ISO 第 1 系列标准的集装箱，具体包括 20 英尺集装箱、30 英尺集装箱和 40 英尺集装箱。此外，根据不同的尺寸和类型，集装箱的配货毛重也有所不同，例如 20 英尺集装箱的标准配货毛重一般为 17.5 吨，而 40 英尺集装箱的标准配货毛重一般为 22 吨。这表明大吨位集装箱不仅在尺寸上满足特定的标准，而且在承重能力上也有明确的规定，以适应不同货物的运输需求。

6.3.2 国际公路运输

1. 国际公路运输的特点

国际公路运输是指国际货物借助一定的运载工具，沿着公路跨及两个或两个以上国家或地区的移动过程。它是车站、港口、机场集散物资的重要手段。公路运输机动灵活，直达性能好，可实现门到门运输，适应性较强；但公路运输载重量小，不适宜装载重件、大件货物，车辆运行中震动较大，易造成货损、货差，并且公路运输成本较高。

2. 国际公路运输的种类

国际公路运输按其工作性质，大致可分为以下几类。

（1）出口货物的集港（站）运输，指出口商品由原产地或商品所在地经中转仓库或港口仓库运至船边、铁路专用线或航空收货点的运输，即我们通常所说的集港（站）运输。

（2）进口货物的疏港（站）运输，指按进口货物代理人的委托，将进口货物由港（站）运至指定交货地点。

（3）国际多式联运的首、末段运输，指国际多式联运国内段的运输，即将出口货物由内陆集装点装运至出口港（站），或将进口货物由港（站）运至最终交货地。

（4）边境公路过境运输，指在我国与邻近国家（地区）设有直通公路过境口岸的地区，如广东的深圳、珠海，新疆的霍尔果斯，经向海关申请办理指定车辆、驾驶员和过境路线，在海关规定的指定地点停留，接收海关监督和检查，按有关规定办理报检、完税、放行后运达目的地的运输。

案例 6-1

  国际铁路运输通道是黑龙江自由贸易试验区国际运输中重要的组成部分。目前，黑龙江省主要铁路货运通道有绥哈满铁路过境通道和哈尔滨至黑河铁路过境通道两条国际铁路货运通道。全省 87.3% 的货物都是由绥芬河—哈尔滨—满洲里线运送的。国际公路运输是黑龙江自由贸易试验区对接俄罗斯的第二大通道。黑龙江自由贸易试验区主要有两种形式的国际公路运输：直接在公路上运输和在界河连接的公路通道上运输。目前，黑龙江自由贸易试验区形成了以哈尔滨港为枢纽，黑河口岸为节点，连接了黑龙江、松花江、乌苏里江等重要水路通道的江河联运通道。冬季河面结冰给江河联运造成了困难，大大缩短了江河联运全年的运输时间，降低了水路运输的效率。为了延长全年可运输的时间，黑龙江省于 2011 年开始建设黑河—俄罗斯布拉戈维申斯克的浮箱固冰运输通道。由中国和俄罗斯共同设计和建造的中俄黑龙江大桥在两国之间建立了直接的联系。2023 年 1 月 3 日，随着一辆俄罗斯籍货车缓缓驶入中国境内。时隔 3 年，中国萝北至俄罗斯阿穆尔泽特口岸 2022—2023 年冬季冰封期中俄浮箱固冰运输通道正式恢复开通运行，如图 6-1 所示。

图 6-1 中国萝北至俄罗斯阿穆尔泽特口岸浮箱固冰运输通道

  中国萝北至俄罗斯阿穆尔泽特口岸浮箱固冰运输通道由 34 节浮箱组成，总长度 900 多米，是中俄界江黑龙江上唯一一座架设运行的浮箱固冰运输通道，也是跨度最大、施工难度最大的浮箱固冰运输通道。该运输通道的恢复开行，将提升黑龙江省对俄进出口贸易总量，为扩大黑龙江省向北高水平对外开放、推动中国"一带一路"建设。

  （资料来源：https://baijiahao.baidu.com/s?id=1753982400189930377&wfr=spider&for=pc）

6.4 国际航空运输

6.4.1 国际航空运输的特点

在各种运输方式中，航空运输速度最快，这也是其最突出的特点和优势。然而，飞机机舱的容积和载重量都比较小，导致其运载成本和运价高于其他运输方式。通常采用航空运输的货物本身价值较高，而航空运输的地面操作流程严格，管理制度完善，这使得货物破损率很低，安全性较高。不过飞机飞行受气象条件影响较大，比如大雾天气等，可能会影响其准时性。

6.4.2 国际航空运输的方式

1. 班机运输

班机运输是指具有固定开航时间、航线和停靠航站的飞机，利用班机开展运输业务，有固定始发站、目的站和途经站，通常采用客货混合型飞机。班机运输的货舱容量相对较小，运价较高，但由于航期固定，有利于客户安排鲜活商品或急需商品的运送。

2. 包机运输

包机运输是指航空公司按照约定的条件和费率，将整架飞机租给一个或若干个包机人，从一个或几个航空站装运货物至指定目的地。

3. 集中托运

集中托运可采用班机或包机运输方式，是指航空货运代理将若干批单独发运的货物集中成一批向航空公司办理托运，填写一份总运单至同一目的地，然后由其委托当地的代理人负责分发给各个实际收货人。这种托运方式可降低运费，是航空货运代理的主要业务之一。集中托运业务流程如图 6-2 所示。

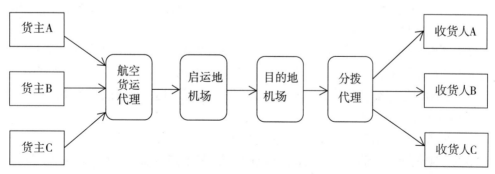

图 6-2　集中托运业务流程

集中托运只适合办理普通货物，对于等级运价的货物，如贵重物品、危险品、活动物以及文物等不能办理集中托运。目的地相同或临近的货物可以办理，其他的则不宜办理。

4. 航空快递

航空快递是由快递公司与航空公司合作，向货主提供的快递服务，其业务流程包括：快递公司派专人从发货人处提取货物，通过最快航班将货物运出；货物抵达目的地后，专人负责接机提货，办理进口报关手续并直接将货物送达收货人，这种服务模式被称为桌到桌运输。航空快递从发运快件的内容看，主要分为快件文件和快件包裹两大类。快件文件以商务文件、资料等无商业价值的印刷品为主，其中也包括银行单证、合同、照片或机票等。快件包裹又称小包裹服务，包裹内容包括国际贸易中的小型样品、需要返修零配件的机器等物品。

6.5 国际多式联运

6.5.1 国际多式联运概述

国际多式联运是伴随集装箱运输的发展而兴起的一种综合运输方式。集装箱的尺寸在国内和国际上都有明确规定，其标准化设计便于装卸和运输。由于标准集装箱特有的技术特点，可以通过特定的装卸设备快速完成装卸任务，因此在多式联运组合的每种运输方式下，都可以便捷地通过集装箱装卸设备顺利交接标准集装箱。国际多式联运是一种综合性的连贯运输方式，这种运输方式的主体不再只是运输工具的拥有者，而是多式联运经营人，这种经营人可以没有运输工具，即所谓的"契约承运人"或"无船承运人"。在承运人责任制度上，它打破了传统的承运人分段责任制度，采取的是由多式联运经营人对全程运输负责的统一责任制度。多式联运经营人需要使用其掌握的庞大物流运输网络体系和实际拥有的物流资源，通过研究分析，制定出便捷、高效、经济的最优物流运输方案，并筛选出最符合要求的承运人。多式联运经营人需要与托运人（发货人）、承运人（或区间承运人）都签订合同，通过所签订的合同，完成对双方的货运承诺，并履行相关物流运输职责。

根据《联合国国际货物多式联运公约》，国际多式联运是按照国际多式联运合同，使用至少两种不同的运输方式，由多式联运经营人将货物从一国境内接管货物的地点运送至另一国境内指定交货的地点。因此，构成国际多式联运应具备以下条件。

（1）必须有一个多式联运合同。
（2）必须使用一份包括全程的多式联运提单。
（3）必须是国际间的货物运输，且采取至少两种不同运输方式的连贯运输。
（4）必须由一个多式联运经营人对全程运输负责。
（5）必须是全程单一的运费费率。

6.5.2 多式联运的优越性

1. 手续简便

不论距离远近、运输环节多少，多式联运托运人只需签订一份货运合同，办理一次托运，支付一笔运费，取得一份联运提单，即可将货物发运至目的地，一旦发生运输问题也只需找多式联运经营人便可以处理问题，这对于托运人来说非常方便。

2. 缩短运输时间

多式联运通过整合不同运输方式的优势，充分发挥每种单一运输方式特有的优点，同时有效弥补其劣势，减少了外部成本，从而提高了物流企业的经济绩效。多式联运可以通过优化货物运输组成方式，组合多个承运人，进而降低单个承运人在货物运输过程中的停留时间和货物损坏丢失的风险。多式联运网络物流系统可以最大程度地整合相关货物物流信息，根据各种运输工具运输的时间窗口，调节每个货物运输环节和中转节点，优化多式联运的物流运输路径，合理选择多式联运的运输方式组合，降低货物运输的物流时间。

3. 提早结汇

货物在始发地装上第一程运输工具后，托运人就可以取得多式联运提单进行结汇。这不仅有利于加速货物占用资金的周转，还可以减少利息的支出，从而降低企业成本。同时，提早结汇也可规避汇率变动带来的风险。

4. 运输安全

在国际多式联运方式下，由于采用集装箱运输，尽管货物需要经过多段运输和多次装卸，但由于中途无需倒箱，能够较好地保证货物安全。

6.5.3 国际多式联运的经营方式

1. 企业独立经营方式

企业独立经营方式是指国际多式联运经营人在获得经营许可后，依靠自身实力独立开展业务。这种模式通常要求企业在运输全程的起点、终点以及中间各转接点设立子公司或办事处等分支机构。这些分支机构作为企业的全权代表，负责处理揽货、货物交接、订立运输合同、办理有关服务业务等运输和衔接过程中所需的一系列事务。

2. 两企业间联营方式

两企业联营方式是指企业由分别位于联运线路两端国家的两个或几个类似企业联合经营，联营的双方互为合作人，分别在各自国内开展业务活动，揽到货物后按货物的流向及运输区段划分双方应承担的工作。两企业联合经营的紧密程度由双方协议确定，合作形式可以包括互为代理、互付佣金、分享利润、分摊亏损等。

3. 代理方式

代理方式是指国际多式联运经营人在联运线路的两端和中间各个衔接点委托国内外同行业多式联运代理，办理或代安排全程运输中的货物交接，签发或回收多式联运单据，制作有关单证，处理和交换信息，代收、支费用和处理货运事故或纠纷，等等。这种代理关系可以是相互的，也可以是单方面的。在这种情况下，一般由多式联运经营人向代理人支付代理费用，不存在分享利润或分摊亏损等情况。

上述第一种经营方式多适用于货源数量较大而稳定的线路，一般要求多式联运经营人具有较强的经济实力和业务基础。后两种方式多适用于多式联运经营人的经济实力不足以设立众多的海外办事处或分支机构，或线路的货源不够大、不太稳定的情况。

▶ 案例 6-2 ◀

自 2018 年以来，中国（重庆）自由贸易试验区以西部陆海新通道为依托，开展铁海联运"一单制"试点，健全铁海联运体系，有效提升通道物流规模化、集约化水平和物流运行质量效益，降低通道物流成本，持续增强物流与贸易金融产业融合度。依托西部陆海新通道物流和运营组织中心，通过铁路集装箱班列衔接全球海运网络，建立"一次委托""一次保险""一单到底""一次结算"的全程服务模式，稳步提升和完善铁路与海运联合承运互信互认互通机制，提升多式联运一体化服务水平。

常州光阳摩托车有限公司委托重庆企业加工生产摩配零件销往越南，原有运输模式为重庆公路运输至深圳，再从深圳盐田海运至越南胡志明市，货主需要先委托公路运输企业完成国内段，再委托海船公司完成国外段。而在现有"一单制"模式下的运输模式是从重庆经陆海新通道铁海联运班列到钦州，再海运至越南胡志明市，全程铁路海运互认互通，由中新南向通道（重庆）物流发展有限公司签发铁海联运"一单制"提单，企业便享受到全程运输服务。中国（重庆）自由贸易试验区通过"一箱到底"模式，实现了铁路箱下海出境，不仅让单个集装箱综合成本节省 1000 元左右，还有效解决了以往的内陆地区海运集装箱严重缺乏、铁路箱需到沿海港口换装海运箱再出口等难题，也开启了重庆对铁路箱和海运箱互换、共享、调拨等规则的新探索。

2022 年 4 月 3 日，随着重庆果园港至越南河内首趟跨境铁路班列成功开行，中越铁路首票跨境"一单制"多式联运数字提单业务也同步成功签发。该提单由陆海新通道运营有限公司签发，并由中国建设银行重庆市分行基于真实的区块链数据为客户提供结算及融资服务。以往企业的铁路运输单证以纸质单证为主，流转时间长，效率较低。"一单制"多式联运数字提单的使用，有效缩短了单证处理和流转时间，同时解决了纸质提单传递效率低、易篡改等痛点。不仅可以实时跟踪全流程的物流信息，单据的真实性也更高，通过在"陆海链"平台上签发数字提单，提单信息可及时流转至发货人、收货人、金融机构，境外收货人也能更早地取得提货凭证，银行融资也更方便，为企业的结算和融资带来极大的便利，客户也可以第一时间在陆海链平台上对提单进行核验、查询、流转。

2023年8月，交通运输部会同商务部等七部门印发《关于加快推进多式联运"一单制""一箱制"发展的意见》，意见指出多式联运"一单制""一箱制"是推动多式联运高质量发展的有效途径，是构建现代综合交通运输体系的必然要求，要加快推进多式联运"一单制""一箱制"在全国多地的发展。

（资料来源：http://sww.cq.gov.cn/zymyq/cxcg/cxjy/202008/t20200814_7784477.html）

习题

一、判断题

1. 国际货物运输环节比国内更多，因此风险更大。（   ）
2. 滞期费和速遣费一般存在于定期租船中。（   ）
3. 大型航海船舶运输途中不需要比较不同港口的油价。（   ）
4. 铁路运输可以实现门到门的服务。（   ）
5. 多式联运有多个经营人对全程运输负责。（   ）

二、单选题

1. 航空货运代理公司将若干批单独发运的货物集中成一批向航空公司办理托运，填写一份总运单至同一目的地，然后由其委托当地的代理人负责分发给各个实际收货人，这种托运方式称为（   ）。

   A. 班机运输 B. 包机运输
   C. 集中托运 D. 航空快递

2. 以下（   ）没有体现国际货物运输的政策性。

   A. 特朗普取消北美自由贸易协定导致墨西哥运往美国的商品数量下降
   B. 美国、日本、埃及等国规定凡是用木箱进口的货品均需提供熏蒸证明
   C. 韩国韩进海运公司破产导致其船只被全球各大港口禁止靠岸
   D. 中国2018年4月建立海南自由贸易试验区增加了货物出口数量

3. 以下（   ）适合办理集中托运。

   A. 古董字画 B. 名牌钢琴
   C. 电风扇 D. 活牛活羊

4. 澳大利亚和中国之间长期运输铁矿石的航线属于（   ）。

   A. 沿海航线 B. 远洋航线
   C. 近洋航线 D. 普通杂货航线

5. 由分别位于多式联运线路两端国家的两个或几个类似企业双方互为合作人，分别在各自国内开展业务活动，揽到货物后按货物的流向及运输区段划分双方应承担的工作称（   ）。

A. 企业独立经营 B. 代理方式
C. 两企业间联营 D. 战略合作

三、简答题

1. 请简述班轮船期表的编制过程。
2. 请简述租船运输航次估算的基本步骤。

四、案例分析

2020年11月：进口中国商品需求太大，美国出口商遭遇集装箱短缺

2020年11月15日，随着美国零售商们开始为即将到来的"节日季"备货，来自亚洲的进口量出现激增。在这种情况下，美国出口商遭遇运力严重不足的状况。美国农产品生产商正努力寻找必不可少的运输工具——集装箱，以便将产品送到海外买家手中。业内人士表示：集装箱公司为了满足美国对中国商品的强劲需求，正在匆匆忙忙地卸货，并将空的集装箱运回亚洲。但这使得美国出口商可以用来装大豆、木材、棉花和其他产品的箱子数量越来越少。

美国农业运输联盟的执行董事彼得·弗里德曼说："现在，我们正在努力应对真正的紧急情况，承运商拒绝接单跨太平洋的农产品出口业务，并取消了已订的农产品出口业务。美国正被国外市场拒之门外。"报道指出，这种短缺在一定程度上是由于横跨太平洋的货物价值严重不平衡所造成的。例如，美国从中国进口的商品包括大量的电子产品、服装、玩具和其他制成品；而美国的出口商品主要集中在市场价值较低的大宗农产品以及食品和饮料上。

在繁忙的夏季，集装箱短缺的情况并不罕见。但在2020年，需求量在几个月内从历史最低点急剧上升到历史最高点，短缺情况甚至蔓延到了世界各地的港口。美国对进口货物的高需求，促使从中国到美国西海岸港口的集装箱运费超过4000美元/集装箱。然而，最近几周从洛杉矶到上海的集装箱运费平均价格为518美元/集装箱。

对于承运商来说，这意味着，与其等待集装箱在美国内陆转运几周，然后再返回沿海口岸，不如把集装箱直接"赶回"亚洲，因为那样做利润更大。德国集装箱公司赫伯罗特的发言人尼尔斯·豪普特说："需求是由美国消费者拉动的，他们正在订购体育器材、娱乐设备和家具等商品。从中国运往美国的船只已经满载，中国方面对空箱的需求量很大。我们预计这种情况将持续到明年第一季度。"

报道称，疫情导致城市封锁期延长，全球贸易量因而骤减。在此之后，美国的进口潮在仲夏时节兴起。因消费需求回升，美国大型零售商争相补充早先在疫情期间耗尽的库存，开始从亚洲进口更多商品，以填满货架和电商仓库。洛杉矶港执行董事吉

恩·塞罗卡说:"我们看到,为了补充库存,进口的商品比以往任何时候都多,他们对这些商品的处理速度不够快。我们的集装箱堆了6层之高,在码头的停留时间几乎增加了一倍,达到4天以上。这是条单行道,空箱是最后一个被处理的。"而在附近的长滩港,10月处理的出港空箱比装载货物的集装箱还多出88903个。一份全球港口追踪报告显示,9月美国主要港口接收了211万个集装箱,比去年同期增加了12.5%,创下了自2002年以来的最高月度记录。

2022年12月:全球集装箱溢出流入中国,有码头空箱堆存量占比超90%

"毫无疑问,目前全球都处在集装箱供应过剩中,不是一个港口,而是全球的集装箱都多了,"上海国际航运研究中心首席信息官徐凯解释道:"过去我们因为出口货物多,进口货物少,不得已要把空箱运回,现在是别的国家都堆不下了,满出来了,所以才要往我们这里运。"面对空箱回流造成堆场紧张的问题,我国各主要港口生产部门也积极安排场地堆存空箱计划,以提高堆场利用率。不过,进入12月,空箱挤占堆场资源仍是各枢纽港的压力所在。

中远海控(SH601919)方面向记者表示:"中远海运会积极做好成本管控工作,通过多元化的方式,减少空箱堆存费支出。"与此同时,国内港口企业也对内部码头堆场用地进行优化腾挪,物流公司的新箱购买意愿也变得更为谨慎。日前,上港集团(SH600018)振东分公司的在场空箱堆存量占比超过90%。为了缓解空箱压港压力,12月振东分公司将18块重箱轮吊作业箱区调整为空箱堆高车作业箱区,场地平箱将原6层高堆存改到7层,并利用正在总装调试中的其他场地。与此同时,振东分公司加强了与船公司的联动,通过沿海调运和优先提箱等举措,加速空箱提离,并利用上港外运场地,增加集装箱直卸的艘次和箱量。船公司向记者表示,现阶段,国内各口岸空箱数位于历史高位。

随空箱压港而来的是集装箱贸易价格不断走低。一位不具名的集装箱贸易圈内人士告诉记者,从12月数据来看,贸易箱成交数量比上月大幅减少,据他所言,今年的箱价一直在走低。"我们公司的空箱价格8月在2400 USD/TEU,到12月落到了2050 USD/TEU。""现在客户和箱厂都不会做库存箱的。"不仅如此,记者了解到,物流公司下单变得越来越谨慎,每单的数量也不会太大,集装箱贸易环节已经深刻感受到市场下滑的经营压力。

从源头来看,市场的种种表现源自全球箱量供给过剩。业内人士表示,此前早在2020年时,集运市场大繁荣,箱子有去无回只能疯狂造箱,箱量过剩是必然结果,而如何消耗是目前业内正在讨论的问题。行业内部可通过江海联运等方式将一些空箱分配至如重庆、武汉等内陆货源地;行业外部可以将多余的集装箱改造为住房、办公房等其他用途,从而逐渐消解市场压力。

(资料来源:https://www.52by.com/article/43870;https://baijiahao.baidu.com/s?id=1753684557057794646&wfr=spider&for=pc)

案例思考题：

对比 2020 年底和 2022 年底的中美物流集装箱运费行情差异，请你搜集这几年中美贸易和中美物流相关新闻报道，分析中美物流集装箱运费变化的原因。

五、延伸阅读与写作

2019 年，国家发展和改革委员会印发《西部陆海新通道总体规划》，该规划是深化陆海双向开放、推进西部大开发、形成新格局的重要举措。2021 年，国家发展和改革委员会印发《"十四五"推进西部陆海新通道高质量建设实施方案》，该方案提出到 2025 年基本建成经济、高效、便捷、绿色、安全的西部陆海新通道，这意味着西部陆海新通道这一国家级重点工程正式提速，由蓝图规划向落地建设迈进。西部陆海新通道位于我国西部地区腹地，北接丝绸之路经济带，南连 21 世纪海上丝绸之路，协同衔接长江经济带，形成亚欧海陆运输完整闭环，在区域协调发展格局中具有重要战略地位。经过五年培育发展，西部陆海新通道已成为中国西部地区与东盟等国家合作建设的综合性国际大通道，成为"一带一路"的合作典范。

请你结合查阅资料和文献，并结合现实中的数据调查，分析西部陆海新通道的发展对沿线某一城市货物运输方式选择的影响。

【在线答题】

第7章 港口物流管理

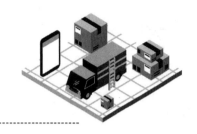

📖 【教学目标与要求】

1. 理解港口物流的概念和特点
2. 了解港口物流企业的概念、分类和业务
3. 了解世界典型的港口管理模式
4. 掌握港口物流国际竞争力的影响因素

【导入案例】

青岛港：从亚洲首个自动化码头到世界纪录的刷新者

"自动化码头不是西方人的专属，外国人能做到的，我们中国人不仅能做到，而且要做得更好！"这是山东港口青岛港国际公司副总经理、"连钢创新团队"带头人张连钢曾立下的誓言。

自 2017 年 5 月 11 日亚洲首个真正意义上的全自动化集装箱码头在山东港口青岛港诞生以来，青岛港不但开创了全球低成本、短周期、全智能、高效率、更安全、零排放的全自动化码头建设先河，还实现了超越全球同类码头单机平均效率 50% 的突破，装卸效率更是不断刷新世界纪录。

第 9 次刷新世界纪录！目前，全球自动化码头的单机平均作业效率为每小时 20 个自然箱左右，传统人工码头的单机平均作业效率为每小时 25~28 个自然箱。不久前，山东港口青岛港自动化码头在"德翔许明"轮作业中，自动化码头桥吊平均单机作业效率达到了 60.18 自然箱/小时，桥吊最高单机作业效率达到 67.76 自然箱/小时，效率一举提升 14.2%，第 9 次刷新自动化码头装卸效率的世界纪录，距上次世界纪录刷新仅仅过去 3 个月。偌大的码头和堆场生产作业行云流水，却无一名工人在现场。16 台蓝色自动化桥吊矗立码头，从来自全球的巨轮上高效有序地装卸着集装箱，76 台高速轨道吊在堆场上往来穿梭，83 台自动导引车流转自如，重达数十吨的集装箱被轻巧抓起、精准堆码，随后由集装箱货车运往全国各地。

按照国外经验，自动化码头从立项到建设完工需要 8~10 年，但是张连钢却认为"这个速度等不起"，他带领团队集思广益，让每个参与者都全流程承担设计者、建设者和经营者等多职责角色，用效率与时间赛跑。经过 40 多稿布局方案、7000 多个装卸流程测试案例、十几万次反复测试……只用了 15 个月，张连钢团队就拿出了完全符合青岛港实际的码头规划设计集成方案。其中，他们研发的自动导引车电池组的效率达到了世界先进水平。

2017 年 5 月 11 日，青岛港自动化集装箱码头 5、6 泊位，随着汽笛鸣响，生产控制中心一声令下，桥吊、自动导引车（AGV）、轨道吊快速运转，没有安全员、指挥手的身影穿梭和对讲机呼叫，数千个集装箱或装或卸，行云流水，快速精准——青岛港全自动化集装箱码头诞生了。经过三年攻坚，他们推出了一系列耀眼的"全球首创"：全球首次成功研制了机器人自动拆装集装箱扭锁；全球首次成功研制了港口大型机械防风"一键锚定"装置；全球首创了自动导引车循环充电技术；全球首创非等长后伸距双小车桥吊；全球首创高速轨道吊无轮缘车轮设计，避免车轮啃轨；实现岸边全自动无人理货、全自动喷淋熏蒸消毒、全自动空箱查验、冷箱温度自动监控……作为国民经济基础性、枢纽性设施，山东港口青岛港依托科技力量，创新作业流程，提高作业效率，2022

年1—5月，货物吞吐量同比增长3.3%，集装箱同比增长7.8%。

（资料来源：https://baijiahao.baidu.com/s?id=1741462491664467420&wfr=spider&for=pc）

请问：我国其他港口码头可以向青岛港学习哪些方面？

7.1 港口物流概述

7.1.1 港口物流的概念

港口作为全球综合运输网络的重要节点，承担着整个国际物流系统中的许多基本服务和衍生增值服务。由于港口独特的地理位置及其在整个国际物流系统中的重要地位，港口物流作为一个独立的概念被提出。

港口物流是指依托港口这一综合服务平台，以运输和中转货物为主要功能，集运输、仓储、配送、装卸、搬运、代理、加工、通关商检、信息处理为一体的综合物流服务。港口物流是港口城市利用其口岸优势，突出港口集货、存货、配货的特长，强化其对港口周边物流活动的辐射能力，以临港产业为基础，以信息技术为支撑，以优化港口资源整合为目标，发展具有涵盖物流产业链所有环节特点的港口综合服务体系。港口地区根据地理位置优势、所处的经济环境特点，通过有计划、有目标的发展，运用现代物流理念，形成一个以港区及广泛辐射地域为服务对象的综合物流网络。

【集装箱港口】

7.1.2 港口物流的特点

以现代港口为依托形成的港口物流，由于其物流中心的独特地理位置，呈现出以下特点。

1. 港口物流在国际物流运输中居于中心地位

港口在现代物流发展中有诸多独特的优势，在国际物流运输中处于不可替代的特殊地位。港口是水陆运输的枢纽，既是水运货物的集散地，也是远洋运输的起点和终点。港口凭借其大进大出的集疏运输能力和较好的物流网络基础，成为现代物流业的主导和重点。海运量占国际贸易货运量的80%以上，因而港口在整个运输链中始终是最大量货物的集结点。港口是水陆两种运输方式衔接的唯一节点，因此港口的建设和服务水平是整个国际物流运输能否顺畅运转的关键。

2. 港口物流的发展与腹地经济发展密切相关

港口作为现代物流业的中心，其发展高度依赖于完善的综合物流环境。对于港口物流而言，港口城市腹地经济的发展水平、规模及该地区的人口密度都会直接影响港口物流的吞吐量。另外，腹地的交通运输体系是影响港口物流的另一重要因素。世界上大多数城市都十分重视港口的发展,并制定以港兴城的发展战略来鼓励和扶持港口的发展,使港城关系更为密切。

3. 港口物流具有集散效应

港口作为国际运输体系的节点,因货物在港口的装卸和转运而产生了装卸搬运公司、船运公司和陆地运输公司等企业,又因船舶在港口的停靠产生了船舶燃料供给和船舶修理等相关产业,在货主和船公司之间还形成了无船承运人、货物代理和报关代理等中介公司。随着现代物流的发展,围绕港口产生的新型企业则是以物流增值作业为特色的物流园区和物流中心。港口对一个地区或一个城市的对外开放以及外向型经济发展起到了重要的推动作用,从国际上来看,凡是发达的综合性港口,其依托的城市经济通常都很发达,并且多为区域性、国际性的经济中心。

4. 港口物流的发展体现了整个国家物流发展的总水平

港口凭借其独特的地理优势和较为完备的硬件设施,形成了先天的竞争优势。与腹地物流相比,港口物流的实践者更容易接收到最先进的技术和管理理念。作为国际物流运输的中心,港口将这些先进的技术和管理理念通过物流运输渗透到陆向腹地。由此可见,一个国家的港口物流发展水平在很大程度上决定了整个国家物流的发展水平。

7.2 港口物流企业

7.2.1 港口物流企业概述

1. 港口物流企业的概念

港口物流企业是指至少从事一种与港口物流相关的运输或仓储经营业务,并能够按照客户物流需求对运输、储存、装卸、包装、流通加工、配送、报关等基本功能进行组织和管理,具有与自身业务相适应的信息管理系统的经济组织。

2. 港口物流企业的分类

根据港口物流企业的服务功能特征,可将港口物流企业划分为以下几种类型。

(1) 运输型港口物流企业。

① 提供单一运输活动的企业。

这类企业只单纯开展运输服务:一是从事水上长途运输,指货物在港口与港口之间的长途运输;二是从事陆上集疏运输,包括货物从港口到腹地聚集及货物从港口分拨到腹地的运输。

② 提供运输、仓储和中转业务的企业。

这类企业一般有自己的中转仓库,在为货主提供运输服务的同时,还提供短期的仓储服务，以及临时、简单的中转、集货、分货服务。

③ 船舶代理企业。

船舶代理企业是指接受船舶所有人（船公司）、船舶经营人、承租人或货主的委托，在授权范围内代表委托人办理与在港船舶相关的业务，提供相关服务或完成与在港船舶相关的其他经济法律行为的代理机构或代理人。

④ 国际货运代理企业。

国际货运代理企业是指接受进出口货物收发货人委托，办理国际货运相关业务并收取报酬的企业。

（2）仓储型港口物流企业。

① 港口保税仓储企业。

港口保税仓储企业是位于或毗邻港口，经海关批准，为保税货物提供专业化仓储服务的保税仓储企业。

② 港口非保税仓储企业。

港口非保税仓储企业是位于或毗邻港口，为非保税货物提供专业化仓储服务的仓储企业。

（3）综合性港口物流企业。

① 资产型港口物流企业。

资产型港口物流企业是自己投资购买各种物流装备并建立自有物流网点，向企业客户提供一站式港口物流服务的企业。这类企业通常资产实力雄厚，具备较强的柔性化能力和整体服务质量保障。

② 管理型港口物流企业。

这类企业自身拥有的资源较少，常见于国外市场。尽管没有固定资产，但由于底层物流市场成熟，这类企业仍能提供较高水平的物流服务。

7.2.2 港口物流企业的业务

1. 运输型港口物流企业的业务

（1）运输业务。

这类企业的运输业务包括港口水上长途运输和陆上分拨运输。水上长途运输是指承运人利用船舶等水上运输工具，通过海洋或内河航道进行长距离货物运输的方式，其运输距离通常较长，涉及跨国或跨区域的货物运输。陆上分拨运输是指货物在港口卸载后，承运人通过公路运输网络进行分类、配载，并将货物送达指定目的地的物流活动。

（2）船舶进出港业务。

船舶进出港业务包括船舶拖轮、船舶引航、船舶联检、船舶港口国安全检查、船舶物料供给、货物运输。

（3）货物通关业务。

货物通关业务包括货物进出口报检、进出口报关和转关。

（4）货物进出港业务。

货物进出港业务包括出口货物港口操作、进口货物港口操作。出口货物港口操作包括货物进港、货物堆存、出口货物放行和货物装船等。进口货物港口操作包括货物卸船、货物堆存、进口货物放行和货物出港等。

2. 仓储型港口物流企业的业务

（1）港口保税仓储企业的业务。

① 进口保税分拨。

进口保税分拨是先从国际市场批量进货，经海关备案后运入保税区，再根据国内市场行情分批报关进口。进口保税分拨的比较优势是：大批量进货，分批报关进口，既可降低单位货物采购成本和运输费用，又可延期缴纳进口关税和进口环节税。货物进保税区后进行保税仓储，通过提供看样订货、货物展览等服务，可有效地避免国内其他区域直接进口仅凭单证流转的贸易风险，保税区内仓储费用较低，且无仓储期限限制，可根据客户需要进行简单再加工，如拆装、拼装、重新包装、分级、分类等。

② 出口聚集分运。

出口聚集分运是先将中国境内货物报关出口至保税区，并聚集仓储，再根据国外客户订单情况及时分运出境。出口聚集分运的比较优势是：保税区位于境内关外，货物从国内非保税区进入保税区即视为出口，货物出境手续简便，可根据国际市场行情灵活而及时地向境外供货，保税区内企业经批准可享有区域性外贸经营权，享受直接出口退税政策。

③ 转口贸易。

转口贸易是在国际市场价格较低时买进货物，经海关备案后进入保税区进行仓储，或利用保税区劳动力成本较低的优势进行适当加工，待国际市场行情好转，商品升值后再售往国际市场。转口贸易的比较优势是：保税区与境外之间货物流转不须报关，不须缴纳关税及进出口环节税，货物进出保税区仓库无配额和许可证限制，享受保税仓储待遇，仓储费用较低，海运便利，实行外汇现汇留成。

④ 收购出口。

收购出口是从中国境内厂家或批发商收购货物，向保税区海关报关后进入保税区进行仓储，然后根据国外客户订单要求分运出口。在已经拿到国外客户订单情况下，也可不经保税区仓储过程直接出口。收购出口的比较优势是：直接享有出口经营权，可避免委托外贸公司代理这一中间环节，节省代理费用，保护商业秘密，享受出口退税优惠。

（2）港口非保税仓储企业的业务。

港口非保税仓储企业的业务主要包括以下几个方面。

① 货物存储与保管。

港口非保税仓储企业主要提供货物的存储和保管服务，包括普通货物、大宗商品、冷链货物等的仓储。这些货物通常为国内生产或消费的货物，无需享受保税政策。

② 货物装卸与搬运。

港口非保税仓储企业负责货物的装卸、搬运及在仓库内的堆码和整理。这些操作能够确保货物在存储和运输过程中的安全性和完整性。

③ 货物分拨与配送。

港口非保税仓储企业可以将货物进行分拨，根据客户需求将货物配送至国内其他地区或港口。这种服务通常用于满足国内市场的快速响应需求。

④ 增值服务。

包装与重新包装：提供货物的包装、重新包装、贴标、条形码管理等服务。

简单加工：如分级分类、分拆分拣、组合包装等简单加工服务，以满足客户的个性化需求。

物流方案设计：根据客户需求，提供定制化的供应链物流解决方案。

（3）综合型港口物流企业的业务。

综合性港口物流企业能够提供一站式港口物流业务，不仅包括运输型港口物流企业和仓储型港口物流企业提供的业务，还提供港口物流管理服务、信息服务和咨询服务等业务。

3. 理货业务

理货是指货物承运人将托运的货物运到目的地交于收货人或收货人代理，在货物交接过程中，按照货物标志进行分唛、验残、计数、制单、编制记录，公正地、实事求是地分清港贸、港航之间数字和残损责任而设立的一种专业性工作。港口物流企业涉及的理货业务主要包括以下内容。

（1）根据进口舱单和出口装货单，核对货物上的主标志是否相符，按票理清货物数字，分清或剔除残损货物，办理货物交接手续。

（2）监督货物装舱积载、隔票和分票卸货，分清货物工残、原残。

（3）依据理货结果，出具进口货物溢短、残损证明，签批出口货物装货单，提供原始理货单证。

（4）根据货物实际装船情况，绘制积载图，制作分舱单。

（5）船舶配载和货物挑样、分规格等。

（6）集装箱装卸船的理箱和装拆箱的理货业务。

（7）丈量货物尺码，计算货物容积。

（8）办理散装货物装卸船的单证手续业务，包括提供装卸进度，分清货物残损，办理交接签证手续，提供理货单证。

理货业务是港口物流企业非常重要的一项业务，其主要目的是确保货物在装卸过程中的准确性和安全性，同时为各方提供可靠的记录和证据。港口物流企业通过理货业务能够确保货物在港口高效、安全和准确流转，提升整个物流服务的质量和效率。

7.3 世界典型的港口管理和运营模式

7.3.1 港口管理模式

目前，从港口管理模式和股权结构来看，世界上港口管理模式主要可分为：私营企业经营管理、政府机构和国有企业共同经营管理（公有公营）、政府机构或国有企业和私营企业共同经营管理（公私合营）。

1. 私营企业经营管理

私营企业经营管理指港口股份完全由私人所有，私营企业全权负责港口的建设、运营与管理。世界上有一些国家认为港口具有重要的基础作用和战略价值，不适合完全由私人运作，因此采用了国家直接管理或通过国有企业间接管理的方式，如日本、韩国和我国的一些港口。

世界上完全由私营企业经营管理的港口并不多，比较具有代表性的是中国香港的集装箱码头和英国的霍利黑德港。中国香港所有的集装箱码头都遵循自由港政策，港口设施由私人投资建设，并由私营企业经营管理。例如香港葵涌码头的19个集装箱泊位，分别由和记黄埔、美国海陆、韩国现代和中远海运（与和记黄埔合营）4家公司所经营。中国香港私营企业的业务经营极少受到行政干预，同时完全可以自由定价。中国香港港口经营的特点表现在充分发挥私营企业的商业技巧，确保港口的运营效率和灵活性达到较高水平。私营企业经营管理模式的特点表现在以下三点：首先，提供服务的港口企业拥有自主的经营权和财产权，可以避免在公有公营模式下比较容易发生的被迫以低于成本的价格提供服务之类的情况；其次，由于拥有自主经营权，港口企业对其工作便会格外负责；最后，减少了在公营模式下港口设施的资源浪费。因此中国香港以其高效率和可靠性吸引了大批航运公司成为其长期顾客，成为现今世界上最繁忙的集装箱港口之一。

但是从长远角度看，私营企业经营管理的模式对于港口进行长期、大规模的战略发展有所制约。

2. 政府机构和国有企业共同经营管理（公有公营）

政府机构和国有企业共同经营的管理模式是指港口属于国家所有，港口的运作围绕国家的计划任务展开。世界上完全由政府机构和国有企业共同经营管理的港口总体较少，尤其是在欧美和亚洲比较发达的国家中，这种模式更为少见。由于这种模式下港口属于国家所有，无论是发达国家还是发展中国家，国有港口的公有公营模式都存在投资浪费、服务质量不高、效率低下等问题。这导致一方面增加了政府财政负担，另一方面也影响了港口的竞争力。

该模式的弊端主要有三个：一是港口设施服务不存在竞争，尤其是港口内部同一服务类型的各部门间无竞争可言；二是提供服务的港口企业缺少自主的经营管理权和财产权，一方面被迫以低于成本的价格提供服务，另一方面造成了港口企业不能很好地对其工作负责；三是港口设施的使用者可能因国家无偿投资，而要求拥有更多的设施，以致造成设施资源浪费。由于港口公有公营存在种种弊端，故许多此类管理模式的港口已经或正在进行改革，逐步向私营企业或股份制企业经营管理的模式转变。

3. 政府机构或国有企业和私营企业共同经营管理（公私合营）

目前世界上最普遍的港口经营模式是政府机构或国有企业和私营企业共同经营管理，据世界港口统计资料显示，在全球 2700 多个主要港口中，约有 75% 的港口属于这一模式。目前许多国家的港口正从政府机构和国有企业公营模式转向该模式，这种趋势被称为港口的商业化或民营化。日本、新加坡等国的港口经营都属于这种模式。以日本港口经营为例，日本港口由政府机构和私营企业共同经营管理。一方面，日本政府非常重视港口的社会公益性，把港口看作是国家和地区发展的核心，强调把港口开发建设纳入国家和地区经济发展的总体规划中，明确政府在港口建设中的投资责任，确保国家对港口的所有权，同时强调地方政府对港口的管理权，注重通过地方经济的发展推动国民经济的整体发展。另一方面，日本政府又强调企业的独立经营权，港口管理机构被禁止妨碍和干涉私营企业的正常业务活动，不允许经营与私营企业相竞争的业务，港口管理机构也被禁止在设施利用、港口经营管理等方面对任意一方给予歧视性待遇，政府仅通过法律、财税等手段对港口经营企业进行宏观指导与调控。这种多方共同经营管理的模式，给日本港口带来了巨大的经营效益，增强了企业的服务意识，降低了经营成本，提高了经营效率，在一定程度上提升了日本港口在国际航运中的地位。

7.3.2 港口运营模式

世界上港口的运营模式多种多样，主要有地主型港口模式、工具型港口模式和服务型港口模式三种。

1. 地主型港口模式

地主型港口模式是指政府通过规划界定港口的区域范围，委托港口管理机构代表国家拥有港区及后方一定范围内土地、岸线和基础设施的产权，对土地、岸线、航道等进行统一开发，并以租赁方式把港口码头租给国内外港口企业或船公司经营，实行产权和经营权分离，特许经营机构收取一定租金，用于港口建设的滚动发展。政府不以营利为目的，仅收取岸线、土地等公用基础设施的租金，租金收入全部用于港口设施的再建设。码头的上部设施，如库场、机械、设备等经营性设施则由经营人自己建设和维护。

地主型港口可分为政府（或公共团体）管理的港口和公共企业管理的港口两种。前者由州、市组成的机构或地方公共团体进行管理,如美国的港口、德国的国有港口,以及荷兰、比利时、瑞典、芬兰、丹麦等国港口大多采用这种模式。后者是以公司制为主要形式进行管理的港口,如德国的租赁港、日本的埠头公社及东欧国家的港口。地主型港口便于通过吸引多元化投资解决建设与资金之间的矛盾,是一种较为先进和可借鉴的运营模式。这种模式既能保证国家对土地、岸线等资源的有效控制,又能吸引各投资方参与港口建设和运营,是一种较好的模式。采用该模式,港口不仅能够提供快速运输和可靠的货物中转外,还能形成一个沿物流链运行的复杂的服务网络,这种组织形式也为几乎所有的船舶及码头运营商提供了在港内相互竞争的可能性。

2. 工具型港口模式与服务型港口模式

工具型港口模式与服务型港口模式的影响力相对较弱。工具型港口模式主要是指港口管理机构可以对港口区域内的土地、码头、机械设备进行出租经营,其主要代表是法国的勒阿弗尔港。服务型港口模式主要是指港口管理机构不拥有港口区域内的土地和码头,但能够对其进行管理和经营,包括装卸等活动,其主要代表是新加坡港。这两种类型的港口数量相对较少,影响力也不如地主型港口模式。

▶ 案例 7-1 ◀

上海港位于长江三角洲前缘,是中国沿海的主要枢纽港,也是中国对外开放、参与国际经济大循环的重要口岸。上海港每年完成的外贸吞吐量占全国沿海主要港口的 20% 左右。2022 年,上海港集装箱吞吐量突破 4730 万 TEU,连续 13 年位居全球第一,上海港远洋航线分布广泛,已覆盖了全球主要港口,尤其是北美和欧洲两条主干航线,密度较大,基本达到天天多班。

一般来说,外贸企业在货物交割后,空置货柜会被存放在港口,待下一次订单下单后,企业再从港口取柜,返回企业装货后再运输至港口进行出口。比如江苏无锡的企业从上海港提取空箱到返回无锡,再装货送往上海港单程的运输时间为 24 小时,同时公路运力限制也增加了企业的提箱成本。这一模式下,企业提柜耗时长,公路运输成本高。同时,空置集装箱堆放在码头上,也会给港口增加积压压力。运输途中还会产生排放问题。在此背景下,上港集团推出了 ICT(Inland Container Terminal)模式,即集装箱内陆码头。此模式把上海港集装箱码头、场站向腹地延伸,通过前置港口服务,为进出口企业提供视同上海港港口的出口集装箱进港、进口集装箱提箱、进出口集装箱转运、空箱调拨转运等主业服务,同时提供门到门运输、集装箱拆装箱、货物仓储、客户定制货物仓储和拆装箱等延伸服务。

上海港约 70% 的货源来自腹地。物流信息平台受理客户委托后,会将业务指令推送至 ICT,客户可安排集卡至 ICT 提取提前调运的空箱至仓库,进行装箱作业。待完成后,再将重箱送还 ICT,集装箱进入 ICT 后,即视同进入上海港。仅"提空送重"这一环节，货主即可省去 90% 的集卡运输里程。上海港 ICT（无锡）项目实施后，相当于把上海港"搬"到无锡，通过河海联运，企业的货物集装箱可存放在无锡分中心码头堆场。上海港无锡空箱中心的建立可为无锡及周边企业提供更充足的外贸空箱资源、更便捷的就近提还箱服务、更低廉的用箱成本以及更绿色低碳的运输方式，依托上港空箱中心的信息系统平台提供集装箱动态查询，申请空箱调运，集装箱修洗箱、放箱、口岸协调等服务。此外，上海港 ICT（无锡）项目还将提供更多定制化套餐。客户将货物由 ICT 疏运至上海港，可综合考虑价格、速度、便利性等因素，选择水路、公路、铁路三种方式。整个集疏运输环节，客户可通过 ICT 信息平台，一键式完成办理单证、缴费、查询位置等业务，并实现各环节之间的数据实时互通。

据悉，目前上海港 ICT（无锡）项目开通 3 条航线，其中，无锡至上海外高桥港、无锡至上海洋山港太仓中转线每天 1 班，无锡至上海洋山港直航线 2 周 3 班。

（资料来源：https://www.jiemian.com/article/9379963.html）

7.4 港口物流国际竞争力

7.4.1 港口物流国际竞争力的内涵

港口物流国际竞争力，是指港口在长期竞争与发展过程中，通过对自身要素的整合、优化以及对社会资源的合理配置，相对于国内外其他竞争对手所表现出来的生存能力和持续发展能力的总和。港口作为国际贸易的前沿，是货物、商品的集散中心，连接着国际国内双向贸易，有着天然的优势。港口国际竞争力不仅推动港口的进步和发展，还促进了港口的经济提升。除了通过加大投资提升港口设施能力，不断优化管理方式，提供运输、装卸等服务使得港口经营主体受益之外，港口物流的发展还进一步影响到港口行业上下游的发展，促进了所在地区的经济整体发展。由于港口涉及较多的国际贸易业务，受通关、退税等政策影响，港口的国际竞争不仅与自身条件和国际贸易宏观环境相关，还与不同国家的航运政策相关。因此，港口物流国际竞争力的内涵可概括为：港口为了获得更多国际和国内的收益，其在硬件设施、腹地产业、生产组织、服务功能等方面具备的比较生产力，也是港口在国际竞争或活动中吸引资源、获得盈利和实现潜力的能力。

7.4.2 港口物流国际竞争力的影响因素

1. 港口条件

港口条件包括地理位置和自然条件、基础设施水平、管理服务水平和国际竞争环境等。港口的发展与其优越的地理位置和独特的自然条件有着重要的关系，这些因素决定了港口的发展空间与潜力。港口的地理位置主要包括自然地理、外部交通和经济地理等，而自然条件则包括水文、地质、水域、航道水深等因素，这些因素直接影响港口的价值和规模。

港口物流业务的顺利开展需要完备的基础设施设备，包括锚地、航道水深、导航和装卸设备、码头长度、泊位长度、泊位数量和容量及其他设施，这些基础设施水平决定了港口的规模和吞吐量，是港口存在的物质基础。更好和更先进的硬件设施设备往往能提高港口物流的工作效率，从而提升其竞争力。

港口的管理服务水平也是影响其竞争力的一个重要因素，是港口软实力的体现。现代港口物流要求港口提供标准化、差异化和综合性的服务，它是港口综合实力的体现。港口的管理服务水平体现在海关、卫检、防疫、商检、维修、生活服务等方面，这些因素体现了港口的服务水平高低，影响着港口的发展。

随着世界经贸合作的进一步紧密，更多的国家意识到港口在世界经贸合作中的重要性，因此越来越多的国家开始积极促进港口的发展，这就导致了港口之间的竞争逐步激烈。同时，相邻港口间的相互竞争也逐步凸显，一些平行发展的港口必然会存在相互争夺物流量的情况，而港口也在不断扩大规模以便获得更多的市场份额。

2. 港口营运能力

港口营运能力是反映港口当前生产经营状况的重要指标。港口营运能力主要表现在港口装卸效率、货物吞吐量、集装箱吞吐量等指标上。港口装卸效率越高，船舶的停港时间也会缩短，港口竞争力会越强；货物吞吐量的多少通常也是最直接的衡量港口级别的重要依据，在一定程度上反映了港口的经营贸易实力。

货物吞吐量是一年间经由水运输出、输入港区并经过装卸作业的货物总量。货物由水运转陆运时，或由陆运转水运时，1吨装卸量计为1吨吞吐量；当货物由水运转水运（如江海联运船转船）时，1吨装卸量计为2吨吞吐量。集装箱吞吐量是货物吞吐量的一部分，通常按国际标准集装箱统计，计算单位为TEU（Twenty-feet Equivalent Unit，标准箱）。一个20英尺标准集装箱计为1个TEU，其他箱型按各自的换算系数折合成20英尺TEU进行统计。国际标准集装箱换算系数的计算公式为

$$换算系数 = 集装箱自然长度英尺 / 20 英尺$$

因此常用一个40英尺标准集装箱计为2个TEU，一个45英尺标准集装箱计为2.25个TEU。

3. 港口国际参与度

国际参与度考量了各港口在面对国际市场与对外活动中的融入能力，包括外商直接投资、进出口额与实际利用外资额等。港口物流的发展受国际环境及周边国家经济水平、对外政策的影响，这些因素在一定程度上决定了港口物流发展的规模。港口的班轮航线数以

及航班密度是体现港口的航线运营状况的重要指标,这两个指标数量越多,说明途经该港口到其他各港口的机会越多,港口的国际物流竞争力往往越强。

4. 港口发展潜力

港口发展潜力包括直接腹地 GDP、临港产业规模、对间接腹地辐射影响力。一般而言,港口腹地经济越发达,港口的国际物流基础设施就会越完善,物流服务水平也越高。港口腹地就是一个港口集散物资的地域,是为港口服务的区域范围,其功能主要是作为商品和货物的来源地或是扩散地。港口与港口腹地间有着密切的联系:良好的腹地经济条件能为港口的发展建设提供必要充足的保障,腹地发展越好、产生的经济活动越多,自然就有更多的市场需求,在维持港口现有发展的基础上向前更进一步,这样也能促进港口货运量的增加,由此推动港口现有投入力度的加大以及港口后期规划的展开;而港口实力的增强又作用于腹地经济的发展,为腹地区域贸易带来充足的货品和更多的效益。港口和港口腹地间的互为基础、彼此成就的关系,对于将港口发展成引领腹地经济发展的龙头尤为重要。

习题

一、判断题

1. 港口物流指的是港务公司的经营活动。(   )
2. 港口保税仓储企业是运输型港口物流企业。(   )
3. 港口的自然条件,如水文、地质、水域和航道水深等,不会影响港口的价值和规模。(   )
4. 货物在装船之后,如果需要理货,理货的时候不需要绘制积载图。(   )
5. 港口国际参与度越低,港口的国际物流竞争力往往就越强。(   )

二、单选题

1. 以下(   )不属于世界典型的港口管理模式。
   A. 私营企业经营管理
   B. 政府机构和国有企业共同经营管理
   C. 政府机构或国有企业和私营企业共同经营管理
   D. 政府经营管理

2. 政府通过规划界定港口的区域范围,委托港口管理机构代表国家拥有港区及后方一定范围内土地、岸线和基础设施的产权,对土地、岸线、航道等进行统一开发的模式称(   )。
   A. 地主型港口模式   B. 工具型港口模式
   C. 服务型港口模式   D. 私营港口模式

3. 水文、地质、水域、航道水深等因素属于港口的(   )。

A. 自然条件　　　　　　　　B. 地理位置条件
C. 基础设施水平条件　　　　D. 管理服务水平条件

4. 直接腹地 GDP、临港产业规模、对间接腹地辐射影响力等因素属于港口的（　　）。

A. 国际参与度　　　　　　　B. 营运能力
C. 外部条件　　　　　　　　D. 发展潜力

5. 国际上 1 个 TEU 指的是（　　）。

A. 20 英尺标准集装箱　　　　B. 40 英尺标准集装箱
C. 20 尺标准集装箱　　　　　D. 40 尺标准集装箱

三、简答题

1. 请简述港口物流企业涉及的理货业务内容。
2. 请简述提升港口物流国际竞争力的主要指标。

四、案例分析

宁波港集装箱运输竞争力分析

宁波港位于中国大陆海岸线中部，地处南北和长江"T"型结构的交汇点上，地理位置优越，是中国大陆著名的深水良港。宁波港向外直接面向东亚及整个环太平洋地区，向内不仅可连接沿海各港口，而且通过江海联运，可沟通长江、京杭大运河，直接覆盖整个华东地区及经济发达的长江流域，是中国沿海向北美洲、大洋洲和南美洲等港口远洋运输辐射的理想集散地。宁波港水深流顺风浪小，进港航道水深在 18.2 米以上，25 万～30 万吨船舶可候潮进出港。北仑港区北面有舟山群岛为天然屏障，在北仑港区建码头无须修建防波堤，投资省、效益高，且深水岸线后方陆域宽阔，对发展港口堆存、仓储和滨海工业极为有利。

（一）宁波港集装箱码头情况

目前宁波港主要由北仑国际集装箱码头有限公司、北仑第二集装箱码头分公司、宁波港吉（意宁）码头经营有限公司、宁波远东码头经营有限公司、大榭国际招商码头有限公司、镇海港埠分公司、宁波梅山岛国际集装箱码头有限公司经营。宁波港的岸线长，泊位多，桥吊和龙门吊等设备处于国际领先水平，能较好适应大量集装箱和大宗散货的装卸、贮存和大型船舶的作业。

（二）宁波港集装箱班轮航线

宁波港 1984 年开始集装箱运输业务，在不断地努力与总结经验教训后，开辟了至欧洲、美洲、中东地区、非洲等地的远洋航线，至日本、韩国、东南亚等地的近洋航线以及内支线和内贸线，形成了远近洋兼备、干支线配套的集装箱航线网络。2007—2010 年宁波港航线航班数如表 7-1 所示。截至 2011 年 6 月底，宁波港共有集装箱航线 239 条，较 2010 年底净增 11 条，其中远洋干线达 132 条。

表 7-1　2007—2010 年宁波港航线航班数　　　　　　　　　　（单位：条）

	2007 年	2008 年	2009 年	2010 年
航线总量	190	210	216	228
新增航线	19	19	6	12
远洋干线	101	118	113	122
近洋支线	46	47	51	54
内支线	19	18	20	20
内贸线	24	27	32	32
月均航班	810	900	908	1153
最高航班	844	917	955	1338

（三）宁波集装箱吞吐量

从 2011 年 8 月 31 日起，宁波北仑港区、大榭港区全面施行空集装箱物流改革，宁波港已率先成为全国空集装箱电子化调运基地，港口物流开始大幅度提速。宁波海关数据显示，2010 年，宁波港集装箱吞吐量 1300 万标准箱，进口空集装箱 437 万标准箱，占宁波港吞吐量的三分之一，空箱进口位列全国前三。如今空集装箱周转率平均提高了 2 天以上，据初步核算，仅码头的堆存费这个单项，一年就可以省下 150 万元左右。2012 年，宁波港货物吞吐量突破 4.53 亿吨，增幅为 4.5%，居中国大陆港口第三位、世界前五位；集装箱吞吐量达 1567 万标准箱，增幅达 8%，箱量排名保持中国大陆集装箱港口第三位、世界港口前六位。

（资料来源：周心吾，詹国辉，2013. 宁波港集装箱运输竞争力实证分析 [C]// 燕山大学公共管理学科梯队. 2013 年区域经济与河北沿海地区发展学术研讨会论文集. 秦皇岛：燕山大学：171-180.）

案例思考题：

请你根据上述材料，并结合知网文献、新闻媒介报道、网络搜索，分析宁波港的国际竞争力。

五、延伸阅读与写作

2018 年 9 月 26 日，时任国务院总理的李克强主持召开国务院常务会议，会议决定，清理不合规收费，10 月底前由各地向社会公布当地口岸收费目录清单，清单之外不得收费。这也是继 2017 年 11 月，国家发改委对港口进行反垄断调查，多家港口码头主动降费后，各沿海大港再度面临降费。在第一轮反垄断调查中，上海港、天津港、舟山港、青岛港应声降费，其中仅调降装卸作业费一项，预计每年降低进出口物流成本约 35 亿元。随后，大连港、广州港、深圳港等沿海大港接受反垄断调查，降费 9 亿元。2018 年，国家市场监督管理总局随即出手，对深圳四家拖轮公司和两家理货公司达成并实施垄断协议的行为作出行政处罚决定。天津市发改委也实名曝光了 6 家堆场垄断案,并实施款项处罚。据了解,为积极响应国家降低物流成本的号召,积极营造良好的营商环境,天津港、厦门港、青岛港、大连港等相继公布"一站式"阳光收费清单,进一步明晰进出口环节各项收费项目、收费标准、收费范围和服务内容。并在此基础上,下调了港口外贸作业包干费。此次国务院常务会议,将继续推动各大口岸阳光收费清单的公布。而港口行业越来越清晰的价格构成可供外界和监管机构参考。港口价格的改革事关港口行业的健康、永续发展,通过具有市场特性的价格因素引导港口内部各种资源的配置使用,对于提升港口及相关资源使用的合理性与经济性有着重要的意义,同时关乎整个港口生态圈的竞合关系,也影响着港口行业的融资能力和社会的投资意愿。

请你广泛查阅资料和文献,分析我国港口价格改革对国内港口高质量发展的重要作用,并写一篇总结报告。

【在线答题】

第 8 章
进出口商品检验检疫与通关

【教学目标与要求】

1. 了解进出口商品检验检疫的含义、职责与作用,以及企业应如何报检
2. 了解海关的性质和职能
3. 掌握一般进出口货物报关、保税物流与保税加工货物报关的流程
4. 掌握进出口环节征税和出口退税的计算

【导入案例】

饶平海关"查验神器"助力通关"加速度"

2019年11月26日,在潮州港三百门码头的饶平海关大型集装箱检查设备现场,一辆装载集装箱的车辆缓缓驶过扫描区域,这是该海关根据新一代查验系统"机检+人工"查验指令,实施的首票大型集装箱机检查验业务。

据饶平海关查验科科长忻泽介绍,H986大型集装箱检查设备(简称H986)采用辐射成像技术,借助X射线的强大穿透力,海关工作人员无需开箱就可以看到集装箱内装载货物的影像,具有既快又准的特点。作为一种非侵入式的查验方式,H986机检查验省去了掏箱、开拆、装箱等环节,直接扫描集装箱箱体,极大地压缩了通关时间;同时,借助强大的扫描成像功能,有效识别被检查货物细节,对重叠物品进行区分,从而使那些伪报、夹藏的不法物品现出"原形"。

近年来,饶平海关围绕落实科技兴关,不断探索推进智慧监管,依托H986机检查验,借助智能审像系统对图像风险进行自动筛查比对,通过大数据对企业风险级别、商品的风险属性进行综合判别,在提升监管水平的同时进一步压缩整体通关时长,为持续打造既"管得住"又"通得快"的营商环境增添助力。

(资料来源:http://k.sina.com.cn/article_5787187353_158f1789902000u8xs.html)

请问:机器对于海关查验的具体辅助作用体现在哪里?

8.1 进出口商品检验检疫概述

8.1.1 进出口商品检验检疫的含义与职责

进出口商品检验检疫是指在国际贸易活动中,由检验检疫机构对买卖双方成交的商品的品质、数量、重量、包装、安全、卫生及装运条件等各项内容实施检验,同时对涉及人、动物、植物的传染病、病虫害、疫情等进行检疫,并出具检验检疫证明的行为和过程。比如货物如果是木箱包装,而木箱含有原木成分,则一般来说木箱要经过熏蒸消毒才可在目的国正常入境。因为各国对木箱是否需要熏蒸的要求不同,在实际操作中,没有经过熏蒸的原木包装有可能顺利出口通关,但是到了目的国货物却无法靠港。

按照我国《进出口商品检验法》的规定,我国检验检疫机构的主要职责任务如下。

1. 法定检验检疫

根据我国《进出口商品检验法》《进出境动植物检疫法》《国境卫生检疫法》等相关法律法规及其实施条例规定,出入境检验检疫机构依法对出入境人员、货物、运输工具、集装箱及其他法定检验检疫物实施检验、检疫、鉴定等检验检疫业务,称为法定检验检疫，又称强制性检验检疫。法定检验检疫是国家对进出口商品行使管理权的主要形式，是国家法律赋予检验检疫机构强制实施的一项行政执法活动，在进出口商品检验制度中处于核心地位。但不是每个商品或物品都需要检验检疫，对于必须通过商检才允许进口的货物，其海关编码的监管条件中会包含"A"项；而对于必须通过商检才允许出口的货物，其海关编码的监管条件中则会包含"B"项。

2. 监督管理制度

监督管理制度指的是检验检疫机构根据国家法规，通过行政技术手段对进出口商品进行控制和监督管理。具体包括以下几点。

（1）风险预警。当进出口商品危害人类健康和安全、消费者合法权益、人类生存环境时，通过信息收集、风险评估，采取快速反应措施进行风险预警，例如向各地出入境检验检疫机构发布风险警报通报，向国内外生产厂商或相关部门发布警示通告，向消费者发布风险提示等。

（2）抽查检验。除了我国《进出口商品检验法》规定必须接受检验的进出口商品以外的进出口商品，我国出入境检验检疫机构按照统一的内容、程序、方法和标准等实施抽样检查、检验，并依法进行处理的监督管理活动，称为抽查检验。抽查检验的重点是涉及安全、卫生、环境保护、国内外消费者投诉较多、退货数量较大、发生过较大质量事故以及国内外有新的特殊技术要求的进出口商品。通过抽查检验可以强化对进出口商品的监督管理，维护社会公共利益和国家信誉。

（3）复验制度。当报检人对出入境检验检疫机构给出的结果有异议并申请重新检验时，由受理的出入境检验检疫机构重新作出检验结论的制度，称为复验制度。复验制度可以维护报检人的正当权利，是正确处理和解决报检人对检验检疫结果有异议的一项重要措施，同时也可促进检验检疫机构提高检验检疫技术和工作质量。

3. 办理鉴定业务

鉴定业务又称公证鉴定，是指对外贸易的关系人（贸易合同的买方或卖方、运输、保险、仓储、装卸等各方）提出申请或委托，第三方商检机构以公证人的身份，对申请的有关内容进行检验鉴定业务，并出具证明或鉴定证书，作为当事人办理有关业务的凭证。比如进出口商品的数量、重量、尺码、包装的鉴定，集装箱检验，车、船、飞机和集装箱的运载鉴定，残损鉴定，海损鉴定，出具货物原产地证等。

8.1.2 进出口商品检验检疫的作用

具体来说，进出口商品检验检疫的作用有以下几点。

1. 维护国家公共安全

通过进出口商品检验检疫可以有效抵御外来生物入侵和传染病传播，抵御核辐射、转基因、污染物、劣质食品等有害威胁。比如 2023 年 8 月 24 日，日本福岛第一核电站核污染水排入海洋，为全面防范日本福岛核污染水排海对食品安全造成的放射性污染风险，保护中国消费者健康，确保进口食品安全，依据《中华人民共和国食品安全法》及其实施条例、《中华人民共和国进出口食品安全管理办法》有关规定，以及世界贸易组织《实施卫生与植物卫生措施协定》有关规定，我国海关总署决定自 2023 年 8 月 24 日（含）起全面暂停进口原产地为日本的水产品（含食用水生动物），并对来自日本的所有货物进行严格的检验和监控。

检验检疫作为隔离有害威胁的一道强有力的屏障，通过预防减少相应危害发生的概率，降低了各种危害带来的经济损失，并且因检验检疫的监控，可以减少相关行业对危害防治的投入，保障生产安全，维护公民生命健康。

2. 作为商品出入境通关、国际贸易纠纷的有效证件

针对法定商检货物，在出入境通关时，当事人需向海关出示检验检疫机构签发的有效证明文件才能进行报关通关。而当货物在国际贸易环节中出现问题、买卖双方或承运人等贸易和运输环节的实体发生纠纷和争执时，检验检疫机构应申请人的申请委托，针对货物本身、运输工具、货物包装等环节的检验而出具的检验报告，可以作为国际仲裁、诉讼举证的有效证明文件。

3. 促进国家经济发展的重要措施

检验检疫工作中的进出口商品检验、出口商品质量许可和卫生注册管理、进口商品认证管理和进出口商品质量认证，可以有效地引导、监督和推动企业产品质量，增强我国商品的国际市场竞争力。并且在国外技术性贸易壁垒的影响下，企业为适应进口国要求，必须进行技术改造、检验检疫、认证等，成本花费巨大，因国外技术性贸易壁垒导致我国出口产品被国外扣留、销毁、退货等直接损失每年高达上千亿元人民币。我国检验检疫机构通过积极参与国际标准的制定，与外国和国际组织开展合作，采取国际标准消除国与国之间的障碍，并加快双边、诸边标准互认，可以帮助我国企业应对国外的技术性贸易壁垒，取得国外市场准入资格，确保我国产品能在国外顺利通关入境。

8.1.3 进出口商品报检

商品出入境检验检疫报检是报检人依法向检验检疫机构申报检验检疫、办理相关手续、启动检验检疫流程的行为。我国从 2000 年 1 月 1 日起实施了"先报检，后报关"的货物通关制度，规定对实施进出口检验检疫的货物启用入境货物通关单和出境货物通关单，并在通关单上加盖检验检疫专用章，对列入《出入境检验检疫机构实施检验检疫的进出口商品目录》范围内的进出口货物（包括转关运输货物），海关一律凭货物报关地的出入境检验检疫局签发的入境货物通关单或出境货物通关单验放。

1. 进口商品报检

进口商品报检指的是法定检验检疫入境货物的货主或其代理人，填写进口商品检验申请单，向卸货口岸检验检疫机构申请检验，取得入境货物通关单。报检时还应随附外贸合同（副本）、商业发票、装箱单、提单、进口货物通知书等有关单证。

（1）凡实施安全质量许可、卫生注册、强制性产品认证、民用商品验证或其他需经审批审核的货物，应提供有关审批文件。

（2）报检品质、规格、等级检验的，还应提供国外品质证书或质量保证书、产品使用说明书及有关标准和技术资料。

（3）凭样品成交的，需提供成交样品。

（4）申请残损鉴定的，需提供货物残损报告单、铁路商务记录、空运事故记录、海事报告等证明货损情况的有关证明。

（5）申请数量、重量鉴定的，需提交发货人提供的理货清单、重量明细单等。

2. 出口商品报检

出口商品报检指的是法定检验检疫出境货物的货主或其代理人，填写出口商品检验申请单，按照要求持有关单证和资料，向产地检验检疫机构申请检验检疫以取得出境货物通关证明。对于出境的一般货物，检验检疫合格后，由检验检疫机构签发出境货物通关单，货主或其代理人持出境货物通关单向当地海关报关。

（1）报检时，报检人应提供外贸合同或销售确认书或订单，信用证、有关函电，商业发票，装箱单，生产经营部门出具的厂检结果单正本，检验检疫机构签发的出境货物运输包装性能检验结果单正本。

（2）凭样品成交的，需提供成交样品。

（3）对暂时还不能出口的货物报检，货主或其代理人需持有关单证向产地检验检疫机构申请预先实施检验检疫。

（4）对法定检验的出境货物，经检验检疫机构检验检疫合格的，货主或其代理人持产地检验检疫机构签发的出境货物换证凭单或换证凭条向报关地检验检疫机构申请换发出境货物通关单。

（5）按照检验检疫要求，如有其他特殊单证也需一并提供。

8.2 海关的性质和职能

8.2.1 海关的性质

海关是指一个国家（或地区）设在进出口关境，代表该国家（或地区）政府，依据该国家（或地区）的法律法规行使进出口监督管理职权的行政机关。所谓通关，是指进出口货物的收发货人或其代理人、进出境物品的所有人、进出境运输工具的负责人向海关办理货物、物品或运输工具进出境手续及相关海关事务的过程。商品通关是国际物流中最重要的环节之一。中华人民共和国海关，是国家的进出关境监督管理机关，统一管理全国海关，实行垂直管理体制，于1949年10月25日正式成立。《中华人民共和国海关法》（简称《海关法》）第二条规定：中华人民共和国海关是国家的进出关境监督管理机关。我国海关的性质主要有以下三个方面。

1. 海关是国家行政机关

我国国家机关包括享有立法权的立法机关、享有司法权的司法机关和享有行政管理权的行政机关。海关属于国家的行政机关之一，是国务院的直属机构，海关对内对外代表国家依法独立行使行政管理权。

2. 海关是国家进出境监督管理机关

海关对进出关境活动的监督管理是履行国家行政制度的监督职能，是国家宏观管理的一个重要组成部分，海关依照有关法律法规制定具体的行政规章和行政措施，对特定领域的活动开展监督管理，以保证其按国家的法律规范进行。海关实施监督管理的范围是进出关境及与之有关的活动，监督管理的对象是所有进出关境的货物、物品、运输工具。

所谓关境，指的是适用于同一海关法或实行同一关税制度的领域。关境和国境之间的关系可以分为以下三种。

（1）一般情况下，关境等于国境。

（2）关境大于国境。比如对于关税同盟的签署国家来说，由于其成员国之间货物进出国境不征收关税，只对来自和运往非同盟国的货物在进出共同关境时征收关税，这种情况下，对于每个成员国来说，其关境大于国境，例如欧盟、东盟、北美自由贸易协定的成员国。

（3）关境小于国境。对于国内设立自由港、自由贸易区等特定区域的国家来说，由于进出这些特定区域的货物都是免税的，因而这种情况下关境小于国境。

3. 海关的监督管理是国家行政执法活动

海关通过国家法律赋予的权力，对特定范围内的社会经济活动进行监督管理，并对违法行为依法实施行政处罚，促进依法活动的发展，以此保证我国社会经济活动按照国家的法律规范有序进行。海关执法的依据是《宪法》《海关法》和其他有关法律法规。因此，海关的监督管理是保证国家有关法律法规实施的行政执法活动。

8.2.2 海关的职能

1. 海关的基本职能

《海关法》明确规定海关有四项基本职能，即对进出口货物、进出境运输工具、个人行邮物品和相关人员的进出境活动进行监管，征收关税和其他税费，稽查走私行为和编制海关统计。

（1）监管。

海关监督管理是海关全部行政执法活动的统称，是海关运用国家赋予的权利，通过一系列管理制度与管理程序，依法对进出口货物、进出境运输工具、个人行邮物品和相关人员出入境活动实施行政管理。海关监管是一项国家职能，其目的在于保证一切进出境活动符合国家政策和法律规范，维护国家主权和利益。监管是海关最基本的职能，是四项基本职能的首要基础，海关的其他职能都是在监管工作的基础上进行的。除了通过备案、审单、查验、放行、后续管理等方式进行监管外，海关还要执行或监督执行国家对其他对外贸易管理制度的实施，如进出口许可制度、外汇管理制度、进出口商品检验检疫制度、文物管理制度等，从而在政治、经济、文化、道德、公众健康等方面维护国家利益。

（2）征税。

海关代表国家征收关税和其他税费是海关的另一项重要职能。海关依据《海关法》和《中华人民共和国进出口关税条例》及其他有关法律和法规，对准许进出口货物、进出境物品征收关税和进出口环节的代征税。关税是国家财政收入的重要来源，也是国家实施宏观经济调控的重要工具，对进出口货物和进出境物品征收关税，可以保护国内工农业生产、调整产业结构、调节进出口贸易活动等。

关税的征收主体是国家，《海关法》明确规定将征收关税的权利授予海关，由海关代表国家行使征收关税的职能。因此，未经法律授权，其他任何单位和个人均不得行使征收关税的权力。关税的课税对象是进出口货物、进出境物品。其他税费指的是海关在货物进出口报关时，代替国内税务部门征收的有关国内税和进出口环节中应该缴纳的有关费用。目前，我国现行征收的国内税主要包括增值税和消费税。进口货物、物品在办理海关手续放行后，允许在国内流通的，应与国内货物等同对待，缴纳应征的国内税。为了节省征税人力，简化征税手续，进口货物、物品的国内税（增值税和消费税）由海关代征。

比如由法国前总统希拉克提出的碳关税，也称边境调节税，它是对在国内没有征收碳税或能源税、存在实质性能源补贴国家的出口商品征收特别的二氧化碳排放关税，主要是发达国家对从发展中国家进口的碳排放密集型产品，如铝、钢铁、水泥和一些化工产品征收的一种进口关税。随着全球经济格局的变化，贸易保护主义的新形式不断涌现。新型贸易保护主义的主要表现形式除了传统的反倾销、反补贴措施等，近几年兴起的一些绿色贸易壁垒如要求绿色制造、碳关税等从本质上来说就是新型的贸易保护措施。发展中国家和发达国家在制造业领域的科学技术水平和生产效率等存在巨大差异，征收碳关税的行为从贸易保护理论角度来说，是在限制发展中国家的产业发展，保护发达国家的产品竞争力，违背了国际贸易的公平原则。

(3) 缉私。

缉查走私活动是海关为保证顺利完成监管和征税等任务而采取的保障措施。走私指的是进出境活动的当事人或相关人违反海关法和国家其他有关法律法规,逃避海关监管,非法运输、携带、邮寄国家禁止或者限制进出境货物、物品或者依法应当缴纳税款的货物、物品进出境,或者未经海关许可并且未缴应纳税款、交验有关许可证件,擅自将保税货物、特定减免税货物以及其他海关监管货物、物品、进境的境外运输工具在境内销售的行为。走私行为以偷逃关税、牟取暴利为目的,走私直接危及国家税收,严重损害国家经济利益,扰乱社会经济秩序,威胁民族工业的生存和发展,败坏社会风气,对国家的危害极大。

《海关法》规定:"国家实行联合缉私、统一处理、综合治理的缉私体制。海关负责组织、协调、管理查缉走私工作。"从法律上明确了海关打击走私的主导地位以及有关部门的执法协调。海关是打击走私的主管机关,缉查走私是海关的一项重要职能。海关通过制止和打击一些非法进出境货物、物品的行为,维护国家进出口贸易的正常秩序,保障社会主义现代化建设的顺利进行,维护国家关税政策的有效实施,保证国家和其他税费的依法征收,保证海关职能作用的发挥。为了严厉打击走私犯罪活动,我国组建了海关缉私警察队伍,专门负责对走私犯罪案件的侦查、拘留、执行逮捕和预审工作。

(4) 统计。

海关统计是以实际进出口货物作为统计和分析的对象,通过搜集、整理、加工处理进出口货物报关单或经海关核准的其他申报单证,对进出口货物的品种、数量、重量、价格、国别(地区)、经营单位、境外目的地、境内货源地、贸易方式、运输方式、关别等项目分别进行统计和综合分析,全面、准确地反映对外贸易的运行态势,为国内政府和企业及时提供统计信息和咨询,实施有效的国际贸易统计监督,促进对外贸易的发展。2022年9月重庆市主要进口商品量值表(人民币值)如表8-1所示。

表8-1 2022年9月重庆市主要进口商品量值表(人民币值)

商品名称	计量单位	当月		1月至当月累计		累计比上年同期±%	
		数量/万	进口值/万元	数量/万	进口值/万元	数量/万	进口值
农产品	千克	7141.8	120223.1	65154.8	1177247.0	-42.6	-6.3
肉类(包括杂碎)	千克	1040.9	43157.0	9123.9	340190.9	46.8	108.9
牛肉及牛杂碎	千克	768.9	35556.8	6649.8	272699.2	154.3	216.0
牛肉	千克	753.3	34777.9	6579.3	269680.7	152.9	214.1
猪肉及猪杂碎	千克	58.6	856.5	712.4	9537.0	-69.4	-76.6
猪肉	千克	17.1	230.5	185.6	2747.0	-88.7	-91.0

续表

商品名称	计量单位	当月		1月至当月累计		累计比上年同期 ±%	
		数量/万	进口值/万元	数量/万	进口值/万元	数量/万	进口值
羊肉及羊杂碎（内部）	千克	147.1	4983.2	1157.4	42717.5	23.8	37.0
羊肉（月报口径）	千克	146.6	4966.4	1150.1	42440.3	24.0	37.2
禽肉及禽杂碎（内部）	千克	66.3	1760.5	567.9	12551.8	69.9	178.5
禽肉（月报口径）	千克	10.9	217.2	159.4	3247.8	168.4	348.1
水产品	千克	234.3	11217.8	2838.3	124988.8	568.0	925.9
食用水产品（已加旧码）	千克	234.3	11217.8	2838.3	124988.8	568.0	925.9
冻鱼	千克	1.9	26.0	12.4	204.4	-86.7	-81.1
乳品	千克	237.7	9672.1	2181.9	89488.3	19.7	31.9
奶粉	千克	39.1	5222.4	545.5	55034.5	-6.1	19.7
干鲜瓜果及坚果	千克	1030.8	13194.3	17911.5	352939.3	-43.4	-39.6

《中华人民共和国海关统计条例》规定：实际进出境并引起境内物质存量增加或减少的货物，列入海关统计。对于部分不列入海关统计的货物，则根据我国对外贸易管理和海关管理的需要，实施单项统计。海关统计是海关依法对进出口货物贸易的统计，是国民经济统计的重要组成部分，是国家制定对外经济贸易政策、进行宏观经济调控、实施海关严密高效管理的重要依据，是研究我国对外经贸发展和国际经贸关系的重要资料。

2. 海关的其他职能

除了四项基本职能以外，海关还有其他重要职能，具体如下。

（1）知识产权保护。

海关知识产权保护是指海关为禁止侵犯知识产权的货物进出口，对与进出口货物有关并受我国法律法规保护的商标专用权、著作权和与著作权有关的权利、专利权依照国家有关规定实施的保护。进口货物的收货人或者其代理人、出口货物的发货人或者其代理人应当按照国家规定，向海关如实申报与进出口货物有关的知识产权状况，并提交有关证明文件。

1995年7月，我国国务院颁布了《中华人民共和国知识产权海关保护条例》，正式授权海关对侵犯知识产权的进出口货物加强边境执法措施。海关总署根据此保护条例制定了《中华人民共和国海关关于〈中华人民共和国知识产权海关保护条例〉的实施办法》，并发布了《关于实施保护知识产权、制止侵权货物进出境的管理措施》的公告，对侵犯知识产权的进出口货物如何进行海关备案、执法等具体措施进行了细化和规范。海关知识产权保护是世界贸易组织法律制度中关于知识产权保护的一项极为重要的法律措施，其本质是对私权提供一种行政救济，其宗旨是通过行政措施消灭侵权货物，阻止其进入一国边境，避免进入国际商业流通市场，维护权利人的权利，确保经济贸易的秩序性。

当知识产权权利人发现涉嫌侵权货物即将进出境的，在采集了足以证明侵权事实明显存在的证据之后，可向主管海关提出中止放行并扣留货物的申请。收到申请的主管海关审核批准后，海关即对侵权嫌疑货物实施扣留的措施，并依法启动海关知识产权保护程序。当权利人在海关总署对其拥有的知识产权进行备案后，海关在监管过程中发现涉嫌侵犯其备案权利的货物物品即将进出境时，应通知知识产权权利人，权利人有权向海关申请实施扣留。海关自收到权利人的保护申请后，依法启动执法程序。

（2）参与公共治理。

海关可以参与口岸管理各项法律法规的立法工作，组织、协调各口岸管理部门的日常工作，明确各自的职权边界和责任范围，在口岸规划、职能协调、电子口岸建设等工作中发挥牵头与主导作用，提升口岸管理的整体效能。

（3）实施贸易救济和贸易保障。

在贸易中，海关可以协助解决国际贸易争端，实施贸易救济和贸易保障。例如，当遭遇国外或国内提出的反倾销及反补贴调查时，海关可以参与并配合相关调查工作。以欧洲某国对我国某产品发起反倾销调查为例，该国派出专家组来中国调查，从生产企业到贸易商再到海关，对每个环节的税费进行详细核算，最终计算出产品的总成本，以此判断是否存在倾销行为。在海关的配合下，所有相关的关税、消费税、增值税等数据得以清晰呈现，为企业参与国际市场竞争提供了有力支持。

8.3 一般进出口货物报关

8.3.1 一般进出口货物报关概述

报关是指进出口货物的收发货人或其代理人、受委托的报关企业，进出境物品的所有人或其代理人，进出境运输工具的负责人，依照《海关法》以及有关法律法规和规章的要求，在规定的期限和地点，采用电子数据报关单和纸质报关单的形式，向海关报告实际进出口货物的情况，并接收海关审核的监管和检查，缴纳税费，放行后办结通关手续等一系列的工作。

一般进出口货物指的是在进境环节缴纳了应征的进口税费，并办结了所有必要的海关进口手续，海关放行后不再进行监管，可以直接进入生产和消费流通领域的进口货物，以及在出口环节缴纳了应征的出口税费并办结了所有必要的出口相关的海关手续后，海关放行后离境的出口货物。

8.3.2　一般进出口货物的报关程序

一般进出口货物的报关程序主要由进出口申报、海关查验、征税、放行结关4个环节构成。

1. 进出口申报

（1）进出口申报的含义。

进出口申报是指进出口货物的收发货人或其代理人就货物、运输工具等的进出境向海关提交申报材料，申请查验、放行的过程。申报企业首先应规范填写报关单，如表8-2所示为中华人民共和国海关出口货物报关单。然后交给预录入公司录入审核并打印纸质报关单，经审核无误后由预录入公司将报关单提交审单中心，向海关正式申报。

表8-2　中华人民共和国海关出口货物报关单

预录入编号：		海关编号：			
境内发货人	出境关别	出口日期		申报日期	备案号
境外收货人	运输方式	运输工具名称及航次号		提运单号	
生产销售单位	监管方式	征免性质		许可证号	
合同协议号	贸易国（地区）	运抵国（地区）		指运港	离境口岸
包装种类	件数	毛重（千克）	净重（千克）　成交方式	运费	保费　杂费
随附单证及编号					
标记唛码及备注					
项号　商品编号　商品名称、规格型号　数量及单位　单价/总价/币制　原产国（地区）最终目的国（地区）　境内货源地　征免					
特殊关系确认：	价格影响确认：	支付特许权使用费确认：		自报自缴：	
报关人员　报关人员证号　电话　兹申明对以上内容承担如实申报、依法纳税之法律责任 申报单位 申报单位（签章）				海关批注及签章	

【进出口报关流程】

（2）进出口申报须提供的单据。

在报关时，除了报关单，其他必须随附的基本单据包括商业发票一式两份、装箱单一份、提货单或装货单一份（海运进出口）、空运单一份（空运）、包裹单一份（邮寄）、领货凭证一份（陆运）。另外还有一些需要随附的特殊单证，例如申报货物或物品属于列入许可证管理范围内的，需随附进出口货物许可证；主要针对进口货物的减税、免税或免验证明；贸易合同、原产地证明书；加工贸易的电子化手册和电子账册等。

（3）申报的日期、期限和地点。

① 申报日期。

申报日期是指海关接收进出口货物收发货人或其代理人申报数据的日期。不论是电子数据报关单形式还是纸质报关单形式的申报，海关接受申报数据的日期即为申报日期。以电子数据报关单形式申报的，申报日期为海关计算机系统接受申报数据时记录的日期。一旦接收到海关发送的"接受申报"报文和"现场交单"或"放行交单"通知，即表示电子申报成功。电子数据报关单经过海关计算机检查被退回的，视为海关不接受申报，进出口货物收发货人或其代理人应当按照要求修改后重新申报，申报日期为海关接受重新申报的日期。海关已接受申报的电子数据报关单，经人工审核后，需要对部分内容进行修改的，进出口货物收发货人或其代理人应当按照海关规定进行修改并重新发送，申报日期仍为海关原接受申报的日期。以纸质报关单形式申报的，申报日期为海关接受纸质报关单并对报关单进行登记处理的日期。海关审单作业流程如图 8-1 所示。

② 申报期限。

进口货物的收货人、受委托的报关企业应当自运输工具申报进境之日起 14 日内向海关申报。出口货物的发货人、受委托的报关企业除海关特准外，应当在货物运抵海关监管区后，装货的 24 小时以前向海关申报。鲜活、冷冻商品和某些电子产品，从签订合同到发货出运的时间较短，经海关特准，可以实行提前报关，货到放行。如果进出口货物的收发货人或报关企业超过规定期限向海关申报的要征收滞报金。进口货物的滞报金应当按日计征，以运输工具申报进境之日起第 15 日为滞报金起征日，以海关接受申报之日为截止日，如遇法定节假日，则顺延至其后第一个工作日。对于因不可抗力等特殊情况产生滞报金的，可以向海关申请减免滞报金。进口货物因收货人在运输工具申报进境之日起超过 3 个月未向海关申报，被海关提取作变卖处理后，收货人申请发还余款的，滞报金的征收，以自运输工具申报进境之日起第 15 日为起始日，滞报金的截止日为该 3 个月期限的最后一日。征收滞报金的计算公式为：滞报金 = 进口货物完税价格 × 0.5‰ × 滞报天数。滞报金的起征点为人民币 50 元。

③ 申报地点。

针对报关地点的选择，本着快速通关、提高效率的理念，对于守法水平较高的企业，可结合自身需求自主选择"口岸申报、口岸验放""属地申报、口岸验放"和转关运输 3 种模式办理。

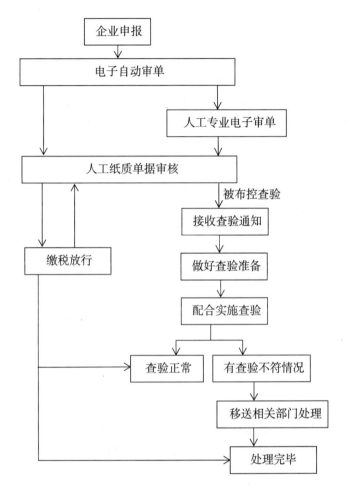

图 8-1 海关审单作业流程

A. "口岸申报、口岸验放"。

在一般情况下，进出口货物应当由收发货人或受委托的报关企业在货物的进出境地点向海关申报。口岸通关是进出口通关中最常见的情况。

B. "属地申报、口岸验放"。

该模式是针对符合海关规定条件的守法水平较高的企业（由企业所属地海关负责确定适用该模式的企业名单），在货物进出口时，可以自主选择向其属地海关申报纳税，在货物实际的进出境地点由当地海关办理货物验放手续的一种通关方式。在该模式下，企业可自行组织进出口货物的物流路线，自行安排时间和选择运输工具，自行选择到货地点，海关不再对运输途中的物流进行监控和到货后货物的集中监管，真正实现了"一次申报、一次查验、一次放行"。避免了排队报关,有效地减少了通关作业环节和作业时间。

C. 转关运输。

a. 转关的含义。

【转关运输和退运】

转关是指货物在海关的监管下,从一个海关运至另一个海关办理某项海关手续的行为。转关分为进口转关、出口转关和境内转关。进口转关指货物从进境地入境,到指运地海关办理海关手续。出口转关指货物在启运地已办理出口海关手续运往出境地,由出境地海关放行。境内转关指货物在海关监管下,从一个设关地点运往境内另外一个设关地点。

b. 转关的条件。

转关的指运地和启运地必须设有海关和经海关批准的监管场所。转关的承运人应当在海关登记注册,承运车辆符合海关监管要求,并承诺按海关对转关路线范围和途中运输时间所作的限定将货物运往指定的场所。不得申请转关的货物包括:进口的废物(废纸除外)、进口易制毒化学品、监控化学品、消耗臭氧层物质、进口汽车整车(包括成套散件和二类底盘)、国家检验检疫部门规定必须在口岸检验检疫的商品。

c. 转关的方式。

i. 提前报关转关。

进口提前报关转关:进口货物先在指运地申报再到进境地办理转关手续。

出口提前报关转关:出口货物未运抵启运地监管场所前先申报,货物运抵监管场所后再办理转关手续。

ii. 直转方式。

进口直转:进口货物先在进境地办理转关手续,到指运地后办理进口报关手续。

出口直转:出口货物在运抵启运地海关监管场所报关后,再向出境地海关办理转关手续。

iii. 中转方式。

进口中转:具有全程提运单、需换装境内运输工具的进口中转货物,由收货人或其代理人先向指运地海关办理进口申报手续,再由境内承运人或其代理人批量向进境地海关办理转关手续。

出口中转:具有全程提运单、需换装境内运输工具的出口中转货物,由发货人或其代理人先向启运地海关办理出口申报手续,再由境内承运人或其代理人按出境运输工具分列舱单,向启运地海关办理出口申报手续,并到出境地海关办理出境手续的转关。

2. 海关查验

(1)海关查验的含义和目的。

海关对进出口货物进行查验,是指海关为确定进出口货物收发货人向海关申报的内容是否与进出口货物的真实情况相符，或者为确定商品的归类、价格、原产地等，在接收申报并经审核报关单证后，认为符合申报要求以后，对进出口货物进行的实际核对和检查的行为。海关查验的目的是核对实际进出口货物与报关单证所报内容是否相符，有无错报、漏报、瞒报、伪报等情况，审查货物的进出口是否合法，确定货物的物理性质和化学性质，同时也为海关的征税、统计和后续管理工作提供可靠资料。

（2）海关查验的分类。

按查验过程的详细程度来分类，海关查验可分为彻底查验、抽查和外形查验三种方式。彻底查验是指对货物逐渐拆开包装，详细验核货物的品名、规格、型号、数量、重量等方面的状况是否与申报相符，属于最高等级的查验方式，一般适用于有走私违规嫌疑的货物。抽查是指按照一定比例有选择地对确定查验的货物中的部分货物拆开包装，验核货物实际情况，属于一般等级的查验方式，适用于普遍情况的货物。外形查验是指仅对货物的外形包装、标记和装运单证等进行外形查看并验核其是否与申报相符，属于最低等级的查验方式，适用于风险程度低的货物和机械设备、散装或者裸装货物等。

【海关查验】

（3）海关查验的方法。

按照操作方式，海关查验可分为机检查验和人工查验。

机检查验是指以利用技术检查设备为主，对货物的实际状况进行验核的方式。该方式可以在不开箱的前提下，运用检查工具或设备对需要查验的货物进行查验，具有效率高、查验准确、不破坏货物包装等优点，能有效降低通关成本、提高通关速度。目前我国海关常用的机检查验设备有货检 X 光、H986 集装箱检查系统、FS6000 快检系统等。

人工查验包括外形查验、开箱查验等方式。外形查验是指对外部特征直观、易于判断基本属性的货物的包装、唛头和外观等状况进行验核的查验方式。开箱查验是指将货物从集装箱、货柜车厢等箱体中取出并拆除外包装后，对货物实际状况进行验核的查验方式。

（4）配合查验。

海关查验货物时，货物的收发货人或其代理人必须到场，按海关的要求负责搬移货物、开拆和重封货物的包装等，并需要了解和熟悉所申报货物的情况，回答海关查验人员的询问，提供海关查验货物时所需要的单证或其他资料，协助海关提取需要作进一步检验、化验或鉴定的货样。在查验过程中，或者经证实海关在进行开验过程中，因为海关查验人员的责任造成被查验货物损坏的，进出口货物的收发货人或其代理人可以要求海关赔偿。海关赔偿的范围仅限于在实施查验过程中由于海关查验人员的责任造成被查验货物损坏的直接经济损失，损失金额根据被损坏货物及其部件的受损程度确定，或根据维修费确定。

（5）查验的地点。

海关查验货物一般在海关的监管区内进行，比如进出口口岸码头、机场、车站、邮局或海关的其他监管场所内。对进出口大宗散货、危险品、鲜活商品、接驳运的货物，经该货物的收发货人或其代理人申请，海关也可结合装卸环节，在作业现场予以查验放行。在特殊情况下，经收发货人或其代理人申请，海关审核同意以后，也可由海关工作人员在规定的时间到监管场所以外的工厂、仓库或施工工地查验货物。

3. 征税

进出口货物的收发货人或其代理人将报关单和随附单证提交给货物进出境地指定海关，经海关审核报关单并对货物进行查验，应税货物查验无误后，海关根据申报的货物计算税费，并开具税费缴款书和收费票据，收发货人或其代理人到海关通关科签领税单进行税费缴纳。

4. 放行结关

海关进出境放行是指海关接受进出口货物的申报、审核电子数据报关单和纸质报关单及随附单证、查验货物、征收税费或接受担保以后，对进出口货物作出结束海关进出境现场监管决定，允许进出口货物离开海关监管场所的工作环节。货物结关是指进出口货物办结海关手续，进出口货物的收发货人或其代理人向海关办理完所有的海关手续，履行了法律规定的与进出口有关的一切义务，进口货物可以提取，出口货物可以离境，并且之后海关不再监管。

对一般进出口货物而言，放行意味着海关监管工作的结束。对于需要转至另一海关监管的货物，放行意味着两个海关对该货物监管的移交，即一海关监管任务即将结束，另一海关监管任务将要开始。

8.4 保税物流与保税加工货物报关

8.4.1 保税物流概述

1. 保税物流的含义

所谓保税，指的是保税制度，是一种国际通行的海关制度。保税物流是指经过海关批准的境内企业进口货物后，将货物存放在境内指定的场所，企业在海关监管下进行储存、加工、装配后复运出境，在进境的时候暂时不缴纳关税等相应税费的一种海关监管业务制度。

2. 保税货物物流形式的分类

保税货物的物流形式可以分为保税加工、保税储存和区域保税三种。

（1）保税加工。

在对外贸易中，加工贸易是指境内企业进口全部或部分原材料、零部件、元器件，经过加工或装配后，将制成品复运出口的经营活动。保税加工贸易指的是经营企业经海关批准，未办理纳税手续进口料件，经加工或装配后，将制成品复运出口的经营活动。保税加工又分为来料加工和进料加工。来料加工是指进口的料件由境外委托加工的企业提供，经营企业不需要付汇进口，只需按照境外企业的要求进行加工或装配，原料供应者即是成品接收者，加工企业只收取加工费，其制成品由境外企业销售的经营活动。进料加工是指进口料件由经营企业付汇进口，制成品由经营企业外销出口的经营活动。来料加工与进料加工的区别如表8-3所示。

表8-3 来料加工与进料加工的区别

比较项目	来料加工	进料加工
物权	境外企业	境内经营企业
原料采购	境外企业	境内经营企业
兑付外汇	否	是
保税	是	是
利润来源	加工费	销售利润
营销风险承担	境外企业	境内经营企业
与出口退税相关的税收征管政策	实行增值税不征不退政策	实行增值税免抵退税政策

（2）保税储存。

保税储存是指进口货物在海关监管下储存于指定场所并暂缓缴纳进口税的一种保税形式。保税储存的地点一般是保税仓库。保税储存的目的在于使进口货物在暂缓缴纳进口税的状态下暂时存放于保税仓库，等待最终进入生产或贸易环节，因此保税储存是一种以仓库为依托、以储存为基础的保税形式。

（3）区域保税。

区域保税是指在特定区域实行保税制度，主要有保税区、出口加工区、保税物流中心、保税港区。

① 保税区。

1990年6月，经国务院批准，在上海创办了中国第一个保税区——上海外高桥保税区，专门提供出口加工、国际转口贸易和仓储物流、商品展示等贸易服务。1992年以来又陆续设立了14个保税区和1个享有保税区优惠政策的经济开发区。此外，截至2020年10月底，全国共有海关特殊监管区域157个，其中保税港区2个、综合保税区144个、保税区9个。截至2024年12月底，全国共有海关特殊监管区域175个，其中综合保税区167个。

保税区最主要的政策优势就是在保税区内实施"免证、免税、保税"政策，实行"境内关外"运作方式，即区内加工企业生产的产品，除国家另有规定外，免领出口许可证，免征出口关税和出口增值税；区内生产性的基础设施建设项目所需的机器、设备和其他基建物资予以免税；区内企业从境外进口的为加工货物所需的原材料、零部件、元器件、包装物件予以免税，其加工产品全部出口的，免征加工环节增值税；国外货物在保税区与境外之间自由进出；从境外进入保税区储存的货物不征关税以及进口环节的消费税和增值税，不实行配额、许可证管理，仓储时间不受限制。

保税区一般具备明显的区位优势，比如天然形成的便利交通条件、毗邻经济发达的国家或地区、拥有丰富廉价的自然资源等。因此我国的保税区基本上都分布在沿海发达地区，这些区域国际物流交通便利，区位优势突出，具有广泛的辐射效应。

② 出口加工区。

出口加工区是指经国务院批准，设在我国境内的由海关监管的特定区域，以开展加工制造业务为主、主要从事保税加工、保税物流、检测维修、研发等活动。出口加工区是推动我国加工贸易升级转型的重要载体。通过出口加工区的设立，可以规范加工贸易管理，变加工贸易为封闭式管理，降低监管风险。出口加工区的产业聚集效应，有利于在其周边地区形成为区内企业配套生产的企业群，直接拉动地区经济，形成完整的产业链、供应链。截至 2022 年，我国共有 63 个国家级出口加工区，主要分布在长江三角洲地区，其中上海有 6 个，江苏有 16 个，浙江有 4 个。

③ 保税物流中心。

保税物流中心分为 A 型保税物流中心和 B 型保税物流中心。

A 型保税物流中心是一种专门由中国境内企业法人经营的海关监管场所，从事保税仓储物流业务。根据服务范围的不同，A 型保税物流中心分为公用型保税物流中心和自用型保税物流中心两种。公用型保税物流中心是由专门从事仓储物流业务的中国境内企业法人经营，向社会提供保税仓储物流综合服务的海关监管场所；而自用型保税物流中心则是由中国境内企业法人经营，仅向本企业或本企业集团内部成员提供保税仓储物流服务的海关监管场所。

B 型保税物流中心指的是经海关批准，由中国境内一家企业法人经营，多家企业进入并从事保税仓储物流业务的海关监管场所，是由多家保税物流企业在空间上集中布局的公共型场所，具有一定规模和综合服务功能。但是 B 型保税物流中心并不是直接依托保税区而建立的，在中心内不得开展加工贸易、检测维修和商品展示等业务，也不享受国务院赋予保税区、出口加工区和保税物流园区的各项优惠政策。B 型保税物流中心主要设在物流集中、交通便利的内陆地区尤其是中西部地区，以此来弥补保税区集中在东部沿海地域的缺陷。B 型保税物流中心可享受的税收优惠政策是"入中心退税"，即境内货物进入中心视为出口，享受出口退税政策，并在进入中心环节退税，境外货物进入中心予以保税；中心内货物内销境内时，办理进口报关手续；中心内货物自由流通，不征收消费税和增值税；中心内货物可在中心企业之间及中心与保税区、出口加工区、保税仓库、出口监管仓库等其他特殊监管区域或场所之间进行自由转移、跨关区报关提取。

A 型保税物流中心与 B 型保税物流中心的主要区别在于，A 型保税物流中心仅能由一家企业从事保税仓储物流业务，而 B 型保税物流中心可以由多家企业提供保税仓储物流业务。这表明 A 型保税物流中心更倾向于为单一企业提供服务，而 B 型保税物流中心则支持多家企业的共同参与。

④ 保税港区。

保税港区是指经国务院批准，设立在国家对外开放的口岸港区和与之相连的特定区域内，具有口岸、物流、加工等功能的海关特殊监管区域。过去，由于保税区距离港口较远这一地理因素限制，货物进口存在二次报关问题，即货物需要由保税区和港口的两个海关进行监管，需要两次报关、两次查验、两次放行，通关效率较低，企业的物流成本较高。而在保税港区这种区港联动模式下，打破了保税区与港口长期以来的分离状况和瓶颈制约，实行"一次申报、一次查验、一次放行"的通关模式，极大地简化了通关手续。保税区与港口相结合的区港联动模式，整合了保税区的政策优势和港口的区位优势，形成区港良性互动，有利于吸引国际中转、国际配送、临港增值服务等国际高附加值业务，也能够满足跨国企业普遍采用的 JIT、零库存、VMI 等生产管理方式，促进了加工制造业和物流业在保税港区内的同步协调发展，有力地促进了我国物流产业发展，推动加工贸易转型升级。保税港区这种新型监管区域的产生，是我国建设国际航运中心的战略需要，通过保税港区的合理布局，其功能政策的辐射效应将有力推动区域经济的协调发展。

8.4.2 保税加工货物报关

海关对保税加工货物的管理，主要分为商务审批、备案保税、纳税暂缓、监管延伸和核销结关五个方面。

1. 商务审批

海关主要通过电子化手册或电子账册对加工贸易企业进行管理。加工贸易经营企业在向海关办理加工贸易合同备案并建立电子化手册之前，要先到商务主管部门办理合同审批手续。企业需要先填写"加工贸易企业经营情况及生产能力证明"。申请从事加工贸易的企业须如实申报生产能力证明各项内容，各级商务主管部门须实地勘察，据实审核。生产能力证明有效期为 1 年，加工贸易企业在生产能力证明有效期内申请加工贸易业务总量一般不超过生产能力证明核定的总量。加工贸易企业凭生产能力证明等材料向商务主管部门办理"加工贸易业务批准证"。加工贸易业务批准证是指经营企业向商务主管部门申请开展加工贸易业务，由商务主管部门核发的加工贸易业务批准文件。

2. 备案保税

电子化手册管理模式是海关以合同为单元进行监管，加工贸易企业须持经批准的加工贸易合同到主管海关备案，申请保税并建立加工贸易电子化手册。国家规定开展加工贸易业务应当由经营企业到加工企业的所在地主管海关办理加工贸易合同备案手续。经营企业是指负责对外签订加工贸易合同的各类进出口企业和外商投资企业，以及经批准获得来料加工经营许可的对外加工装配服务公司。加工企业是指接受经营企业委托，负责对进口料件进行加工或装配，且具有法人资格的生产企业，以及由经营企业设立的虽不具有法人资格，但实行相对独立核算并已经办理工商营业执照的工厂。经营企业和加工企业有可能是同一个企业，也有可能不是同一个企业。

如果经营企业和加工企业所在地不同，则需要进行异地加工贸易合同备案。异地加工贸易是指一个直属海关关区内加工贸易经营企业将进口料件委托给另一个直属海关关区内的加工企业进行加工，并组织出口的加工贸易。异地加工贸易应在加工企业所在地设立台账。加工企业将保税进口料件加工后的产品转至另一个加工企业进行进一步加工后再复运出口的行为，称深加工结转。由于海关要对进口料件的最终流向进行严格监管，因此在深加工结转模式下，转入企业在实际收货后，须凭申请表、登记表等单证向转入地海关办理结转进口报关手续，并在结转进口报关后的第二个工作日内将报关情况通知转出企业；转出企业自接到转入企业通知之日起10日内，凭申请表、登记表等单证向转出地海关办理结转出口报关手续。

合同备案时，由海关审核确定是否准予备案。准予备案的，由海关确定是否要开设加工贸易银行保证金台账。保证金台账制度是指经营加工贸易的企业凭海关核准的手续，按合同备案料件金额向指定银行申请设立加工贸易进口料件保证金台账，加工成品在规定期限内全部出口，经海关核销后，由银行核销保证金台账的制度。根据国家对外贸易管理规定，加工贸易商品分为禁止类商品、限制类商品和允许类商品三大类，海关又根据企业的资信状况把加工贸易企业划分为高级认证企业、一般认证企业、一般信用企业和失信企业四类企业。除禁止类商品外，海关根据商品类别和企业类别不同而采取不同的保证金台账管理措施。

（1）针对限制类商品：高级认证企业和一般认证企业台账空转，即无需缴纳台账保证金。东部地区一般信用企业50%实转，即需要缴纳保税进口料件应缴进口关税和进口环节增值税税款之和50%的保证金。中西部地区一般信用企业台账空转，失信企业100%实转，即全额缴纳台账保证金。东部地区是指辽宁省、北京市、天津市、河北省、山东省、江苏省、上海市、浙江省、福建省、广东省，中西部地区是指东部地区以外的中国其他地区。

（2）针对允许类商品：高级认证企业不设台账，一般认证企业和一般信用企业台账空转，失信企业100%实转。50%实转和100%实转是指海关对手册料件收取应征进口关税及进口环节增值税税款等额50%和100%的台账保证金。手册料件是指在加工贸易中，企业根据海关的要求，对进口的料件进行管理和申报的一系列操作。这些料件包括原材料、子组件、中间组件等，用于生产加工贸易下的成品。手册料件的管理涉及料件和成品的进出口数量控制、单耗申报以及料件与成品之间的转换等多个方面。

3. 纳税暂缓

保税货物未办理纳税手续进境，属于暂时免纳税费，但是保税不同于免税。国家规定专为加工出口产品而进口的料件，按实际加工复出口成品所耗用料件的数量准予免缴进口关税、消费税、增值税。这里所指的免税，是用在出口成品上的料件可以免税。但是在料件进口的时候，因为企业和海关都无法确定用于出口成品上的料件的实际数量，海关只有先暂时准予保税，在产品最终实际出口并能确定使用在出口成品上的料件数量以后，再确定征免税的范围，即用于出口的部分不予征税，而不出口使用的料件则征税并补交利息，如果属于许可证管理则同时提交许可证。

4. 监管延伸

监管延伸包括时间和地点上的延伸。一般进出口货物的监管时间为货物进境起，至提取货物止。而保税货物的监管时间为提取货物之日起，至完成仓储、加工、装配后复运出境或办结海关手续之日止。一般进出口货物的监管地点为进出境口岸的海关监管场所，而保税货物的监管地点为仓储、加工、装配的所有地点。

5. 核销结关

核销结关时，加工贸易企业须向海关提供单耗资料，海关对企业的单耗管理是海关加工贸易监管体系的核心内容之一。单耗是指加工贸易企业在正常加工条件下加工单位成品所耗用的料件量，如果在加工贸易中，同一料件有保税料件和非保税料件，企业应当申报非保税料件的比例、名称、计量单位、规格型号和品质等。海关重点监管料件的单耗和进出是否平衡。总而言之，海关要确认进境的料件和出口的成品、半成品在数量上是否平衡，以及复运出境的成品、半成品是否由进口料件生产。因此，保税加工货物必须经过海关核销后才能结关。

8.5 进出口环节征税和出口退税

8.5.1 进出口商品归类概述

1. 进出口商品归类的定义和作用

《中华人民共和国海关进出口货物商品归类管理规定》中对"商品归类"的定义是：在《商品名称及编码协调制度公约》商品分类目录体系下，以《中华人民共和国进出口税则》为基础，按照《进出口税则商品及品目注释》《中华人民共和国进出口税则本国子目注释》以及海关总署发布的关于商品归类的行政裁定、商品归类决定的要求，确定进出口货物商品编码的活动。

进出口商品归类工作不仅是海关开展税收征管、实施贸易管制、编制进出口统计和缉查走私等工作的重要基础，也是进出口企业办理各项进出口报关相关业务的重要基础。某一进出口货物的商品编码一经确定,则其适用的关税税率、法定计量单位、监管证件等也就相应确定下来了。

2. 进出口商品归类举例

海关对商品归类的依据非常多,商品归类是国际上公认的难度较大、专业性和技术性较高的工作。以下通过部分示例展示海关对商品归类的管理。

【进出口商品肉丸子的归类】

(1)按成分划分的商品归类。

涉及商品成分的归类规定主要是针对混合成分商品而设立的,主要集中在食品、塑料、纺织、金属等主要由商品的自然属性决定基本特征的商品类别。成分是商品归类时起主导作用的因素,比如"不锈钢"是指按重量计算含碳量在1.2%及以下,含铬量在10.5%及以上的合金钢,不论是否含有其他元素。又如同样是含碳物,天然石墨应归入税目2504的矿产品,人造石墨应归入税目3801的杂项化学品,炭黑应归入税目2803的无机化工品。同样是含石油的润滑剂,润滑剂中石油含量不同,当石油含量超过70%的应归入税目2710,石油含量低于70%的应归入税目3403。同样是酶制品,普通酶制品归入税目3507,用来制作皮革的酶制品归入税目3202。

(2)按加工程度划分的商品归类。

原材料、未制成品、半制成品、制成品的加工程度不同,归类不同。工业产品分类一般依据加工程度分,一般加工程度越高,类、章的编码更靠后。比如活树归入第6章,木材归入44章,家具归入94章。

(3)按商品的应用领域划分的商品归类。

比如钳子、镊子作为金属工具使用时,应归入第82章,而医疗专用的钳子、镊子属于第90章的医疗器械。

综上所述,企业要尽可能准确归类,弄清归类的对象,了解它的构成、材料属性、成分组成、特性、用途和功能,然后查找有关商品在税则中拟归的类、章及税号,才能正确报关并进行后续的税费计算和缴纳工作。

我国的进出口税则一般由商品目录和税率两部分组成。商品目录部分主要包括商品名称及与其对应的编码,编码号列称为税则号列,二者合称为税目或子目,子目是税目进一步细分而得的。由于进出口税则是征税的依据,因此商品必须具有明确的归属,即每一种每一类商品仅能归入一个税目或子目,而不能归入目录中的其他税目或子目。不同的货物归于不同的税目时,所需缴纳的各种税费的税率也不同。

8.5.2 进出口环节征税

对外贸易的税收是国家财政收入的重要组成部分,是政府实施对外经济政策的重要工具之一。根据《中华人民共和国关税条例》和《中华人民共和国海关进出口税则》的规定,我国海关对进出口货物分别征收进口税和出口税。为了方便纳税人和提高税收效率，对于进口货物还应征收的其他税由海关在货物进口环节代为征收。海关代征的税收主要有消费税和增值税。

1. 进出口货物完税价格的审定

进出口货物完税价格的审定是指海关遵循客观、公平、统一的原则，对进出口货物的申报价格进行审定，确定进出口货物的完税价格。依法审价是《海关法》赋予海关的权利，经过风险分析，海关对进出口货物的真实性、完整性存在疑问的情况下，可以向纳税义务人提出价格质疑。在海关提出价格质疑的情况下，纳税义务人或其代理人应在规定的时间内按照海关要求以书面形式向海关提供相关材料或其他证据，对申报价格、贸易流程等情况作出解释，所提供材料应确保真实性、完整性。

（1）进口货物完税价格的审定。

在通常情况下，进口货物的完税价格为经过海关审定的 CIF 价。进口货物以到达我国口岸的 CIF 价成交的，经海关审定如果价格正常，即以该价格作为完税价格。该价格所包括的运杂费、保险费在计算时应注意以下几点。

① 经海运、内河（江）运输进口的货物，计算至该货物运抵我国境内的卸货口岸。

② 经陆运进口的货物，计算至该货物运抵关境的第一口岸为止。如果成交价格中所包括的运杂费和保险费计算至内地到达口岸的，关境的第一口岸至内地一段的运杂费和保险费不予扣除。

③ 经空运进口的货物，计算至入境的第一口岸，如果成交价格为进入关境的第一口岸以外的其他口岸，则计算至目的地口岸。

进口货物以境外口岸的 FOB 价或以 CFR 价成交的货物，完税价格应该另外加上从境外口岸到我国以前所实际支付的运杂费和保险费。

（2）出口货物完税价格的审定。

出口货物的完税价格由海关以该货物的成交价格为基础审查确定，包括货物运至我国境内输出地点装载前的运输及其相关费用和保险费。出口货物的成交价格是指该货物出口销售时，卖方为出口该货物向买方直接收取和间接收取的价款总额。出口关税、货物在我国境内输出地点装载后的运杂费和保险费等不计入出口货物完税价格。由于各国一般都鼓励出口，因此各国海关对出口货物一般不征收出口税，只对个别政府限制出口的商品征收出口税。

2. 进口货物相关税额的计算

（1）关税。

① 对于进口货物。

从价计征的计算公式：关税税额 = 关税完税价格 × 关税税率

从量计征的计算公式：关税税额 = 货物数量 × 单位关税税额

复合计征的计算公式：关税税额 = 货物数量 × 从量单位关税税额 + 关税完税价格 × 从价关税税率

② 对于出口货物。

应征出口关税税额 = 出口货物完税价格 × 出口关税税率

【例 8.1】

国内某公司从美国进口一批轿车，成交价格为 CIF 大连 50000 美元每辆，经查，该批轿车适用关税税率为 25%，设 1 美元 = 人民币 7.2465 元，请计算应征进口关税。

【解】应征关税税额 = 关税完税价格 × 关税税率
=50000 美元 ×25%× 7.2465
=90581.25（元）

（2）消费税。

消费税是以消费品或消费行为的流转额作为课税对象的税种。消费税主要针对一些过度消费会对人身体健康、社会秩序、生态环境造成危害的商品，比如烟、酒、鞭炮等；还会对一些奢侈品、非生活必需品征收消费税，比如贵重珠宝首饰、高尔夫球及球具、高档手表；还会针对高能耗、高污染的高档消费品课税，比如小轿车、钢铁、建材等；以及针对一些不可再生和替代的资源类消费品征收，比如汽油、柴油、成品油等。

消费税计算公式：

消费税税额 =（关税完税价格 + 关税税额 + 消费税税额）× 消费税税率

关税税额 = 关税完税价格 × 关税税率，提取等号左右两边公因式，在从价征收消费税时，可表达为：

消费税税额 ×（1 − 消费税税率）= 关税完税价格 ×（1+ 关税税率）× 消费税税率

即：

消费税税额 = 关税完税价格 ×（1+ 关税税率）× 消费税税率 ÷（1− 消费税税率）

在从量征收消费税时，消费税税额 = 进口数量 × 消费税定额税率

（3）增值税。

增值税是对商品生产、流通、劳务服务中多个环节的新增价值或商品的附加值征收的一种流转税。进口环节的增值税由海关依法向进口货物的法人或自然人征收，其他环节的增值税由税务部门征收。在我国境内销售货物（销售不动产或免征税的除外）或提供加工、修理修配劳务以及进口货物的单位和个人，都要依法缴纳增值税。

目前，我国增值税税率主要有以下几档。

① 13% 税率：适用于大多数进口货物、加工修理修配服务、有形动产租赁服务等。

② 9% 税率：适用于部分基础货物和服务，如农产品、食用植物油、食用盐、天然气、图书、报纸、杂志等。

③ 6% 税率：适用于其他服务和无形资产。

④ 0 税率：适用于出口货物以及跨境销售的特定服务和无形资产。

其中海关代为征收的增值税主要涉及 13% 和 9% 这两档。

增值税计算公式：增值税税额 =（关税完税价格 + 关税税额 + 消费税税额）× 增值税税率

【例 8.2】

国内某公司从欧洲进口一批高档香水，经海关审核其完税价格为 180 美元每瓶，已知该批货物的关税税率为 15%，消费税税率为 20%，增值税税率为 13%，设 1 美元 = 人民币 7.2465 元，请计算应征消费税、应征增值税税额（保留小数点后两位）。

【解】

应征关税税额 = 关税完税价格 × 关税税率
　　　　　　 = 180 美元 × 15% × 7.2465
　　　　　　 ≈ 195.66（元）

应征消费税税额 = 关税完税价格 ×（1+ 关税税率）× 消费税税率 ÷（1− 消费税税率）
　　　　　　　 = 180 美元 ×（1+15%）× 20% ÷（1−20%）× 7.2465
　　　　　　　 ≈ 375.01（元）

应征增值税税额 =（关税完税价格 + 关税税额 + 消费税税额）× 增值税税率
　　　　　　　 =（180 × 7.2465+195.66+375.01）× 13%
　　　　　　　 ≈ 243.76（元）

8.5.3 出口退税

出口退税是一个国家或地区对已报关离境的出口货物，在报关出口时退还在国内各生产环节和流转环节按税法规定缴纳的增值税和消费税，即出口环节免税且退还以前纳税环节的已纳税款的一项税收制度。出口退税可以使货物以不含税价格进入国际市场，是为了增强本国货物在国际市场上的竞争力而采取的一项税收优惠，属于国家间接补贴制度，可以扩大出口、增加就业，鼓励出口带动国内工业发展。

出口退税计算公式：

商品进价（含税价）= 不含税价 + 增值税税额

增值税税额 = 商品不含税价 × 增值税税率

因此商品不含税价 = 商品进价（含税价）÷（1+ 增值税税率）

出口退税税额 = 商品不含税价 × 出口退税税率
　　　　　　 = 商品进价（含税价）÷（1+ 增值税税率）× 出口退税税率

习题

一、判断题

1. 所有进出境的商品都必须接受检验检疫。　　　　　　　　　　　　　（　　）
2. 海关的基本职能是监管、征税、缉私、统计。　　　　　　　　　　　（　　）

3. 企业在货物进出口时,自主选择向其属地海关申报纳税,在货物实际的进出境地点由当地海关办理货物验放手续的一种通关方式称"口岸申报、口岸验放"。（　　）

4. 保税指的是货物不需要缴纳关税。（　　）

5. 进口的料件由境外委托加工的企业提供,经营企业按照境外企业的要求进行加工或装配,其制成品由境外企业销售的经营活动称进料加工。（　　）

二、单选题

1. 国内某公司从美国进口一批轿车,到岸价5万美元每辆,经查,该批轿车适用关税税率为15%,消费税税率为20%,增值税税率为13%,每辆轿车总共应纳税（　　）美元。

　　A. 23146　　　　　　　　B. 31218
　　C. 38697　　　　　　　　D. 24689

2. 海关监管货物在海关监管下,从一个海关运至另一个海关办理某项海关手续的行为称（　　）。

　　A. 报关　　　　　　　　　B. 结关
　　C. 转关　　　　　　　　　D. 通关

3. 国家规定开展加工贸易业务应当由经营企业到（　　）所在地主管海关处办理加工贸易合同备案手续。

　　A. 加工企业　　　　　　　B. 进口企业
　　C. 出口企业　　　　　　　D. 外贸企业

4. 由多家保税物流企业在空间上集中布局的物流集结区,称（　　）。

　　A. 保税物流中心A型　　　B. 保税物流中心B型
　　C. 保税物流中心C型　　　D. 保税物流中心D型

5. 加工贸易企业将保税进口料件加工的产品转至另一个加工贸易企业进一步加工后复运出口的经营活动称（　　）。

　　A. 异地加工贸易　　　　　B. 深加工结转
　　C. 转口贸易　　　　　　　D. 保税加工贸易

三、简答题

1. 请简述一般进出口货物的报关程序内容。

2. 请简述转关的作用。

3. 请简述保税加工货物报关时纳税暂缓和核销结关的原因。

四、案例分析

S公司贸易订单失败案例

S公司是一家不锈钢制品生产商,主要生产各种类型的不锈钢器皿,其产品内销居多,也有外贸订单。经同行推荐,L公司找到S公司的负责人,洽谈合作生产欧美流行的木框架镶不锈钢家具。S公司以往没有出口过家具,但有过出口不锈钢器皿的经验。

销售人员查询到 L 公司需要的木框架镶不锈钢家具适用的监管条件为 AB（监管条件 A——进口法定商检，进口商品按国家《海关法》规定要所属的出入境检验检疫局出具检验检疫报告才可以进口报关；监管条件 B——出口法定商检，出口前必须取得所属国家出入境检验检疫局出具的检验检疫报告才可以通关；监管条件为 AB——商品进出口都需要进行法定商检），出口退税税率为 15%。虽然 S 公司听说过家具的商检手续较为麻烦，但一想到 L 公司的订单利润较高，而且木框架部分的生产完全可以外包，S 公司只需专注于镶不锈钢的核心工艺，生产难度也不大，于是 S 公司爽快地与 L 公司签署了合作协议。

为保险起见，S 公司在不锈钢家具刚投产时就委托专业的报检行处理商检问题。报检行收到 S 公司的报检资料后，发现 S 公司没有申请过"出境木制品生产企业注册登记书"，不具备报检资格，建议 S 公司尽快申请该证书。S 公司立刻聘请相关咨询公司以最快的速度代办该登记证书。但经过咨询公司现场检查后，发现 S 公司由于没有生产过木制品，也没有木材存放的仓库、木制品的生产隔离设备等基本硬件，条件不符合相关规定，因此建议 S 公司先把硬件环境改造后，再申请该证书，否则无法通过国家进出口商品检验局的检查。但如果先改造硬件环境，再申请证书后才报检，由于耽搁的时间较长，S 公司根本不可能在 L 公司规定的时间内交货上船。打探过各种办法无果后，为了完成订单，S 公司无奈把全部生产外包给另一家有"出境木制品生产企业注册登记证书"资质的 M 家具生产商。为应付国家进出口商品检验局的检查，镶不锈钢的工艺也只能由 S 公司派员在 M 工厂进行，然后再由 M 工厂报检，S 公司相当于扮演了贸易商的角色，而利润的一大块却分给了 M 工厂以及补偿给更换前的供应商。货物顺利报检通关出口后，却很快出现了质量问题，被 L 公司按协议扣款。在 S 公司改造完硬件环境时，L 公司已经取消了与他们的合作。

（资料来源：温伟雄，2014. 外贸全流程攻略——进出口经理跟单手记 [M]. 北京：中国海关出版社．）

案例思考题：
请你分析 S 公司这笔业务失败的根本原因在哪里。

五、延伸阅读与写作

海关估价是指经海关审查确定的完税价格。海关估价对征收关税很重要，并且它还是在一国边境缴纳各种捐税的基础，当许可证管理和进口配额依商品价值确定时，它也是很重要的基础。更为重要的是海关估价可构成重要的贸易壁垒，某一商品因海关完税价格不明确而对其贸易的影响远比关税本身严重得多。估价工作技术性、专业性强，作为中国加入世界贸易组织的承诺之一，我国应全面实施《WTO 估价协定》。这意味着估价准则从"正常价格"演变为"成交价格"，对从未将"成交价格"作为估价标准的中国海关而言，不得不说是一个异常严峻的考验。就是在这样的时代背景下，2003 年，海关估价技术委员会成立了估价"国际组"，在关税估价领域，培养了一批精通外语、国际经济和法律的人才。

2006年4月，中国海关开始从国内派员参加估价技术委员会会议，2012年后，中国海关开始参加会议讨论，打破了以往"只听不说"的参会模式。在2013年世界海关组织估价技术委员会第37次会议上，中国海关首次向世界海关组织估价技术委员会提交书面意见。自那次会议起，中国海关在历次会议上不断努力输出自己的估价观点，不断提升中国海关在估价领域的国际话语权。随着中国海关在估价领域的国际影响力不断提升，2017年世界海关组织邀请中国海关输出中国海关估价管理经验，相关材料纳入世界海关组织的税收一揽子指导意见。2017年年底，中国海关向世界海关组织提交了"中国海关估价管理经验"材料。2018年，该材料作为世界海关组织推荐的"最佳做法"纳入《WCO税收一揽子指导文件Ⅲ》。

习近平总书记曾经说过，世界那么大，问题那么多，国际社会期待听到中国声音、看到中国方案，中国不能缺席。近年来，中国海关进一步在国际估价事务中有所作为，主持当前国际海关估价相关焦点问题的研究，深度参与估价规则技术的修订、发展与完善，为国际海关估价合作发展不断作出新的贡献。

请你结合上述材料，查阅资料和文献，了解海关估价在实践中的具体应用，并写一篇总结报告。

【在线答题】

第 9 章
国际物流与供应链金融

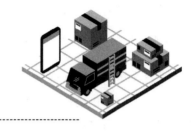

📂【教学目标与要求】

1. 了解物流与供应链金融产生的背景
2. 掌握国际物流与供应链金融融资模式
3. 理解国际物流与供应链金融风险管控

【导入案例】

买方受市场影响延期付款

2006年初,某保险公司陆续接到5家被保险人对巴西买方F公司拖欠货款的通报,拖欠总金额近620万美元。5家被保险人分别以D/A或OA支付方式,180~240天信用期限出口化工品。经调查,F公司对于拖欠事实和金额均予以确认,并表示由于受当地市场及其他客观因素影响,导致公司资金周转困难,无法按期支付货款。F公司作为巴西国内主要农药供应商之一,2004年在当地农药企业中排名第14位,也是巴西唯一享有合法资格生产甲胺磷的企业,而甲胺磷是巴西前两大农产品——棉花和大豆种植所需要的主要杀虫剂。本案中各被保险人出口的化工品正是生产甲胺磷所需的中间体——精胺。

保险公司专案小组实地考察了F公司的工厂,发现工厂的生产进度正常,库存量保持在合理范围之内,设备运转和维护状态良好。专案小组还详细核实了F公司的财务和经营状况。经了解,F公司出现财务困难并拖欠货款的主要原因包括:(1) 2005年巴西南部(大豆和棉花的主要产区)严重干旱,导致大豆和棉花产量下降30%;(2) 2005年巴西货币雷亚尔升值近18%削弱了出口竞争力;(3) F公司的下家,主要是当地农场主,拖欠应付农药款;(4) F公司内部经营管理出现失误。虽然F公司针对短期资金流动性困难采取了多项改进措施,并努力寻求包括银行、投资公司在内的多种外部资金支持,但截至会谈期间,尚无实质性进展。

本案各被保险人出口的产品(精胺)一般仅用于甲胺磷生产。一方面,甲胺磷由于毒性大、环保性差,多年前已被欧美和大部分亚洲国家禁止生产、销售和使用,目前仅在巴西和部分非洲国家允许使用。因此,在买方F公司拖欠货款后,库存货物无法转卖,只能寄希望于各方就债务重组达成协议。另一方面,精胺作为中间体,由于用途单一、市场规模小,目前仅中国和印度仍在生产,且中国是精胺的主要生产国。一旦巴西和部分非洲国家也宣布禁止使用甲胺磷,包括各保险人在内的所有中国精胺供应商将面临市场消失、货无销路的风险。

本案中5家被保险人平均损失超过120万美元,都得到了保险人的及时足额赔付。而据保险人了解,中国还有其他精胺供应商对F公司的应收账款未能按期收回。对于任何一家出口企业,数十万甚至上百万美元的损失都是难以承受的,不但会影响企业的再生产、采购和其他资金安排,还会影响企业的外汇核销、清偿银行融资款等。因此,出口企业应根据自身业务特点,完善和丰富应收账款管理手段,选择风险分散渠道,未雨绸缪,进行事前风险控制。

(资料来源:https://www.sinosure.com.cn/sinocredit/zyzl/alfx/6724.jsp)

请问: 本案可以给我们带来什么样的启示和建议?

第 9 章
国际物流与供应链金融

9.1 物流与供应链金融产生的背景

供应链金融是立足于实体经济中的产业链而诞生的金融活动，是金融和供应链两个学科交叉融合产生的创新成果。因此，供应链管理的发展与产业变革为供应链金融的产生奠定了重要的实践基础。

【供应链金融是什么？】

9.1.1 物流与供应链金融的基本逻辑

在传统的物流管理活动中，第三方物流企业在融资活动中的作用比较小，交易双方只想确保产品的物流运输过程顺畅，物流企业通过提供基础的物流服务实现盈利。虽然物流企业身处交易情境之中，了解交易流程，对交易物品的信息掌握充分，但这些信息无法有效传递给金融机构，从而形成了信息孤岛。

而基于供应链情景的物流与供应链金融，在业务模式上有很大的创新，第三方物流企业除了负责运输以外，还承担了一些资金融通的职能。第三方物流企业在获得下游企业采购保证的前提下，与金融机构合作，向上游企业提供融资服务。和传统物流相比，第三方物流企业不但拓展了自己的业务范围，还促进了交易的可持续开展。同时，金融机构也通过与第三方物流企业的合作，减少了金融机构与融资企业之间的信息不对称，降低了融资活动中的潜在风险。目前，物流金融主要由物流企业推动，并形成了代收货款、托收、融通仓、授信融资等几种基本的业务形态。

（1）代收货款：物流企业在运输配送产品时，受发货人委托，代为向收货人收取货款，然后将货款转交发货人，从中收取一定费用。这是物流金融的初级形态，物流企业在其中的作用较为有限。

（2）托收：物流企业承运货物时，先代替收货人向发货人预付一定比例的货款，收货人在取货时再向物流企业支付货款。在这种模式中，物流企业在物流业务的基础上加入了资金流转，一定程度上缓解了发货人的资金占用压力。但该模式对于多数物流企业来说很难接受，因为它需要占用物流企业大量的流动资金，只有少数资金实力雄厚的大型跨国物流企业（如 UPS、MAERSK）能够支持这种模式。

（3）融通仓：有些企业的原材料采购和产品销售存具有量性和季节性特点，因此需要维持一定的库存量。物流企业凭借良好的仓储、配送和商贸条件，与金融机构合作，帮助企业获得质押贷款融资。在这种模式中，第三方物流企业最大的作用就是让金融机构对一些原材料、工业半成品等动产，从不愿接受到乐于接受。如果金融机构还不愿接受，一些有资质的物流企业还可将质押物品作为担保物，以自身信用帮助中小企业融资。

（4）授信融资：金融机构根据物流企业的经营规模、运营现状、负债比例等指标，评估物流企业的信用水平，并给予物流企业一定的授信额度。物流企业可以对这些授信额度自行定夺，向关联企业提供灵活的质押贷款，这种模式减少了质押贷款的一些繁琐环节，有利于企业更加便利地获得融资。从某种意义上来说，这相当于金融机构将质押融资的部分业务外包给物流企业，由物流企业独立负责对质押物的监管并承担相应风险。

9.1.2 供应链金融运行中的微观基础

供应链金融是供应链管理过程中的一个重要分支，供应链管理是指对整个供应链系统进行计划、协调、操作、控制和优化的各种活动和过程。现代供应链管理的主要特点如下。

（1）追求高水平的服务。越来越多的供应链成员开始真正地重视客户满意度，更注重客户对服务水平的感受，企业对服务水平的量度也以它为标准。客户服务重点的转移所产生的结果，就是促使核心企业重视与供应链上所有相关企业的关系，并把自己的上下游企业看成提供高水平服务的合作伙伴。

（2）注重产品服务质量与资本生产率。供应链管理涉及许多环节，需要环环紧扣并确保每一个环节的质量。任何一个环节表现的好坏会直接影响供应商的备货情况和分销商的仓储配送情况，进而最终影响到客户对产品质量、时效性以及价格等方面的评价。改进资本生产率不仅需要减少企业内部的存货，还需要通过企业间的合作与数据共享减少整个供应链渠道中的存货。

（3）精简组织突显优势。供应链成员的类型及数量众多是造成供应链管理复杂的直接原因。从当前供应链发展趋势来看，越来越多的企业开始缩减物流供应商的数量。跨国企业更愿意将它们的全球物流供应链外包给少数几家物流供应商，甚至最好是外包给一家物流供应商，因为这样有利于在全球范围内形成统一的服务标准，方便全球供应链综合管理。

从以上现代供应链管理的特点可以看出，供应链是一个巨大的、复杂的经营网络，涉及许多企业之间的协调和交互，这些协调和交互活动直接影响供应链的整体表现。在一般的供应链运营中，加工制造企业需要向原材料企业购买原材料，将其加工成零件后出售给部件供应商，部件供应商生产完部件后将其销售给产成品企业，产成品企业再将其生产的产成品销售给分销商和零售商，最终出售给消费者。在这一供应链条中，现金流能满足所有企业任一时刻的支付需求。然而，企业收入和支付的现金不是在同一时间点产生的，这就产生了资金缺口。在企业下达订单与接收货物之间存在着资金缺口，一旦某一下游企业有资金困难，就很难采购它所需要的原材料或产品；在维持存货和完成产品销售之间也存在资金上的压力，因为库存管理活动需要资金支持来持有库存；在销售产品和下游企业支付现金之间也存在一定程度的资金缺口，形成所谓的应收账款；在下游企业支付现金和企业实际接收现金之间又存在现金转换周期，从而对上游企业产生资金压力。如果企业不能及时获得资金，就可能对企业的现金流产生不利影响，使正常的生产经营活动出现困难。国际信用保险及信用管理服务机构科法斯集团针对中国内地"企业微观付款行为"发布的《2012中国企业信用风险状况调查报告》显示,赊账销售已经成为中国企业最广泛的支付方式,其比例已经从2007年的54.1%上升至2011年的89.5%;与之相对应,"一手交钱,一手交货"的货到付款比例已经从2007年的45.9%滑落至2011年的10.5%。报告还显示,平均赊销期限在30天的占35.3%,在60天的占39.3%,在90天的占19%,而现金流不足是造成融资企业财务困难的主要原因。

从销售的视角看,为了缓解上述供应链各阶段出现的资金缺口问题,供应链渠道中的参与企业往往会采用各种物流管理和支付管理等手段。但是这些手段的有效运用为企业带来了巨大挑战,并且其成效往往取决于买卖双方的规模和力量的对比。比如当一个大型企业将自己的原材料或产品销售给中小型企业时,中小型企业有可能会产生一些信用问题比如坏账等,特别是在国际贸易中,还会涉及报关、风险管理和其他各类复杂活动所产生的成本。同样,当中小型企业将货物或产品销售给大型企业时,由于大型企业为了减轻自身的资金占用压力,会延长现金支付周期,使得中小型企业会面临较为严重的现金流问题。具体来讲,企业为了缓解自身的资金缺口问题,往往会采用不同的运作方式。一种是下游企业单方面延长支付周期,这种状况往往出现在一个弱势上游企业和一个强势下游企业的交易中,比如下游企业要求延长账款支付周期至30~60天较为普遍,这种方式对下游企业的资金流动和效率有利,却给上游企业带来较大的资金压力,而这反过来又提高了上游企业的融资成本,最终可能导致上游企业不是在生产和改进产品质量方面下功夫,而是将精力花在如何解决资金缺口问题上。另一种在贸易中常用的方法是早期支付折扣计划,即如果下游企业能够提前支付货款则在采购时会获得较好的采购价格。尽管这种交易方式也能解决上游企业的资金缺口问题,但是上游企业也有可能将折扣算入供货价格,从而提高对下游企业的供货价格,下游企业也会权衡使用和不使用折扣计划的差别。

【供应链金融的起源与发展】

9.1.3 供应链金融运行中的宏观基础

供应链中金融问题的产生除了微观层面的因素外,产业方面的宏观背景也是重要的驱动力。从某种意义上讲,供应链金融是在新的国际贸易背景下对新型组织间关系的有益探索。

1. 国际贸易的全球化趋势催生新的贸易融资模式

在全球化大生产背景下,生产分工也呈现出全球化的趋势。产品的研发、设计、加工、装配、销售越来越突破国家和地区的限制,产品的价值链可能由不同国家或地区的不同企业分工完成。随着科学技术的不断进步和各国对外开放程度的不断提高,流通领域中跨国交易的广度、深度和规模都在不断加强。国际贸易开始从地区性的互惠互利向多边贸易体制转变，统一的全球化大市场正在逐步形成。国际贸易的全球化趋势在客观上带来了金融的全球化。金融的全球化促使资金在世界范围内重新配置，使资本流向效益更高的国家和地区。与此同时，通过资本市场、金融机构、货币体系、金融政策与法律等金融要素的进一步同质化，全球金融市场日趋一体化。在此基础上，国际贸易必然要求金融市场以供应链为中心，提供更为灵活、成本更低、效率更高、风险可控的金融产品和融资模式。供应链金融正是在这种背景下应运而生的。

2. 中小企业贸易融资需求亟待供应链金融的支撑

随着全球化竞争加剧，越来越多的中小企业开始进入全球产业分工链条之中。但是，中小企业融资难、贷款难的问题在很大程度上限制了它们进入国际市场、提升竞争实力的机会。从融资渠道来看，大多数中小企业主要采用的是内源性融资模式。内源性融资指的是通过公司经营结果产生的资金，是企业不断将自己的储蓄（主要包括留存盈利、折旧和定额负债）转化为投资的过程。然而，由于大多数中小企业利润率水平不高，企业自身的资本积累能力不足，通过内源性融资无法满足企业持续扩大再生产、提升竞争力的客观需求。而从外源性融资模式来看，由于我国国内股市的准入门槛很高，很多中小企业受注册资本和公司股本总额的限制，很难通过上市进行融资。因此，我国绝大多数中小企业还无法通过进入证券市场进行融资，这在很大程度上限制了中小企业的发展。

到目前为止，我国中小企业最主要的融资渠道是银行信贷，尽管这也非常不容易获得。因为大部分中小企业资信状况较差、抗风险能力弱、财务制度不健全、缺乏足够的抵押担保，各大商业银行为了尽可能减少呆账、坏账，几乎不愿意向中小企业放贷，而是把放贷重点放在那些信誉较好的大型企业身上。从银企关系的角度讲，客观上中小企业迫切需要获得银行信贷，但银行因担心中小企业信誉不足而不敢放贷，更愿意将资金贷款给信誉充足的大型企业，而大型企业通常资金雄厚，并不缺乏银行信贷。目前来看，供应链金融是最现实的解决这一问题的方式之一。

3. 金融业态的多样化需要新的业务生长点和利润来源

商业银行作为金融体系中的重要一环，如今也面临着商业模式创新的需求，从而推动了供应链金融的产生。目前，中国商业银行的利润来源主要是存贷利差。在我国的商业银行体系中，存贷利差收入占银行主营业务收入的绝大部分，而国外发达国家的商业银行一半以上的利润来源是中间业务收入。所谓中间业务，就是银行为客户办理各种委托代理业务，银行作为信用关系的中间人——既不是债务人，也不是债权人——只提供金融服务，受托处理各类业务并从中抽取一定的服务费用和佣金。从中不难发现，国内商业银行的利润来源较为单一，利润生长点较为僵化。更为重要的是，随着资本市场的不断开放，存贷利差的规模正在不断缩小，商业银行的盈利水平正在进一步缩水。与此同时，由于国内商业银行在业务模式、经营思路、服务项目上存在严重的同质化现象，银行业的竞争环境在不断恶化。

从宏观金融环境来看,随着国内投融资体制改革的不断深入和金融改革的不断深化,越来越多的非银行融资模式应运而生,一些实力雄厚的大型企业能够通过自行发行股票和债券进行直接融资。这在很大程度上造成了通常所说的"金融脱媒"现象,也就是金融活动越来越不依赖于银行,银行在融资市场中的份额越来越小。

所以,如果商业银行还仅以传统的存贷利差作为单一的收入来源,只把目光聚集在大型企业身上,那么在未来随着金融体制的发展,商业银行将很难适应灵活多变的市场需求,不仅盈利水平会持续下滑,传统盈利模式造成的路径依赖还会进一步限制其经营模式的结构性转变。

综上所述,正是因为上述微观和宏观层面的共同作用,使得供应链金融逐渐进入人们的视野,成为新经济环境下一种重要的创新模式,而这种创新模式的核心在于:结合产业运行的特点,有效地解决企业日常经营管理活动中的资金问题,尤其是中小企业的融资难问题,从而在全球产业分工的大形势下,将金融资源和产业资源高度结合,实现产业效益与金融效益的乘数效应。

案例 9-1

UPS 是美国最大的物流企业之一,在 2000 年并购了美国第一国际银行,成立了自己的金融服务子公司——UPS Capital,专门为客户提供基于自身物流网络的融资业务,包括现金流改善、保险以及账款管理等业务。现金流改善业务包括"全球动产借贷"及"货物融资"。前者是针对从海外采购的美国本土进口商,后者是面向美国进口商的海外供应商或生产商。尽管这两项业务都对客户资质有比较严格的限定,但共同点是货物运送的每个环节必须全部在 UPS 的物流网络上完成。以 UPS 的货物融资为例,假设在沃尔玛和老干妈的交易中,交易双方如果需要 UPS 的物流融资服务,则需要遵循以下流程:首先,沃尔玛要申请加入 UPS Capital 的货物融资计划,并提供海外供应商名单,达成三方合作协议;然后,沃尔玛跟老干妈签订海外采购合同,沃尔玛形成对老干妈的应付账款;接下来,老干妈要把这次交易的全球物流业务外包给 UPS,这样就能够以货物为担保,从 UPS Capital 那里获得融资,为老干妈填补了因物流时间差造成的资金缺口;在这之后,UPS 负责所有的物流环节,包括质检、海运、通关清关、仓储,以及当地的陆上运输配送等,最终把这一万瓶辣椒酱顺利送交给沃尔玛,然后跟沃尔玛结算,从沃尔玛那里获得应付账款及其他的相关费用。在这个案例中,UPS 同时充当了平台提供方、风险管理方和流动性提供方,以本国的进口商为依托,向海外的上游供应链提供全面的物流融资方案。UPS 通过提供一整套的物流服务,对质押的在途货物进行全程监控,这是开展物流金融业务的基础。

(资料来源:张钟允,2019. 读懂供应链金融 [M]. 北京:中国人民大学出版社.)

9.2 国际物流与供应链金融融资模式

9.2.1 基于存货的融资

基于存货的融资（又称融通仓融资）是企业以存货作为质押向金融机构办理融资业务的行为，它不仅可以为企业提供高水平的物流服务，还可以解决企业运营中的资金缺口，从而提高供应链的整体效率。在国际供应链中，国内原材料供应商为出口制造商提供原材料，或出口制造商为国外进口商提供货物时，都可能因为生产进度较快或其他原因导致产品在运输之前就形成远超出企业平均库存水平的大量库存，积压的货物会因占用大量资金而影响到企业正常的资金周转水平，此时企业可将自身存货作为质押向金融机构申请存货融资，并将未来产品销售回款作为偿还资金的来源。融通仓融资操作流程如下。

（1）融资企业向金融机构申请进行存货融资。

（2）融资企业将货物交由金融机构认可的第三方物流企业进行监管。

（3）第三方物流企业在收到货物后对其进行评估鉴定，向金融机构开具对质押物的评定证明。

（4）金融机构就根据对质押物的市场价值评估鉴定结果向融资企业发放一定额度的信贷资金。

随着参与方的延伸以及服务创新，基于存货的融资表现形式多样，主要有以下三种。

1. 静态质押授信

静态质押授信是指融资企业以自有或第三人合法拥有的动产作为质押物的授信业务。金融机构委托第三方物流企业对融资企业提供的质押物实行监管，不允许以货易货，融资企业必须打款赎货。静态质押授信适用于除了存货以外没有其他合适质押物的融资企业，而且融资企业的购销模式为批量进货、分次销售。静态质押授信是质押业务中对融资企业要求较为苛刻的一种，更多地适用于贸易型融资企业。融资企业可利用该授信业务将原本积压在存货上的资金盘活，提高经营效率。

静态质押融资通常以质押库存为担保，其核心特征在于库存的占有权发生转移，即银行在融资期间实际占有质押的库存，以确保融资的安全性。由于金融机构没有仓库，且自身在货物运输和储存方面不专业，所以其通常会委托第三方物流企业代为保存和监管质押货物，第三方物流企业收到货物并清点完毕后会告知金融机构，金融机构就可向融资企业放款。为了保证借款的安全性，预防融资企业信用不足带来的风险，金融机构会要求融资企业先向它交纳一定的保证金，这样即使企业不要货了，金融机构也不至于血本无归。如此一来，融资企业可以通过质押库存获得流动资金；金融机构在这当中赚取利息、差价、手续费；第三方物流企业提供库存管理服务，向金融机构收取服务费。但要注意，在静态质押融资下，企业如果需要质押货物，必须追加保证金把货物赎出来,不可以拿别的货物来换取之前已经质押的货物,即不能以货易货,这也是静态质押融资"静"的地方。

静态质押授信业务流程如图 9-1 所示。首先,需要融资的企业向金融机构提出静态质押融资申请。然后,企业把库存货物转交给金融机构指定的第三方物流企业,作为融资的质押物,同时向金融机构交纳一定的保证金;金融机构得到第三方物流企业的收货通知并且收到融资企业的保证金后,就会向融资企业提供融资。如果融资企业在运营的过程中需要提取质押物,就要向金融机构追加保证金;金融机构在收到追加保证金后,向第三方物流企业发出发货指令;第三方物流企业收到指令后,向融资企业放货。融资企业需要多少货物,就追加相应的保证金,然后从第三方物流企业那里提取货物。

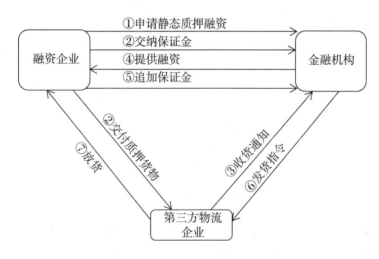

图 9-1 静态质押授信业务流程

2. 动态质押授信

动态质押授信是静态质押授信的延伸产品。金融机构对融资企业质押物的商品价值设定最低限额,在此限额之上的质押物可以出库,融资企业需通过补充新的库存货物来替换旧的库存货物。动态质押授信适用于库存稳定、货物品牌较为一致、质押物的商品价值核定较为容易的融资企业。同时对于一些进出频繁、难以采用静态质押授信的融资企业的存货,也可应用该授信模式。对于融资企业而言,由于可以以货易货,因此动态质押授信相比静态质押授信来说,对生产经营活动的影响相对较小。

动态质押融资授信业务流程如图 9-2 所示。首先,生产商与金融机构签订双边合作协议,生产商需对其若干个经销商进行严格审核,并列出符合银行要求的经销商名单。然后,金融机构对这些经销商加以审核后,与生产商和经销商共同签订一份三方合作的融资协议。在此基础上,金融机构以汇票的形式为经销商融资;经销商收到汇票后，将汇票转让给生产商，用于从生产商处进货。接下来，生产商一方面要将货物送到经销商所在地的第三方物流企业（第三方物流企业由金融机构指定）；另一方面要把生产合格证送到金融机构那里。在这之后，如果经销商要销售多少货物，就要向金融机构归还相应的融资款项（或追加保证金），也可以在一定限额之内以货换货；金融机构收到还款或者收到第三方物流企业收到新货的消息后，会指示第三方物流企业向经销商放货，同时向经销商发还生产合格证，经销商在拿到合格证后，就可以销售货物了。

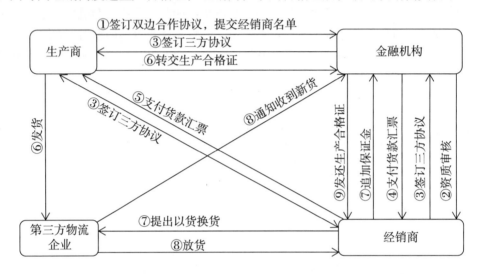

图 9-2　动态质押授信业务流程

在这个过程中，生产商和金融机构会在事前对经销商的信用资质进行严格审核，并对经销商的销售情况进行密切监控，很多时候，生产商还要跟金融机构签订回购协议，以确保一旦形成库存积压，金融机构借出去的钱还能收得回来。因为动态质押融资时库存可以流动，所以动态质押融资更适合库存量稳定、库存品类一致、库存价值容易估算或者库存进出频繁的货物，成品经销商一般比较符合这些特征。相比之下，很多 B2B 生产商销售的是半成品，其生产过程中需要储存很多不同种类的原材料，采购这些半成品的企业可能只有几个甚至一个，而且半成品的价值很难估算，库存量也不稳定，因此这些生产商更适合静态质押融资。

▶ 案例 9-2 ◀

中信银行与北京现代、上海大众等汽车生产商之间的合作便属于动态质押授信。由于在中国汽车产业链中，上游汽车生产商具有较强的品牌优势，而中间经销商由于受资金短缺的困扰，面临着如何增强经销能力的问题，因此，各大汽车生产商都希望减轻下游经销商的资金负担，拓展其经销能力。通过签署一系列框架性协议，汽车生产商列出希望银行支持的经销商的名单和采购量。通过这种合作推荐的方式，银行、汽车生产商和经销商共同签署三方协议,经销商由此被纳入与银行和汽车生产商合作的三方平台。这其中没有任何担保的概念在先,而是由银行先提供银行承兑汇票以及贷款支持,也就是先给经销商一定的授信支持,增强其采购能力。款项付给汽车生产商以后,生产商用专门的车队将汽车发送到经销商所在地。货物交割之后,这些汽车存放在经销商所在地,银行根据经销商的销售情况发放汽车生产合格证。

3. 仓单质押授信

仓单是保管人收到仓储物后给存货人开出的提取仓储物的凭证。仓单除作为保管人已收取仓储物的凭证和提取仓储物的凭证外,存货人还可以通过背书,转让仓单项下货物的所有权,或者用于出质。存货人在仓单上背书并经保管人签字或者盖章,转让仓单开始产生相应的法律效力。存货人以仓单出质应当与质权人签订质押合同,在仓单上背书并经保管人签字或者盖章,将仓单交付质权人后,才会开始产生相应的法律效力。

仓单质押是指融资企业将其拥有完全所有权的货物存放于金融机构指定的仓库或第三方物流企业,并以仓库或第三方物流企业出具的仓单在金融机构进行质押,金融机构依据质押仓单向融资企业提供的短期融资业务。

仓单质押授信可分为标准仓单质押授信和普通仓单质押授信,其区别在于质押物是否为期货交割仓单。

(1)标准仓单质押授信。

标准仓单质押授信是指融资企业以自有或第三人合法拥有的标准仓单为质押物的授信业务。标准仓单是指符合交易所统一要求的,由指定交割仓库在完成入库商品验收、确认合格后,签发给货主用于提取商品的,并经交易所注册生效的标准化提货凭证。标准仓单质押授信适用于通过期货交易市场进行套期保值、规避经营风险的融资企业。对于融资企业和金融机构双方来说,标准仓单质押成本较低,手续简便,风险也较低。此外,由于标准仓单的流动性很强,这也有利于金融机构在融资企业违约的情况下对质押物进行处置。

标准仓单质押授信业务流程如图9-3所示。融资企业通过期货经纪公司在期货交易市场采购一批货物作为库存,这批货物存放在期货交易所指定的仓库里,融资企业持有这批货物的标准仓单。如果融资企业想要用标准仓单质押融资,首先要向金融机构提出标准仓单质押融资申请,并提交标准仓单以及企业自身的相关材料。在这之后,金融机构会对这些材料进行审核。审核通过后,金融机构、融资企业、期货经纪公司相互之间分别签署贷款合同、质押合同、合作协议等一系列协议,并共同在期货交易所办理标准仓单质押手续。之后金融机构就可以向融资企业提供融资,但这个融资不是按货物原价提供的,而是折算一定比例,因为金融机构要留保证金。当融资企业需要使用质押的货物时,就向金融机构还钱以赎回标准仓单并提货;如果融资企业不想要货也不想还钱的话,可以跟金融机构协商处理这批标准仓单,以获得资金用以偿还融资企业向金融机构融资的款项。在这段时间内，如果质押货物的市场价下跌了，融资企业需要向金融机构追加保证金，否则金融机构就有权自行处置一部分货物来补偿质押价值的损失。如果融资企业赖账不还，金融机构除了留有保证金外，还有权对质押的标准仓单自行处理，比如拍卖、转让或者在期货交易市场出售，以尽量减少损失。

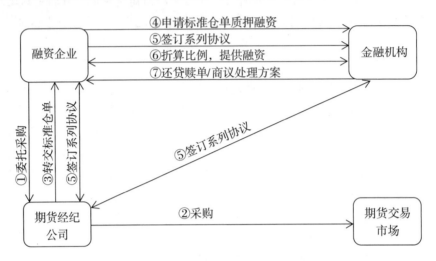

图 9-3　标准仓单质押授信业务流程

工业半成品一般不能进入期货市场，因为这类半成品专用性太强，除了生产商的下游企业，基本没人愿意接收。能进行期货交易的通常是区别不大又容易变现的货物，如粮食、棉花、石油、钢铁、煤炭等市场需求量大的货物。正因如此，金融机构才不担心融资企业赖账，因为金融机构可以把质押的货物快速变现。所以跟普通仓单质押相比，标准仓单质押的融资对金融机构来说风险更小也更容易操作。

▶ 案例 9-3 ◀

> 对于铝材制造企业来说，铝材产品用途广泛，可用于基建、住房建设、消费品制造等。开放的市场导致铝材价格经常波动不定，交易充满不确定性，而衍生品市场使得企业可以规避这些风险。铝材期货的推出加强了铝材价格的透明度，使得企业更好地管理价格风险，更有效地预测利润和计划生产。因此很多铝材企业手中都会持有一定量的铝材期货标准仓单（期货标准仓单指的是现货商把符合交割标准的货物交到交易所的交割仓库，交割仓库检验合格后给货物持有人开具标准仓单，货物持有人拿着标准仓单到交易所的交割部办理注册手续，从而参与期货交易），用来进行风险对冲。但是这会在一定程度上占用企业的资金。因此，金融机构可以向铝材企业提供标准仓单质押授信业务，解决其资金短缺需求。

（2）普通仓单质押授信。

普通仓单质押授信是指融资企业将由仓库或其他第三方物流企业提供的非期货交割用仓单作为质押物，对仓单做出背书并由金融机构提供融资的一种授信业务，如图9-4所示。鉴于仓单的有价证券性质，出具仓单的仓库或第三方物流企业需要具备较高的资质。

通过这种形式，融资企业可以通过质押物获得融资，金融机构从中赚取利息，仓库或第三方物流企业也能赚取保管费。普通仓单质押融资看起来跟静态质押融资有点类似，但是一个区别在于融资企业可以用新库存换出正在质押的旧库存；另一个更大的区别就是，一旦融资企业违约，金融机构有权变卖质押的货物。若将静态质押授信视为仅以库存作为质押物进行融资，那么普通仓单质押授信则更接近于具有期货交易特性的金融操作。

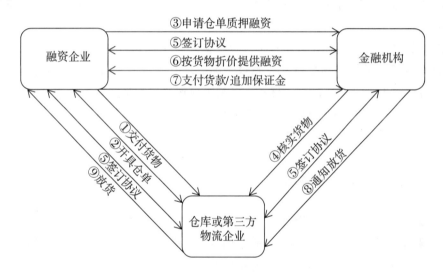

图9-4 普通仓单质押授信业务流程

案例9-4

20世纪70年代，菲律宾政府为了降低农产品价格波动的风险，在菲律宾央行的设计和推动下，菲律宾开始引入"仓单质押融资"模式为涉及贷款提供担保。经过40多年的发展和完善，该模式取得了极大成功，主要有以下特点。

一是菲律宾粮食署建立国有仓库，专门保存农户剩余谷物。之所以只保存谷物，是因为谷物质量差别不大，且能保存较长时间。近年来，由菲律宾粮食署建立的国有仓库开始逐步引入私人资本，仓库的管理水平和盈利能力明显提高。

二是仓库保存谷物后，向农户签发"所有权凭证"和"担保凭证"。只有同时持有上述两类凭证，方可从仓库提取谷物。储存期间，农户需向仓库支付保管费。

三是农户可将"担保凭证"向银行质押获得融资。这就有效缓解了农户融资质押物不足的问题。银行获得"担保凭证"后将占谷物价值一定比例的贷款（通常为85%）发放给农户，供后者购置生产资料。菲律宾地方政府为支持银行发放贷款，往往会提供一定比例担保。

四是丰收期后，农户可择机出售谷物。农户将"所有权凭证"交予农产品收购商，后者将货款直接支付给放贷银行（剩余部分付给农户）并获得"担保凭证"。

五是农产品收购商将"所有权凭证"和"担保凭证"交予仓库，提取谷物。20世纪90年代末，在菲律宾央行的建议下，菲律宾粮食署开始引入"谷物异地交割机制"，即在一个国有仓库保存的谷物，可在其他地方提取，以提高便利性。为此，菲律宾粮食署专门开发了农产品电子交易系统，对国有仓库进行联网，及时交割头寸并加强监管。

六是菲律宾"仓单质押融资"的创新内容仍不断丰富。例如，在菲律宾证券监管机构的支持下，国有仓库已能发行期权产品。农户借此可将谷物直接出售给国有仓库，并同时购买一份期权，以保留在一定期限内按约定价格回购谷物的权利。

（资料来源：农村金融产品创新国际比较及中央银行的作用研究，中国人民银行合肥中心支行金融研究处和宣传群工部，2014）

9.2.2 供应链应收账款融资

1. 供应链应收账款融资的概念

随着赊销成为供应链交易中主要的销售方式，供应链上游企业普遍承受着现金流紧张所带来的压力。为了确保生产运营的持续性，供应链上游企业需要找到较为便捷的资金来源。供应链应收账款融资模式是指以供应链上下游企业签订真实贸易合同产生的应收账款为基础，为上游企业提供的，并以合同项下的应收账款作为还款来源的融资业务。供应链上游企业首先与下游企业达成交易，下游企业开具应收账款单据。上游企业将应收账款单据转让给金融机构，同时下游企业也对金融机构做出付款承诺。金融机构此时给上游企业提供信用贷款，缓解上游企业的现金流压力。一段时间后，下游企业销售货物得到资金之后再将应付账款支付给金融机构。

【应收账款融资】

国际供应链是由国内原材料供应商、国内出口制造商及国外进口商共同组成，国际供应链应收账款融资模式分为两种情况。一种情况是国内出口制造商与国外进口商签订合同后，需购进国内原材料进行生产，国内原材料供应商与国内出口制造商在赊销基础上达成交易，并因此形成应收账款，国内原材料供应商可向国内出口制造商的银行申请应收账款融资；国内出口制造商为避免其授信额度的占用,并不直接申请流动资金贷款,而是基于供应链上下游企业的关系,由银行向其原材料供应商提供融资。另一种情况是国内出口制造商与国外进口商在远期结算基础上签订出口合同,货物运输后形成应收账款,国外出口制造商为提高资金周转速度,将经过国外开证行承兑的远期汇票质押给银行,以获得融资。

2. 供应链应收账款融资的主要方式

(1) 保理业务。

保理业务主要是为以赊销方式进行销售的企业设计的一种综合性金融服务,它通过保理人收购企业应收账款来为企业提供融资及其他相关服务。保理业务流程如图9-5所示。假设一个上游企业向它的下游企业赊销,下游企业承诺三个月后支付货款,在这种情况下,如果保理人为这个上游企业提供保理服务,其流程如下:首先需要上游企业与下游企业达成赊销协议,从而形成应收账款,在这个前提下,上游企业向保理人转让应收账款;然后,上游企业和保理人通知下游企业账款转让的消息,下游企业跟它们各自确认;最后,在各方都确认无误后,保理人向上游企业放款,等到三个月后,保理人再向下游企业回收货款。对于上游企业而言,转让应收账款可以提前获得销售回款,加速流动资金周转,也无须提供其他质押物和担保,从而减轻上游企业的压力。对于这部分应收账款,下游企业无能力付款时,如果是无追索权的保理业务,银行对上游企业没有追索权;如果是有追索权的保理业务,银行将向上游企业追索,收回向其提供的融资。

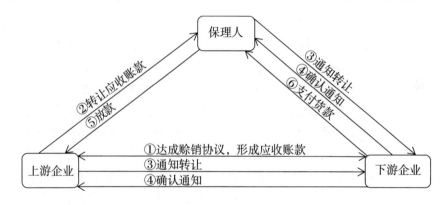

图9-5 保理业务流程

在大型装备制造行业的供应链金融领域,融资租赁与保理相结合的业务模式应用较为普遍。一些生产企业需要某种大型装备来开展生产,但这种大型装备过于昂贵,生产企业自己买不起,于是就找到租赁企业,要求租赁企业帮它购买这种装备后转租给它,生产企业定期向租赁企业支付租金。由于租赁企业需要在初期一次性投入大量资金购买装备,而后才能从承租人(生产企业)处收取租金,租赁企业的资金压力较大,而承租人（生产企业）给租赁企业的租金是分期支付的，那么租赁企业在短期内就会产生资金缺口。如果租赁企业实力较弱，便无法开展大型装备的租赁业务。融资租赁保理业务正是为了解决这一问题而产生的。融资租赁保理业务的主要流程如下。

① 租赁企业与大型装备供应商签订设备买卖合同。

② 租赁企业与承租人签订融资租赁合同，将该设备出租给承租人。

③ 租赁企业向保理人申请保理融资业务，要求转让应收账款，即承租人支付的定期租金。

④ 保理人对租赁企业和承租人进行资质审核和信用评级，并给租赁企业授信，双方签署保理合同。

⑤ 租赁企业与保理人书面通知承租人将应收租金债权转让给保理人，承租人填具确认回执单并交给租赁企业。

⑥ 保理人受让租金收取权利，给租赁企业提供保理融资。

⑦ 承租人按约分期支付租金给保理人。

⑧ 当承租人出现逾期或不能支付的情况时，如果是有追索权的保理，承租人到期未还租时，租赁企业需根据约定向保理人回购保理人未收回的租赁款；如果上游企业或其他第三方提供了资金余值回购保证或物权担保，则由上游企业或其他第三方回购保理人未收回的租赁款。如果是无追索权的保理，则保理人不得向租赁企业追索，只能向承租人追偿。

（2）保理池融资。

保理池融资是指上游企业将一个或多个具有不同下游企业、不同期限、不同金额的应收账款全部一次性转让给保理人，形成一个"应收账款池"，保理人根据累计的应收账款给予融资。在这个保理池里，会涉及多个下游企业、不同的货款金额、不同的回款期限，如图9-6所示。对于上游企业来说，该服务可以把一大堆零散的应收账款放到一起，同时免去了多次保理服务的手续，提高了融资效率。保理池融资对保理人的风险控制能力提出了很高的要求，对银行来说，保理池融资比单纯的保理要复杂。当涉及多个下游企业的时候，它需要分别对每个下游企业进行甄别，下游企业不但要信用记录良好，还要与上游企业保持长期的合作关系。更重要的是一定要确保交易的真实性，还要能追踪和监控上游企业的回款情况。总之就是银行要用尽浑身解数，降低信息不对称，保证货款到期了能收回来。

提供保理池融资服务过程中的风控要点如下。①筛选服务对象。保理池融资作为一种针对某上游企业应收账款的系统安排，应当选择信用记录良好的上游企业作为自己的服务对象。②筛选应收账款。应当选择那些长期与下游企业保持合作关系且下游企业信用记录良好的上游企业的应收账款。③规定应收账款入池的有效单据要求，保证应收账款的真实性。④建立实时的应收账款管理信息系统，追踪、监控上游企业的销售回款情况。

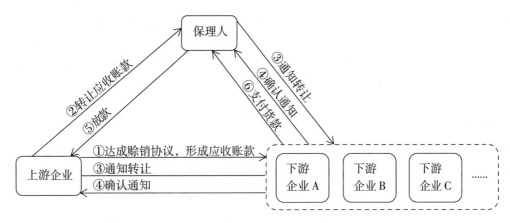

图 9-6 保理池融资业务流程

（3）反向保理融资。

反向保理融资又称逆保理，主要适用于与供应链上的焦点企业有大量稳定贸易往来的、信用评级比较高的中小企业和小微企业。反向保理融资是保理人与供应链上的焦点企业之间达成的，为该企业的上游企业提供的一揽子融资结算解决方案，这些解决方案针对的是焦点企业与其上游企业之间因贸易关系产生的应收账款。焦点企业，也就是在整个供应链协作体系中最具主导地位的企业，具有较强的资信实力及付款能力，任何上游企业持有该焦点企业的应收账款，只要取得焦点企业的确认，就都可以转让给保理人以获取融资。

反向保理融资的业务流程如图 9-7 所示。首先，下游企业跟上游企业签订采购合同，形成应收账款。然后，下游企业跟保理人签订合作协议，把应收账款转让给保理人，保理人对应收账款进行核查验证。随后，保理人对上游企业进行资质审核。接下来，如果应收账款和上游企业通过了保理人的信用核查，保理人就可以向上游企业放款了，这种放款一般都是贴现的形式，即保理人并非支付全额货款，而是需要扣掉一些利息。最后，等到应收账款到期了，保理人跟下游企业核算，下游企业向保理人偿还货款。

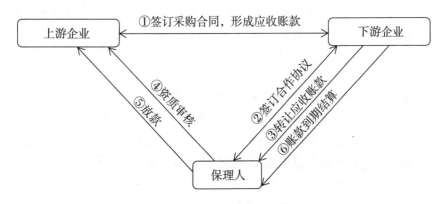

图 9-7 反向保理融资的业务流程

跟一般的保理相比，反向保理融资主要"反"在两个方面：第一，跟保理人打交道的主体，从上游企业变成了下游企业，这个下游企业未必是核心企业，而可能是供应链中的平台企业、商贸企业等焦点企业；第二，银行的信用审查对象不仅包括拥有债务的下游企业，还更重视拥有债权的上游企业，这样才能进一步降低借贷风险。

然而，不是所有上游企业都能通过反向保理融资获得融资，开展反向保理融资，上游企业和下游企业都要具备一定的资质。一方面，上游企业与下游企业要有大量的、稳定的贸易往来，还要具有良好的信用记录，这样下游企业才会愿意帮它；另一方面，下游企业要对上游企业充分了解，自身也要具备很强的付款能力，这样保理人才愿为其进行保理。

▶ **案例 9-5** ◀

> 据墨西哥央行统计，该国99%的企业属于小微企业（含大量涉农企业），其中超过80%的小微企业从未获得过银行贷款。在墨西哥央行的积极倡导和帮助下，2000年该国国有开发银行——NAFIN开始推广反向保理融资模式。该模式的基本内容是：当小微企业出售产品给大企业且出现应收账款时，NAFIN可购买该笔应收账款，并将资金提前支付给小微企业。反向保理融资模式与传统保理最大的区别在于，如果应收账款无法收回，可直接向大企业追索，而非小微企业。这样不仅可以大大降低违约风险，银行放贷积极性也会上升。截至目前，NAFIN已为墨西哥7000家小微企业和190家大企业（占全国大企业比例的45%）提供了反向保理融资服务，融资额达90亿美元。此外，约有20家商业银行联合NAFIN提供该服务。

（资料来源：农村金融产品创新国际比较及中央银行的作用研究，中国人民银行合肥中心支行金融研究处和宣传群工部，2014）

（4）票据池授信。

供应链金融中的票据主要指的是商业票据。票据池业务是金融机构向企业提供的包括票据管理、托收、授信等在内的一系列结算与融资服务。其中，票据池授信是指企业将收到的票据进行质押或直接转让后，纳入金融机构授信的资产支持池，金融机构以票据池为限向企业授信。

票据池授信业务流程如图9-8所示。首先，上游企业跟若干下游企业形成交易，这些下游企业分别给上游企业开具汇票，附带着相关文本，形成一大堆商业票据。其次，上游企业把这一大堆票据放到金融机构形成票据质押，这样就在金融机构建立了一个票据池。然后，上游企业和金融机构通知下游企业，到期之后下游企业把钱付给金融机构，金融机构以这些票据的总金额为最高限额，向上游企业授信。最后，下游企业在各自的汇票到期时，分别向金融机构支付货款。

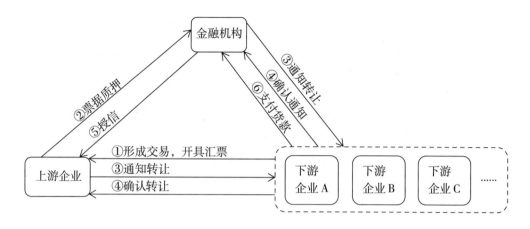

图9-8 票据池授信业务流程

票据池本质上也是把一大堆应收账款放到一起作为质押,它跟保理池最大的区别就是质押的不是同一种票据。票据池里面的票据是汇票,可以在到期之后直接变现,也可以转让;保理池里面的票据是发票,发票只是一个交易凭证,无法变现,也不能转让。所以,跟发票相比,用汇票做质押,风险会小得多。

案例9-6

近日,浙江诸暨农商银行工作人员来到位于诸暨市店口镇的坚果炒货产业园区炒货生料冷库,了解炒货企业的经营情况。"松子、碧根果等炒货生料得放入冷库冷藏,否则会影响质量。一个冷库少说也有500吨生料,占用企业不少流动资金。"诸暨市百信仓储服务有限公司负责人金小明说。

如何解决企业缺乏流动资金的问题?诸暨农商银行创新金融服务,结合炒货季节性特点和供应链特征,创设了炒货供应链仓单质押贷款,以冷库仓储公司为核心企业,向将炒货生料存放在冷库的企业提供仓单质押贷款,企业在授信期限内可根据货物进出情况循环使用贷款。

"通过与核心企业合作,金融机构可以获取供应链上下游企业真实交易数据等信息,更准确地判断企业经营状况和风险。供应链金融服务于企业从生产到销售的全流程,主要模式包括仓单融资、订单融资、应收账款融资等。"招联首席研究员董希淼介绍。例如,通过仓单融资的方式,有货物存储在仓库的企业可将仓储方开具的仓单向金融机构质押,获得流动资金支持。

业内人士介绍,要运用金融服务帮助供应链上的中小企业切实解决融资难题,首先要解决企业信用评估问题。目前部分金融机构识别企业信用仅能涉及核心企业的一级供应商或经销商,难以对供应链上的第二层次乃至更深层次的企业形成有效覆盖，因此无法有效满足广大中小企业的资金需求。

网商银行的实践为解决这一问题提供了一种可能。网商银行是全国第一家将云计算运用于核心系统的银行，也是第一家将人工智能全面运用于中小企业风控、第一家将卫星遥感运用于农村金融、第一家将图计算运用于供应链金融的银行。

"海尔有3万家乡镇经销商和零售门店，他们的资金周转速度快，对于灵活便捷的数字金融服务更有需求。"海尔智家有关负责人表示，网商银行开发的"大雁系统"已深度嵌入海尔智家与经销商的交易系统，所有数据在系统内实时共享，经销商贷款可随借随还。

（资料来源：https://baijiahao.baidu.com/s?id=1765469209204214911&wfr=spider&for=pc）

9.2.3 预付款融资

【预付账款融资】

预付款融资模式是指在上游企业承诺回购的前提下，由第三方物流企业提供信用担保，中小企业以金融机构指定仓库的既定仓单向金融机构申请质押贷款来缓解预付货款压力，同时由金融机构控制其提货权的融资业务。在此过程中，下游企业、焦点企业、第三方物流企业以及金融机构共同签署预付账款融资业务合作协议书，金融机构向下游企业开出金融机构承兑汇票为其融资，作为金融机构还款来源的保障，最后下游企业直接将货款支付给金融机构。这种融资模式和应收账款融资相反，主要是针对下游企业对上游企业的赊购造成的资金缺口，因此这种融资多用于企业的采购阶段。预付款融资的担保基础是预付款项下，下游企业对上游企业的提货权，或提货权实现后通过发货、运输等环节形成的在途存货和库存存货。

在预付账款融资模式中，比较有代表性的融资方式包括先款后货融资、保兑仓融资、基于信用证的融资。

1. 先款后货融资

先款后货就是先支付货款再发货，这跟应收账款融资中先发货后付款的形式正好相反。先款后货融资的业务流程如图9-9所示。供应链中的核心企业对上下游企业的议价能力较强，所以一般在向上游企业采购的时候可以先买东西后付款，向下游企业销售的时候可以要求先行支付货款。有时候，下游企业也希望主动支付预付款，目的是获得采购折扣、有限供货以尽快得到上游企业的产品等。但下游企业很多时候无力承担高额的预付款，这时下游企业就可以向金融机构申请先款后货融资。在收到融资申请之后，金融机构要对这笔交易的真实性，以及上下游企业的信用资质进行严格审核；审核无误后，签订融资协议，下游企业需向金融机构交纳一定的保证金，用以抵消一些坏账风险，然后金融机构替下游企业向上游企业支付货款；上游企业收到预付款后进行排产发货，但货物要转交到金融机构指定的第三方物流企业处保管；下游企业每向金融机构还一笔钱，金融机构就通知第三方物流企业向下游企业放一批货；就这样还钱放货，再还钱再放货，最后直到下游企业连本带利把货款还完。

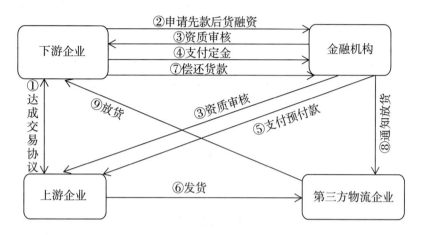

图 9-9 先款后货融资的业务流程

2. 保兑仓融资

在先款后货融资模式的基础上，又衍生出一种预付账款融资模式——保兑仓融资，又称担保提货融资。比如下游企业希望获得上游企业的货款打折优惠，就需要一次性向上游企业大量订货，而上游企业因为产能的限制，无法一次性大规模发货；或者下游企业希望在淡季的时候提前大批量预定货物，以便在旺季优先从上游企业提货。下游企业为了获得这些优惠，需要向上游企业预先一次性支付大笔货款，以证明它对大批量采购的殷切期望。可是下游企业一时间无法支付这一大笔开支，此时保兑仓融资就可以有效解决这个困境。保兑仓融资与先款后货融资有相似的地方，都是下游企业通过金融机构融资从上游企业进货，然后还一笔钱提一批货；不同之处在于保兑仓融资中没有质押物，所以也不需要委托第三方物流企业保管了。

保兑仓融资的业务流程如图 9-10 所示。首先，下游企业和上游企业签订购销协议，确保买方一次性支付货款后，上游企业会优先安排生产。然后，下游企业向金融机构申请保兑仓融资，并且向金融机构交纳一定比例的保证金；金融机构在得到保证金后，向下游企业开出金融机构承兑汇票，并且与上游企业达成按金融机构签发的提货单发货的协议。接下来，下游企业向上游企业支付汇票作为货款，要求提货。这时，金融机构根据下游企业保证金的一定比例，签发提货单；上游企业根据提货单规定的数量，向下游企业发货；下游企业得到货物并实现销售后，向金融机构继续交纳保证金；金融机构收到保证金后，再给下游企业签发提货单；如此反复循环，直到钱还完、货发完。如果汇票到期之前，下游企业在金融机构的保证金比汇票金额少，说明当初的预付款有余额，这时上游企业要把余额还给金融机构。

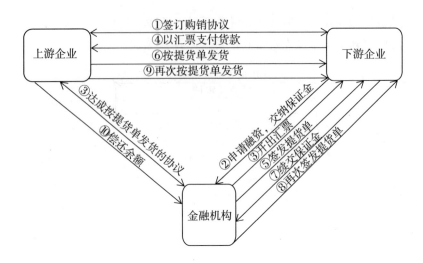

图 9-10　保兑仓融资的业务流程

3. 基于信用证的融资

（1）出口押汇。

出口押汇是目前应用最广的出口融资方式之一。信用证项下出口押汇是指押汇银行根据受益人（即出口商）的申请，审核其提交的由信誉度良好的银行（开证行）所开立的信用证项下的全套正本单据，并以相符单证作为质押，按照所汇金额减去预计估算需支付押汇利息和需扣收押汇费用后，将押汇款项先行垫付给受益人，然后向开证行寄单索汇。当出口商不能如期还贷时，押汇银行享有对质权物的优先受偿权。对于银行而言，可以通过办理该项业务获得一定的利息和手续费，这也是银行中间收入的主要方式。对出口商来说，选择办理出口押汇业务有诸多好处。第一，可以缓解企业自身资金周转方面的不足，使应收账款提前变成现金，提供短期资金融通的便利。第二，从银行获得的押汇款可以选择结汇手续，并可根据不同货币的利率水平选择合适的融资币种，从而避免未来汇率波动给企业带来的损失，有效规避汇率风险。第三，押汇银行所提供的融资贷款利息很低，相比其他融资方式来说手续办理相对简单。

出口押汇的操作流程如下。

① 出口商与押汇银行签订押汇融资协议。押汇融资协议是押汇银行和出口商之间签订的明确双方权利义务关系的法律文件。

② 出口商发货制单并向押汇银行提交出口单据及押汇申请书。押汇申请书的内容包括企业的基本情况、企业的财务状况、申请的金额及申请的期限等。

③ 押汇银行审核押汇条件，审核通过后将押汇款项（扣除押汇利息和手续费）打入出口商账户。押汇银行主要对开证行的资信状况、出口商的资信程度及经营状况、信用证条款以及信用证下的单据进行审查。

④ 押汇银行将有关单据提交给国外银行（即信用证项下开证行）进行索汇。

⑤ 开证行在收到相关单据后提示信用证项下开证申请人（即进口商），要求其在信用证到期时付款。

⑥ 进口商在信用证到期前向开证行付款，开证行用以归还押汇银行的押汇货款。

（2）打包贷款。

打包贷款是一种基于出口信用证的短期贸易融资方式，是指出口商收到进口商所在银行开立的有效信用证后，以该信用证项下的预期收汇款作为第一还款来源，向银行申请的用于采购、生产和装运信用证项下货物的专项贷款。由于最初这种贷款是专向出口商提供包装货物费用的，所以称为打包贷款。确切地说，打包贷款是现行信用证融资业务中唯一的交单前的短期融资行为。

打包贷款的操作流程如下。

① 国外进口商通过国外开证行开出信用证，并通过打包贷款银行通知国内出口商。

② 国内出口商持信用证至打包贷款银行申请出口打包贷款，提交材料包括信用证及其项下的有关附件、信用证对应的国外销售合同和国内采购协议、自身的财务报告、针对特定商品的出口批文以及打包贷款业务申请书。

③ 打包贷款银行考察国内出口商的资信情况、产品在国外市场的销售情况。打包贷款银行对信用证正本及开证行资信进行审查同意后签约放款。

④ 国内出口商向国外进口商发货。

⑤ 国内出口商持全套出口单据至打包贷款银行办理出口收汇。

⑥ 打包贷款银行审核单据后，向国外开证行索汇。

⑦ 国外开证行向打包贷款银行付款，打包贷款银行扣收向国内出口商发放的打包贷款。打包贷款结清后，打包贷款银行应在信用证上注明贷款已还，并将信用证归还国内出口商。

打包贷款与出口押汇的区别如下。

① 在发生的时间上，两者有先后之分。打包贷款发生在出口商备货出运的过程中，所以只需向银行提交信用证正本作质押即可；而出口押汇发生于出口商发货之后，因而在申请贷款时除信用证正本外，还需具备全套单据。由此可见，打包贷款在前，出口押汇在后。

② 两者虽同为质押贷款，但打包贷款是将尚在打包中而未达到可以装运出口程度的货物所对应的信用证或相关单据视为质押物；出口押汇的质押物则是已装运出口的货物所对应的提单或其他运输单据。在贷款用途上，打包贷款的用途限定于信用证项下商品的原材料采购、生产制造和加工，以及与该商品相关的仓储、保险、销售准备与装运等费用；出口押汇的贷款用途仅为缓解出口商的资金压力，以加速出口商的资金周转，扩大其贸易业务。

③ 在贷款的金额和还款期限方面，两者的规定也有差异。贷款金额：在打包贷款

中，银行先与融资企业签定信用证质押贷款合同，再向融资企业发放金额相当于信用证金额约 80% 的流动资金贷款（一般最高不超 80%），贷款金额按外销合同或信用证金额折算成人民币，打包贷款有本币贷款与外币贷款两种，但主要以人民币发放；在出口押汇中，银行与融资企业签署的是出口信用证单据押汇使用，各融资企业支付相当于汇票金融 70% 的货款，按规定发放外币。还款期限：打包贷款的还款期限自实施贷款之日起算，以信用证有效期或外销合同所规定的合同时间为限，最长不超过 6 个月；出口押汇的还款期限相对不同地区、不同币种有不同的规定，主要是因为办理押汇要将寄单索汇日记入到实际收汇天数中去，一般规定的还款期限为港澳台地区银行的美元、港币来证 10 天，日本境内银行的日元、美元和港澳地区的其他银行来证 15 天，其他地区银行来证 18 天。

④ 有关利率差别也很大，打包贷款的利率按中国人民银行规定的人民币流动资金贷款利率来确定。在贷款使用期间，若中国人民银行调整贷款利率，则打包贷款中规定的利率也将作相应的调整。出口押汇中，美元、英镑、日元的押汇利率参照伦敦银行同业拆借利率（LIBOR）制定，港币参照香港银行同业拆借利率（HIBOR）制定，其他币种则按人民币流动资金贷款利率计收，因此，出口押汇的利率要比打包贷款的利率低一些。

⑤ 由于贷款是以企业信用为担保的，银行必然面临一定的风险。相比之下，打包贷款的风险大于出口押汇，主要原因在于信用证的最终付款取决于开证行的履约能力。打包贷款中的借款人以质押信用证项下出口收汇所得的人民币资金优先归还贷款，或从其他资金来源进行还款。贷款偿还的保障在于借款人将已质押的信用证项下单据交给贷款银行议付。但应注意到，此时银行并未真正持有单据，无法向开证行索汇，导致款项的收回得不到保障。而出口押汇是银行对出口商保留追索权的垫款，如因故开证行延期付款，一般迟付 4 天以上，银行有权向出口商追索利息损失；如遇开证行拒付货款，银行有权向出口商追回垫付货款及因此而发生的利息，并可主动从出口商账户内扣还。由此可见，打包贷款的风险明显高于出口押汇。

⑥ 打包贷款以出口商送交的信用证正本作质押，出口押汇的质押除信用证正本外，还有全套单据，因此在审查中，出口押汇就比打包贷款多一道审单的程序。即打包贷款的审查只要求合同与信用证一致，出口押汇的审查还要求单单相符、单证一致。

⑦ 关于贷款的偿还与费用的计收。申请打包贷款的企业应在发放贷款的银行办理其贷款的结汇业务，以作为归还贷款本息的资金来源，其中偿还贷款不足的部分则由出口商从其存款账户中划付，或从其他来源筹措归还。出口押汇的贷款经银行经办人员审批后，银行将全套单据寄往开证行或指定银行进行索汇。当收到开证行的付款后，若收汇无误，银行即冲销对原申请单位的垫款。若国外银行未按时偿付货款，国内银行应主动催收。若遭到国外银行拒付，且属出口商的责任，国内银行则就此向出口商索回贷款。至于费用与利息，打包贷款在还款时一并加收，而出口押汇则是在发放贷款时先予以扣除。

（3）进口押汇。

进口押汇是指进口商由于资金周转关系无法及时支付进口货款，开证行应进口商的申请，在进口信用证项下，凭进口商提交的有效银行票据和商业单据，代其垫付进口货款的一种短期融资业务。简单来说，进口押汇是进口商将货物的所有权转让给融资银行，以换得融资银行给予其垫付资金的行为。进口商将货物销售后，用销售货款来偿还开证行的融资。

进口押汇的操作流程如下。

① 进口商通过开证行开立信用证。

② 出口商向进口商发货，并向出口地银行提供出口项下单据。

③ 出口地银行审核单证并向开证行提供单据。

④ 进口商向开证行出具信托收据。

⑤ 开证行审核单证后与进口商签署进口押汇协议，并向出口地银行垫付货款。

⑥ 进口商凭借信托收据向开证行借出单据，凭单据提货并进行销售，销售后归还贷款本息，换回信托收据。

信托收据是进口商在未付款之前向银行出具的凭以领取货款单据的凭证，同时也是进口商与银行之间关于物权处理的契约及将货物转让给银行的确认书。该凭证表明进口商所提取货物的所有权属于银行，进口商的法律权限仅限于保管和销售货物。因此信托收据实质上是开证申请人将自己货物所有权转让给银行的确认书。进口商与代收行或开证行签署信托收据并办妥相关手续后，在未付清进口项下的贷款前，就能向押汇银行借出单据，从而及时进行报关、提货和销售等活动。此时进口商是借单行事，即处于代替银行保管货物的地位，是代保管人和被信托人，其取得的货款仍属银行所有。进口商只有向银行付款并赎回信托收据后，物权才归其所有。

9.3 国际物流与供应链金融风险管控

9.3.1 国际物流与供应链金融中存在的风险

1. 外部环境风险

外部环境风险主要源于市场利率变动、汇率变动导致的供应链企业融资成本上升，或因宏观经济政策调整、法律修订、产业组织等因素对融资担保物或者服务流程的限制，导致产品需求中断、供应链增值难以实现，由此引发资金循环迟缓甚至中断的风险。尽管这一类风险不完全由供应链运营管理者所掌控，但是在实际的供应链金融业务开展过程中，供应链金融的综合管理者需要实时关注这些因素的变化，以及这些变化对供应链金融运行可能产生的正面或负面影响，进而根据这些变化调整决策。

2. 供应链内部风险

供应链上的各个环节、流程、要素以及参与主体相互关联、相互依存，一旦中间出现问题或障碍，就可能波及整个供应链体系。供应链上的核心企业容易倚仗自身经济实力一步步挤压上下游已申请融资的中小企业的资金，导致供应链运行不稳定。由于供应链上的企业存在风险共担、利益共享的特点，金融机构在对核心企业进行信用评估时，一般会放大信用风险，此时核心企业一旦出现问题，会使整条供应链都处在风险隐患中。供应链上的中小企业在贷款时，金融机构一般会淡化对中小企业的信用评估，而更关注融资企业所依托的大企业的信誉，在这种情况下，融资的中小企业一旦出现问题，也会使整条供应链都处在风险隐患中。另外，国际供应链金融的担保物具有样式多、流动性强、流动范围广等特点，这样的特性容易导致金融机构授信过程中因监管不慎而引发的风险。担保物为融资企业与其交易方之间的媒介资产，通常包括应收账款、预付账款或者存货。应收账款和预付账款没有具体的实物存在，仅以相关票据形式体现；存货是真实的实物，样式多种多样，可能是机器零部件、整体机器，或者是食品、化学药品等。之外，由于贸易跨越国境，还会涉及担保物是否能顺利通过海关以及在长途跨境运输中担保物是否可能变质等风险。因此，对担保物的监管直接关系到银行资金回流的安全性。

▶ 案例 9-7 ◀

> 2008年受全球金融危机的影响，某省一民营钢铁生产企业A公司资金链断裂，资产被法院保全，这对下游钢铁经销商W公司打击巨大。A公司的钢铁年产量为90万吨，2008年9月底W公司刚向A公司预付了第四季度钢材款2500万元，而当时只提了价值500多万元的钢材，尚有1900多万元的钢材未提货。W公司的融资银行也同时得到此信息，因为W公司以厂商银业务模式（"厂商一票通业务"）向银行取得融资1750万元。W公司和融资银行当天派人赶到某省，可是为时已晚，A公司所有资产被其他债权人通过法院保全。显然在这一事件中，融资对象的选择不够慎重，A公司是民营钢铁生产企业，年产量仅为90万吨，在钢铁行业中排名靠后，没有竞争优势，经受不起行业洗牌。

9.3.2 国际物流与供应链金融的风险控制

1. 关注相关的法律

由于国际供应链金融业务具有空间跨度大的特点，银行要充分利用一切海外机构等各种资源，深入了解国外的法律政策，做好融资前的调查工作，并且要密切关注政策和市场动态的变化。

2. 对供应链上的企业进行跟踪评价

金融机构在发展供应链金融业务过程中，应制定一系列准则来考察核心企业的道德风险，并对核心企业的经营状况（如财务情况、市场占有率等一系列指标）进行综合考核，以确保供应链资金流动的安全性。一旦核心企业经营发生问题，金融机构可及时发现并采取相应措施。金融机构、核心企业和第三方物流企业三方主体应保持紧密联系，实时掌握融资企业的真实资金使用状况及风险状况。第三方物流企业应发挥对融资企业质押物的监管优势，核心企业应利用好和上下游融资企业发生现实交易的优势，金融机构应利用自身风险控制、信用评估等方法，实时对融资企业进行调查评估并合理确定授信额度；金融机构和核心企业应共同合作，一旦发现供应链上的企业有资信差、经营不良等问题时，应及时采取措施以降低风险。

3. 对担保物的监管

由于国际运输时间较长且运输环境有所变化，一些质押物可能会发生一些质或者量上的变化，金融机构应对各种质押物分类并对各类物品分类监管。金融机构将担保物的监管外包给物流企业时，应选择对质押物有一定评估和掌控能力的优质物流企业。

习题

一、判断题

1. 静态质押授信模式下允许库存物品在质押期间自由出入库。（　　）
2. 融资企业通过期货交易市场进行套期保值、规避经营风险所采用的仓单称普通仓单。（　　）
3. 打包贷款是指开证行收到出口商或境外交单行寄来的单据，经审核确认构成相符交单后，进口商由于资金周转关系无法及时付款赎单，开证行应进口商要求向其提供短期资金融通的贸易融资形式。（　　）
4. 保理业务不属于供应链应收账款融资。（　　）
5. 企业将自身存货作为质押物向金融机构申请资金融通，并将以后产品销售回款作为偿还资金来源，这种融资模式称作保兑仓融资。（　　）

二、单选题

1. 在物流与供应链金融中，（　　）融资模式允许融资企业以存货作为质押物获得资金。
   A. 保理业务　　　　　　　　B. 预付款融资
   C. 融通仓融资　　　　　　　D. 反向保理融资

2. （　　）融资模式是基于应收账款的供应链金融业务。
   A. 动态质押授信　　　　　　B. 保理业务
   C. 预付款融资　　　　　　　D. 标准仓单质押

3. 中小企业以银行指定仓库的既定仓单向银行申请质押贷款来缓解预付贷款压力，同时由银行控制其提货权的融资业务称（　　）。
   A. 出口押汇　　　　　　　　B. 进口押汇
   C. 预付款融资　　　　　　　D. 融通仓融资

4. 开证行应进口商要求向其提供短期资金融通，以信用证项下代表货权的单据（一般为提单或仓单）为质押，配合进口商的货物、保证金或其他风险缓释工具，先行为其垫付款项的贸易融资称（　　）。

  A. 出口押汇   B. 进口押汇

  C. 保兑仓融资   D. 融通仓融资

  5. 焦点企业具有较强的资信实力及付款能力，任何持有该焦点企业应收账款的上游企业，只要取得焦点企业的确认，就都可以转让给保理人以取得融资，这称（　　）。

  A. 保理   B. 反向保理融资

  C. 保兑仓融资   D. 融通仓融资

三、简答题

1. 请简述保理业务的流程。
2. 请简述保兑仓和融通仓融资操作流程。
3. 请简述进口押汇和打包贷款的涵义和操作流程。
4. 请简述静态和动态的质押贷款的流程。

四、案例分析

金融仓储的探索者和拓荒牛

  在中小企业融资难，而银行又不敢贷的今天，如何解开这个两难的魔咒？浙江涌金仓储股份有限公司（以下简称浙江金储）总裁童天水给出了一个令人鼓舞的答案，两难的魔咒源于如下现实：中小企业经营规模小，品牌信誉度差，占有不动产等社会资源少，无法取得信用贷款和不动产抵押贷款。因此，中小企业只有用原材料、半成品、产品等动产资源向银行质押贷款。过去，银行管理质押物的办法是自备仓库雇人看守，不仅不专业，也没精力，同时又面临着动产价值认定问题和动产管理与价值监控问题，处于一种想做—难做—不好做—不敢做的矛盾中，影响了动产质押业务的普及和发展。如果有专业公司将中小企业质押给银行的动产进行第三方保管和监管，从而解除了银行对动产质押物风险的后顾之忧，信贷资金安全有了保障，银行开展动产质押业务的积极性也就有了。基于此，童天水提出了解决魔咒的法宝——金融仓储。金融仓储除了一般仓储的存放、配送、保管、维护等基本功能外，还具有质押物价值发现、质押物价值维持与价值实现等功能。其担保模式主要是动产监管和标准仓单，这是金融业与仓储业的交叉创新。

  童总介绍说，金融仓储的具体业务主要有四个方面：一是动产质押存放、保管与价值评估；二是动产质押物价值标准设计，如标准仓单，为银行开展动产质押贷款业务夯实基础；三是动产质押物价值动态监控与风险提示（包括对金融仓储专用仓库中质押物的价值监控和借款企业自身仓库中质押物价值的远程监控），根据国际、国内价格走势，向贷款银行及借款企业出具质押物价值动态监控报告和风险提示，同时，根据三方协议对质押物实施最低价值动态补差管理；四是受银行及借款企业委托，开展动产质押物变现操作或提供动产质押物变现信息和操作建议。

浙江金储从2008年成立以来，已与中国工商银行、中国农业发展银行、华夏银行、广发银行、平安银行、上海浦东发展银行、恒丰银行等近20家银行开展了动产监管业务合作。监管的物品涉及黑色和有色金属、造纸、化工、纺织、食品、建材、电子机械、交通、农产品、石油、能源等多个行业的产品和原材料，仅2009年就做了16亿元授信。

1. 金融仓储解决魔咒的第一把钥匙——动产（三方）监管

2008年6月，杭州的一家金属材料企业找到恒丰银行杭州分行，准备贷款1000万元。让恒丰银行犯踌躇的是，这家企业既无不动产可供抵押，也没找其他企业担保，能作担保物的仅有当时市值1666.67万元的动产——冷轧钢板。当年冷轧钢板的国际市场价格波动剧烈，要确保贷款安全，恒丰银行必须逐日紧盯冷轧钢板市场行情，同时还得将冷轧钢板拉到自备仓库，雇专人看管。如此高昂的成本和不可控风险，银行显然缺乏积极性。天无绝人之路，浙江金储前来救驾了。恒丰银行、金属材料企业与浙江金储协商，共同签订了《浮动质押仓储监管三方协议》。金属材料企业将存放在自家仓库内的1666.67万元冷轧钢板移交给浙江金储；浙江金储在第一时间派出自己的仓库监管员对金属企业仓库中的货物实施24小时现场监管，并通过视频远程实施监控。浙江金储接管完毕后，恒丰银行就给金属材料企业发放质押物6折的贷款——1000万元。同时，浙江金储以货物初始值设定监管的安全货值线，组织专业人员逐日掌握市场行情，确保仓库中货物价值在每个时点都不低于安全货值线。此外，浙江金储还逐月向银行管理部门提供监管报告，实行严格的"监管+补货"机制。

2008年10月，国际钢材价格下跌了55%。按照协议，货物价格跌幅大于6%，浙江金储就必须向银行反馈信息，提醒银行调整质押物价格。同时，还必须督促企业及时补货，以防止仓库内质押物实际货值低于安全货值。从2008年6月到2009年6月的1年当中，根据浙江金储的监管报告，银行5次调整了质押物价格，未出现任何风险。2009年6月25日，金属材料企业如期归还银行贷款本息，银行通知浙江金储解除监管，一笔动产监管业务至此结束。

2. 金融仓储解决融资难的第二批钥匙——标准仓单

2009年11月27日，绍兴县一家纺织企业把价值661万元的白坯布存放到浙江金储的自备仓库。浙江金储根据质押物6折放款的原则，在对货物进行验收后，签发了6张标准仓单。企业拿着6张仓单到杭州银行瓜沥支行质押申请了6个月期的396.6万元贷款。半年到期后，如果企业及时归还了贷款，那么银行就会将标准仓单归还给企业，企业凭标准仓单到浙江金储仓库将货提走；如果企业无法偿还贷款，则银行可以凭标准仓单到浙江金储仓库提货，也可以委托浙江金储按市价将货物变现偿贷。绍兴的这家纺织企业对标准仓单模式称赞有加："为了货源和价格，我们经常会提前备料，比如一次采购可供一年生产的原材料。这样，我们仓库里就会有一半原材料闲置半年以上，等于半年以上流动资金'死'在库里。有了标准仓单，既可以质押贷款，又加快了资金流转，既节约成本，又扩大了再生产，真是感到方便。"

3. 有利于银行信贷，降低银行信贷风险，解决了银行"不敢贷"的疑虑

我国当前银行信贷担保方式多以不动产抵押和企业互保为主，不利于信贷风险的分散。特别是企业互保形式，不是风险的化解，而是风险的累积，累积到一定程度，会产生银行风险的传递与扩散。浙江金储以金融仓储方式开展的动产质押贷款，既有充足的动产作为担保，是自偿性信贷产品，又有专业化的金融仓储企业监控动产物资和市场价格波动，还有完善的补差机制，保证了质押物的足量、足值。动产质押贷款主要分散于不同的中小企业，可以降低信贷集中度，分散信贷风险。另外，金融仓储业务还可促进银行信贷以及与之相对应的结算、保险等金融业务的创新与发展。

恒丰银行杭州分行负责人认为，银行动产质押业务之所以一直难以推广，根源在于银行既不可能对所有质押物的价格逐日盯盘，也不可能对放在中小企业仓库中的质押物进行24小时监管。有了专业公司做"管家"，降低了风险，动产质押业务可以迅速做大。当初我们研究存货能不能质押的条款时，最大的一个问题就是动产易动、价值易失，如何锁定其风险，这是立法者非常关心的问题。今天看到金融仓储将动产担保当中的很多疑点都解决了，以金融化的理念来挑战传统仓储业，这是大胆有益的创新之举。

童总认为，市场经济在某种意义上就是物流经济，社会动产资源是实体财富中最活跃的部分，动产资源也是社会生产要素的天然富矿。

其一，仓储金融市场具有巨大的拓展空间。据统计，全国范围的动产（存货）资产量达到50万亿~70万亿元人民币，如果其中10%适用于放贷，则市场容量达到5万亿~7万亿元人民币。据对国内一般企业的考察，制造业资本存货比在10%~20%以上，商贸业的资本存货比在30%~50%甚至更高。而目前全国质押物贷款比重不高，动产质押贷款则是刚刚起步，以浙江为例，全省3万亿元贷款余额，动产质押贷款在130亿元左右，占比不到0.5%。

其二，金融仓储能促进货币流通的稳定，提高社会资源配置效率。金融仓储允许企业以实物动产（如原材料等存货）为质押物进行融资，在一定程度上保证信贷资金流入实体经济市场中，减少信贷资金违规流入股市、楼市，减少信贷资金流入投机性市场。

其三，金融仓储能优化社会信贷结构。近几年，我国信贷结构失衡的现象越来越严重，其中一个重要特点是信贷长期化。2009年我国全年新增贷款9.59万亿元，其中约76%的新增贷款为中长期贷款，而企业特别是中小企业直接用于生产经营的流动资金需求却难以满足。2010年中央银行工作会议提出要着力优化信贷结构，因此发展金融仓储有利于满足生产经营需要的短期贷款，在宏观上有利于优化信贷结构。

其四，金融仓储可以为国家宏观产业政策提供基础信息。专家认为，动产质押信贷，本质上是资金流与物资流结合最紧密的一种模式。这种模式的贷款，因为有充分的物资保证，不会削弱货币购买力，也不会引起货币超发，更不会引起恶性通胀。通过对银行所记录的动产质押贷款的产业分布信息进行统计分析，可以在一定程度上掌握不同产业的存货水平，掌握不同产业的"冷热"程度及变化趋势，便于国家实施或调整产业政策。

（资料来源：https://www.cnki.com.cn/Article/CJFDTotal-LTKJ201008000.htm）

案例思考题：

1. 质押物的选择条件有哪些？
2. 质押物的监管方式有哪些？
3. 金融仓储存在哪些经营风险？
4. 物流企业、融资企业和银行如何实现共赢？

五、延伸阅读与写作

2020年11月"粤黔东西部农产品供应链贸易平台"上线运行之前，贵州习水县的黄牛养殖户每天黄牛肉的销量不到2吨，销售额仅10万元出头。如今，习水县每天黄牛肉的销量超过8吨，销售额也超过70万元，每户年收入增加2万元。这种售价、销量、收入"三增长"的背后，是珠海发挥东西部协作和对口帮扶机制，推动供应链金融赋能贵州农产品的创新实践。2021年春节过后，广东省粤黔协作工作队珠海驻遵义工作组到黔北山区的习水县调研，发现当地黄牛肉质优良，养殖业历史悠久，但一直未能做大做强。经过与养殖户、屠宰加工企业、终端商多次交流沟通后，终于找到症结所在——屠宰加工企业用现结方式向养殖户收购黄牛，终端商用赊账方式向屠宰加工厂采购牛肉，赊账周期一般至少三个月。如此一来，屠宰加工厂陷入流动资金紧张境地，常常缺钱买牛，甚至向养殖户压价收购；养殖户也因此不愿意多养牛、养大了也不愿意贱卖，"买牛难""卖牛难"成为老大难问题。

为打通阻碍黄牛产业发展的"堵点"，工作组认真研究相关政策、请教专业人士、分析业界案例，经反复思考和论证，决定采取"产业上下游应收账款＋创新供应链金融"的解决方案，并积极推动落实。2021年11月，珠海市金湾区国有企业汇华集团和习水县黄牛收购屠宰加工企业，共同建设并上线"粤黔东西部农产品供应链贸易平台"。为切实推进供应链金融赋能当地养殖业，汇华集团进驻习水、实地办公，对当地黄牛购销历史交易数据进行真实性、可靠性评估，对加入"粤黔东西部农产品供应链贸易平台"的企业进行金融科技知识与技能培训，指导这些企业做好商品验收、库存等重要信息汇集工作，健全企业征信、信用评级等信用体系。与此同时，汇华集团按照协议，及时足额提供5000万元循环资金给黄牛收购屠宰加工企业，并开展肉类加工品的物流配送和市场营销服务，助力更多的贵州黄牛肉走上百姓餐桌。而今，习水县的黄牛收购屠宰加工企业，已经成为"盒马鲜生"等多家大型食品终端销售商的合作伙伴；全县黄牛产业年产值也从以前6000万元，升至现在5亿元以上。

请你结合上述内容，查阅资料文献，分析供应链金融是如何助力乡村振兴的，并写一篇小论文。

【在线答题】

第 10 章
国际逆向物流管理

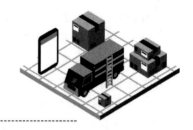

【教学目标与要求】

1. 理解逆向物流的概念和分类
2. 理解缺陷产品召回逆向物流、商业退货逆向物流、回收再制造逆向物流的运作模式

第10章
国际逆向物流管理

【导入案例】

机器坏了?漂洋过海回"娘家"修!佛山企业"跨国售后"有了新玩法

在佛山装备制造企业安德里茨的生产车间,回收自各地的磨损机械旧件整齐地躺在打磨生产线旁,等待维修。其中,两件"大家伙"十分显眼:这两件重达数吨的造纸机零配件,分别从印度尼西亚和韩国漂洋过海而来,贴着专门的标签,和其他国内厂商寄回的问题零部件区别开。"我们今年获得全球维修业务的资质,可将国外客户出现故障的零部件回收至工厂维修,修好后再给他们越洋寄回去。"安德里茨进出口物流业务负责人陈洪杰表示。

所谓"全球维修",是指企业将境外产品收回至中国境内修复、加工或产业化组装,生产出再生件的服务,具有节能降耗、绿色环保的特色。截至2016年底,广东省内正式开展进口维修/再制造业务的企业不足20家。"全球维修"是一块企业相对陌生的"处女地"。在这块关乎制造业出海成效与附加值的"处女地"上,佛山乃至广东企业可做的文章不少。

今年1月和2月,由韩国、印尼客户寄来的问题零部件,在海上货轮漂了将近一周后,抵达安德里茨厂区。该企业主打造纸机、水力发电设备,这是它首次将生产出口后发生故障的产品部件,从海外收回至佛山禅城区的工厂进行维修。陈洪杰表示,此前该企业处理故障机械,只能依靠海外售后人员上门服务,或是将问题零部件寄到欧洲维修总部。"之前未获得全球维修资质时,将海外的问题零部件收回至国内比较麻烦,要获得进口许可证、检验检疫部门的审查等,过程繁琐、时间也长。如今获得资质后,不必经过检验检疫部门,只需要用企业自己的体系检测即可。"几年前,有海外客户主动询问陈洪杰,老化了的机械零件能否返回中国的工厂维修。"当时我们还没这个经验,进口维修手续也复杂,就婉拒了客户。"陈洪杰对此的形容是"未能满足客户,挺遗憾的。""因为没有哪个厂家不愿向客户证明,我既有生产新品的实力,也有修复旧品的能力。"他说。

维修售后服务,通常被视作佛山制造出海的"最后一公里",拿下并不容易。目前,借助智能技术实行远程诊断维修、在海外设服务点、委托第三方合作商维修,是佛山装备制造企业释放服务功效的主要渠道。为何企业的海外售后服务点无法解决那个客户的问题?陈洪杰解释道:"海外售后点的维修条件与设备有限,一些严重的机械故障需要专门的维修设备,只有国内的工厂才有条件修好或是修得更加专业、彻底。""目前我们只在东南亚开展这一业务。收取的费用比海外上门维修要高,又比送到欧洲的一些装备制造强国维修成本低、时间短。这样的服务可谓'附加值'与'性价比'的双赢。"陈洪杰说。同在2017年开始"全球维修"业务的液压机生产企业康思达,也看中了这一领域新的价值增长点。2017年1月,康思达委托新加坡的二手设备回收商,将当地客户的故障机械零件回收至康思达在佛山的工厂,然后进行翻新做成新配件,以新的价格再卖给原来的客户。"一些问题严重的机械零部件如果不回收，只能当废铁卖了。但回收至中国进行翻新，客户可以获得一笔回收费，减少一半的报废成本；我们则可以通过再制造与二次销售盈利。"康思达国际部经理朱柏成表示。他还向记者澄清了一个大众常见的误解。"不少人觉得翻新的旧件肯定低质，其实不然。翻新旧件可以在保证其性能达标的基础上节约成本和能源材料。"

虽然全球维修为出海的装备制造企业打造从生产到售后服务的完整闭环产业链提供了全新的"武器"，但佛山目前涉足这一领域的企业屈指可数。究其原因，环保的高门槛不可忽视。全球维修涉及拆装、清洗、换料、修复、检测等多个加工环节，这些工艺流程中有可能产生噪声、废液、废气、废渣等。"油污、生锈甚至化工物常常伴随着废旧物，这需要企业具备很强的环保能力，才能实现这一'变废为宝'的业务应有的绿色效应。"陈洪杰告诉记者，为此，安德里茨专门设定了一套严格的污染处理和质量管理体系，并积累了一批相关环保、维修设备的成熟供应商。

（资料来源：http://static.nfapp.southcn.com/content/201703/21/c330457.html）

请问：从上述案例中，你可以看出逆向物流有什么优势？

10.1　国际逆向物流概述

逆向物流的概念起源于20世纪90年代，最早由美国学者Stock在1992年给美国物流管理协会的一份研究报告中提出的。在其研究中，逆向物流是一种包含了瑕疵货品的退货、原材料的替换、原材料的再利用、废弃物的处理、维修和再制造的物流活动。1992年，美国物流管理协会首次正式给出了逆向物流的定义：逆向物流是指在循环利用、废弃物处置和危险物质管理方面的物流活动，它广义上包括废弃物的源头削减、循环利用、替代利用及重新利用。1998年，欧洲逆向物流工作委员会对逆向物流的定义如下：逆向物流是指原材料、在制品及成品从制造厂、配送站或消费地向回收点或其他处置场所的流动而进行的规划、实施和控制过程。

国外逆向物流发展起步早，发展水平高，无论是在规模，还是在产值和从业人员上，我国距离国际先进水平都有很大差距。国际上的许多发达国家及地区通过积极实施逆向物流战略，取得了卓著成效。

1. 美国逆向物流发展

美国是较早将逆向物流管理科学化、系统化的国家，美国政府对属于逆向物流范畴的废弃物的回收处理给予了极大的关注。美国政府在2003年颁布了《电子废弃物回收法》，主要规范易对环境产生破坏的电子废弃物的处理，近年来又先后通过了《资源保护和恢复法》《综合环境责任赔偿和义务法》《危险品材料运输法》等，引入了2000多个固体废品处理法案。美国目前已经形成了由几十个法律和上千个条例组成的庞大、完整、严格的环境法规体系。该体系既有兼具纲领性和可操作性的《国家环境政策法》，也有包括"污染控制"和"资源保护"的两大类法律法规体系。

目前，逆向物流在美国已形成产业，涉及产品的回收、拆卸、再制造等领域，从事回收再制造业务的公司有7万余家，直接参与的雇员达500万人，涉及的产品有50大类。早在1996年，美国的逆向物流产业的年销售额就已经接近530亿美元，许多知名大企业，如施乐公司、惠普公司、通用汽车公司、IBM公司等均积极参与逆向物流业务。其次，美国零售业的逆向物流管理也做得非常出色，如分区域设立返品处理中心，集中处理返品业务，大大提高了返品的流通效率，降低了逆向物流的成本。美国的一些大型连锁零售商如沃尔玛、凯玛特等为了提高返品处理效率，采用逆向思维，按照专门化和集约化的原则，仿照正向物流管理中的商品调配中心的形式，在全美各地设立了近百个规模不等的返品中心，一些规模较小的连锁商业公司则采取几家合伙的形式设立返品处理中心。目前美国通过返品处理中心处理的返品已占60%以上。

返品处理中心的主要功能是：接收系统内各零售店的所有返品，对返品进行甄别。按照返品的实际状况把它们分为：可整修后重新销售，可降价批发销售，可向生产厂家退货，可作慈善捐赠用（在美国慈善捐赠可抵减税收），可作废品利用及无利用价值等，并作相关处理。返品处理中心内设有相当规模的再生工厂，把可整修后重新销售的返品进行整修、包装后重新融入正向物流销售，对返品涉及的资金往来进行统一结算，对各厂家、各销售店的各类商品的返品状况及产生原因、返品的变动趋势等信息进行综合统计分析，并及时向总部提交相关报告。

返品处理中心对美国零售商的贡献在于提高了返品的流通效率，降低了逆向物流耗费的成本，加速返品资金的回收。据分析，由于采用了返品的集中配送、返品票据的统一处理、发掘废弃商品残值等方式，逆向物流管理每年可为商家降低销售总成本的0.1%～0.3%。以沃尔玛公司为例，通过逆向物流管理每年平均可节约资金7.3亿多美元。另外，由于大型零售公司的业务逐渐向边缘地区延伸，有些零售店的布局相对分散，不利于设立自己的返品处理中心对逆向物流实行集中管理。出于经济效益的考虑，一些大型零售公司委托第三方物流企业承担逆向物流管理业务，这些公司也由此逐步发展成为以逆向物流管理为主的专业化公司。如美国的Genco公司，其年销售额达16亿美元，每年处理的退货商品达6亿件以上。Genco公司以其更完善的专业管理技术，使得逆向物流专业分工更细，其同时为Best Buy、西尔斯等多个商家和厂家提供返品处理服务，使得逆向物流管理的规模化效应更加突出。

2. 日本逆向物流发展

日本政府非常重视逆向物流管理，通过加强产品回收和再循环以实现资源再利用，减少对环境的污染。日本拥有细致严格的垃圾分类和回收制度，从1995年开始实施《包装再生利用法》，鼓励国内企业建立大量的回收站。消费者将废弃物包装分类后，回收系统定时回收分类过的包装废弃物，通过集中运输至专门的处理中心进行处理和再循环。比如日本的玻璃瓶回收率超过 90%、塑料回收率超过 80%、废纸回收率超过 80%，居世界领先地位。2001 年，日本实施了《家电回收利用法》，并在制造家电产品中对可回收利用资源所占比例有严格的法律规定。比如，电视机的回收利用率（按重量计）需达到其整体重量的 50% 以上，而冰箱、洗衣机和空调的可回收利用率要达到 60%～70%。日本家电制造企业承担对废旧家电的回收利用处理，家电零售企业负责对废旧家电的回收，消费者则要承担上述运送及处理两项措施的费用。如果有人没有交纳回收利用费而随意丢弃废旧家电，则属于违法行为。

为建立资源循环型社会，日本确立了较完备的法律体系，包括基础层面的《促进建立循环社会基本法》，综合层面的《固体废弃物管理和公共清洁法》《资源有效利用促进法》，以及针对各种产品的具体法律法规，如《建筑及材料回收法》《车辆再生法》等。同时，日本政府针对其物流发展的不同阶段，每四年制定一次《综合物流施策大纲》，作为日本物流业的纲领性政策文件。日本政府 2013 年制定的第五次《综合物流施策大纲》提出要致力于构建高效的物流体系，进一步降低环境的压力，促进资源循环型社会的建立。

日本精确的物流统计信息收集工作也对循环经济的发展起到一定作用，其有很多连续性的物流调查报告，如每年一次编制的《日本物流成本调查报告书》、每五年一次编制的《全国货物纯流动调查报告书》，定期推出地区间货物交流表等，日本政府通过对这些物流信息的连续调查与分析，可以获知逆向物流相关的发展状况，进而制定相应的政策和规范。

3. 欧盟逆向物流发展

欧盟在促进逆向物流、发展循环经济方面有着详细的总体发展规划。逆向物流活动之所以能在欧洲企业顺利开展，主要是因为有健全的法律法规作为其保障。2015 年 2 月欧盟委员会主管能源的副主席马罗什·谢夫乔维奇宣布着手建立欧盟能源联盟，并确定了加强利用再生资源、创新绿色技术等几项原则，这一计划将大大加快循环经济的发展。在欧盟国家中，德国的逆向物流及循环经济的发展一直备受推崇，德国政府针对逆向物流制定了各种法律法规。1990 年初，德国政府出台了《包装废弃物处理》，规定如果一次性饮料包装的回收率低于 72%，则必须实行强制性押金制度。自实行此制度以来，顾客在购买所有用塑料瓶和易拉罐包装的矿泉水、啤酒、汽水等商品时，均须支付相应的押金，1.5 升以下为 0.25 欧元，顾客在退还空瓶时领回押金。之后，欧洲各国相继颁布相关法令，如 1992 年的《包装法规》（奥地利）、1993 年的《欧洲环境规则 EMAS》、1995 年的《循环经济法和垃圾法》（德国）、1996 年的《包装废弃物条例》（英国）等。2002 年，德国政府出台了一项修正案《旧汽车法》，该法明确规定，不论是汽车生产制造商还是进口商，都要全力负责对报废和废弃的汽车进行回收并做后续处理。另外，德国企业也积极参与逆向物流建设，由企业、垃圾回收部门组建的用于废物回收的德国双元系统（DSD）将企业组成网络，由 DSD 委托回收企业对废弃包装物进行回收和分类，然后送至相应的资源再利用厂家进行循环利用，生产者和销售者则须支付一定的处理费用。DSD 充分体现了"扩大生产者责任原则"和"污染者付费原则"，它的建立大大促进了德国包装废弃物的回收利用率。

目前，几乎所有的欧洲国家均采用电子废弃物回收处理体系。许多国际知名企业也早已将逆向物流战略作为强化自身竞争优势的主要手段。如诺基亚公司在墨尔本设立了一个亚太地区逆向物流中心，同时在周边各国的首都或地区中心设有 25 个客户关怀中心；惠普公司和爱普生公司则生产可重复填充利用的打印机墨粉盒。还有许多传统物流公司也开始从事逆向物流业务。UPS、联邦快递等均已向全球逆向物流拓展；英国邮政公司推出的逆向物流服务可通过更加有效的退货管理，帮助零售商节省上百万英镑开支。

根据不同的划分依据，逆向物流可划分为不同的类型。依据回收物品种类及回收物品重新利用方式的不同，逆向物流可划分为缺陷产品召回逆向物流、商业退货逆向物流、回收再制造逆向物流；依据逆向物流的组织管理者不同，逆向物流可划分为原生产商逆向物流和第三方逆向物流；依据回收产品是否回到初始生产商，逆向物流可划分为开环型逆向物流和闭环型逆向物流。

10.2 全球缺陷产品召回逆向物流

10.2.1 缺陷产品召回的概念

缺陷产品和产品召回的内涵是召回制度的核心概念，关系到召回制度的调整对象和召回措施。我国 2013 年实施的《缺陷汽车产品召回管理条例》第 3 条第 2 款对产品召回做下述规定：汽车产品的生产者采取措施消除汽车产品缺陷的活动被称为召回。该条例明确规定召回的对象是已售出的汽车产品，召回实施的主体是汽车产品的生产者。我国 2016 年实施的《缺陷消费品召回管理办法》第 3 条第 2 款对召回做以下定义：召回是指消费品生产者针对缺陷消费品采取措施降低、消除风险或者消除缺陷的活动。采取措施的内容包括消除缺陷、降低或消除安全风险。召回的对象是指存在缺陷的消费品。依据我国国家市场监督管理总局起草的《消费品召回管理暂行规定》对召回的定义是指按照规定程序和要求，对缺陷产品由生产者通过警示、补充或者修正消费说明、撤回、退货、换货、修理、销毁等方式，有效预防、控制和消除缺陷产品可能导致损害的活动。

【商品召回】

案例 10-1

2022年7月15日,欧盟宣布召回一批中国产电吹风,具体型号或识别特征为 FH-304,ART:250594,召回数量未知。产品召回原因为:电吹风没有热切断装置,外壳的塑料材料是可燃的,导致电吹风在使用过程中可能过热并着火,可能导致用户烧伤;同时,防护格栅可能会从出风口侧的产品中脱落,从而接触到带电部件,可能导致用户因触摸带电部件受到电击。

10.2.2 缺陷产品召回管理

缺陷产品召回应当包括缺陷产品信息搜集、缺陷调查及确认、风险评估与确认、召回过程管理及召回效果评估等工作。缺陷产品召回物流过程如图10-1所示。

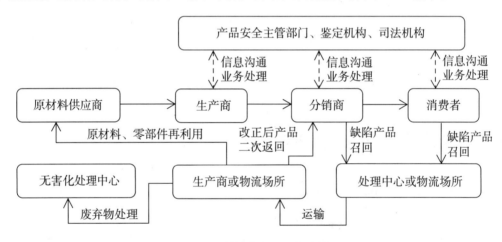

图10-1 缺陷产品召回物流过程

1. 缺陷产品信息搜集

一次成功的产品召回在很大程度上依赖于有效的信息收集。产品召回制度的重要价值在于能够尽快发现产品缺陷,并针对该缺陷采取措施,把可能对消费者造成的损失降到最低。当有缺陷的产品被投放到市场后,消费者可能通过各种通信和联络方式向生产商、销售商以及政府主管部门、消费者权益保护部门进行投诉。生产商应建立专门的投诉信息收集、处理机构以及广泛的信息交流网络,以便对产品事故作出迅速反应。

2. 缺陷调查及确认

有下列情况之一的,生产者应当组织开展产品缺陷调查:收到有关产品人身伤害的消费者投诉;获知产品人身伤害事故;接到质检部门进行缺陷调查的通知;生产者认为产品可能存在与人身安全有关的缺陷的;生产者通过其他途径获知产品可能存在缺陷的。

生产者应及时向质检部门报告缺陷调查结果，确认存在与人身安全有关的缺陷的，应及时报告缺陷的形式、产生原因、影响范围等，立即主动采取措施控制与消除缺陷。

3. 风险评估与确认

在对产品缺陷调查过程中，应当对缺陷产品可能导致的人体健康和生命安全风险进行评估，控制与消除缺陷的召回措施应当与风险评估结果相适应。

4. 召回过程管理

生产者应当根据缺陷调查和风险评估的结果采取以下召回措施控制与消除该缺陷。

（1）依法向社会发布警示信息，告知消费者停止消费或使用，或者补充、修正消费说明。

（2）通知其他有关生产经营者停止对该缺陷产品的销售、租赁等经营活动，对销售者尚未售出的存在该缺陷的产品，通知其停止销售并予以撤回。

（3）对已经售出的缺陷产品，通知其停止销售并予以撤回。

5. 召回效果评估

生产者应当在完成召回后的规定期限内，向质检部门提交召回总结报告。质检部门应当对生产者递交的召回总结报告进行审查，对召回的效果进行评估，如果认为生产者进行的主动召回未取得预期效果的，可以要求生产者再次进行召回，或依法采取其他更为有效的措施消除缺陷。

10.2.3 缺陷产品召回物流实践

1. 构建社会化召回物流网络

构建社会化召回物流网络包括四个方面：交通运输网络、召回物流信息网络、供应链管理业务网络以及实施召回管理的相关部门组织网络。其中交通运输网络完全可以借助我国现有的运输线路和运输枢纽；召回物流信息网络则需要构建社会化物流信息网络平台，在产品信息关键环节应用条码和射频技术；供应链管理业务网络需要物流企业完善缺陷产品召回处理功能，实施逆向物流与正向物流的结合，同时做好物流企业和生产企业的合作以及物流企业之间的协作；实施召回管理的相关部门组织网络需要物流企业做好与缺陷产品召回责任主体（生产企业）、利益相关方（流通企业、消费者、原材料供应商等）的信息分享和业务分工工作。

2. 加强召回过程产品信息与物流信息共享

产品召回是否及时在很大程度上取决于企业的信息网络是否健全和完善。在召回过程的各个阶段，对缺陷产品的实时监控与管理离不开信息的收集、处理和传输。在召回物流的实施过程中，需要供应链上下游企业的协作和主管部门的监督，涉及原材料（零部件)供应商、生产商、批发商、零售商和召回主管部门之间的信息传递和沟通。

3. 完善第三方物流企业的缺陷产品召回功能

通常情况下,缺陷产品的召回主体是生产厂家。但是对于生产厂家来说,建立一个快速反应的召回物流系统任务繁重、成本巨大,因为召回的产品数量较大、涉及地域跨度较广,生产厂家需要从多处(如零售商、消费者等)收集产品,再集中运输到指定地点进行处理,并且召回物流需要通过专门的仓储设施、运输工具和检测设备来完成。第三方物流企业往往具有物流网络完善、物流节点分布广的优势,这使得第三方物流企业能够将分布于众多地域的缺陷产品及时有效地召回。因此,生产企业在建立自身的召回物流系统时应当考虑与第三方物流企业合作,可将召回物流同销售物流一样外包给第三方物流企业来做。对于众多服务于生产企业的第三方物流企业而言,整合并有效实施缺陷产品的运输配送、集中存储和流通加工等物流业务,也可以发展为其核心业务。

第三方物流企业如果要开展缺陷产品召回物流业务,需要不断完善自身的功能,甚至需要为生产企业量身定制综合物流服务方案。在进行供给配送、生产物流时,第三方物流企业需要在产品流转的关键环节(比如药品的批次记录、食品的原料配料、配送地点与数量等)做好信息储存,以便于缺陷产品的回溯。第三方物流企业要加快缺陷产品的召回,需要开展空运和公路运输的多式联运,实现产品的快速集中、拆分与分拣,改进包装技术防止回收产品二次受损。同时第三方物流企业应积极协调与外部社会机构、生产企业、销售企业以及与第四方物流企业的合作,提高召回物流系统的效率。

10.3 全球商业退货逆向物流

商业退货逆向物流主要是指已经进入流通领域的商品,因错发、消费者不满意、质量缺陷等原因,从消费者端返回到零售商及供应链上游节点,进行分类处理和再利用的过程。由于新分销渠道的出现和日益宽松的退货政策以及物流作业系统不完善等因素的驱动,商业退货逆向物流呈现出量大、频繁、管理成本不断增长等特点。目前常见的全球商业退货逆向物流主要有以下三类。

10.3.1 跨境电商退货逆向物流

跨境电商退货属于典型的 C to B(Customer to Business,消费者到企业)逆向物流,是消费者将商品退还给跨境电商卖家的过程。

1. 跨境电商退货流程

跨境电商退货情况主要有如下几种:一是消费者直接选择退货,如果被退回的商品没有质量问题,跨境电商卖家会选择将商品退回到海外仓并授权海外仓对退货商品进行维修、零部件更换、二次包装等处理,重新贴标签和换包装后继续将该商品上架销售;二是消费者认为该商品存在无法补救的质量问题时,如果退货商品价值相对较低,跨境电商卖家会选择直接将该商品销毁,重新在系统中让海外仓的工作人员补发新的商品给消费者;三是对于无法在海外仓进行修复与再次销售的退货,由于被退回的商品价值较高昂,跨境电商卖家会将商品在海外仓暂存一段时间后,再将该类商品统一通过二次返程运回国内仓库修理,然后再发往海外仓重新发货给消费者;四是针对一些有轻微破损、微小瑕疵、但具有较大销售价值的退货商品,跨境电商卖家会委托海外仓进行线下展示与销售,以达到退货保值目的。此时,跨境电商海外仓会借助自身的驻地优势,通过店铺展示、仓库取货等方式开展线下营销活动,实现退货二次售卖。

2. 跨境电商退货逆向物流成本构成

(1)退运物流成本。将退货商品从目的地运回始发地,退货一般都比较零散,与正向物流相比,它更难以计划和预测,难以集中收集,即便是集中退换货,由于始发地点不同、运输路线复杂,无法实现大规模运输,难以达到规模效应,从而导致退运物流成本较高。如果跨境电商卖家为促销采用包邮的方式,这部分成本在整个逆向物流总成本中占比会更大。

(2)仓储成本。退货商品需要再次进行人工检测和重新包装,这增加了仓储成本。如果商品需要再次退回原来存放的场所或第三方退货中心,无论是跨境电商卖家自提还是委托平台处理,都会产生额外的费用。

(3)出入境通关成本。正向物流下,跨境电商卖家要面临进出口两个国家海关的验收和税费缴纳。很多中小型跨境电商卖家由于无法在海外建立全品类售后团队,退货商品不能在海外处理。如果商品需要退回,跨境电商卖家还要再次面对逆向物流的商品清关等操作,随之而来的通关成本也会增加。

(4)人工成本。退货处理不仅要求跨境电商卖家投入人力成本,还要投入金钱和时间。据有关资料统计,大多数情况下,一个退货商品可能要经过多达 7 名后勤人员的审核,而每一个步骤的进行都意味着成本的增加。

(5)平台退货费用。对于采用亚马逊 FBA 仓库的卖家,如果商品被退回,无论是销毁还是寄还跨境电商卖家,亚马逊都要收取费用。而且如果退货产品属于服装、行李箱、鞋子等类目,亚马逊会收取跨境电商卖家退货费用以及 20% 的平台使用费。

(6)运营成本。长期以来,跨境电商卖家在面临消费者退货时,在综合考虑商品价值、退运物流成本、出入境通关成本以及所要付出的时间和精力等因素后,通常采取境外打折的方式处理退货商品。特别是那些自发货的小型卖家,退货来回产生的费用都比商品本身要贵,因此很多跨境电商卖家遇到退货的时候甚至会选择直接把商品送给顾客,无形中增加了企业的运营成本。

3. 跨境电商退货逆向物流存在的问题

(1)退货逆向物流成本高昂。

跨境电商卖家在海外开展业务时,商品的物流成本是其首先考虑的因素。跨境电商卖家为降低成本，会首选邮政包裹、专线物流等相对便宜的物流方式。但物流成本会占到跨境电商卖家总经营成本的一半以上。以邮政包裹为例，国内包裹邮寄到欧洲地区大约为80元/千克，到美洲地区大约为90元/千克，到东南亚地区大约为71元/千克，但以国内跨境电商平台上的服装价格为例，有的服装每件价格才一两百元。大部分跨境电商商品属于直邮商品，高昂的物流成本下商品的价格优势会大大下降。并且小量商品退货在不能经由保税仓处理的情况下，退回国内需要重新缴纳关税，等同于二次进口回国，关税成本同样是跨境电商卖家不可承受之重。一件退货商品的处理成本在几美元到十几美元，对于那些价值较低的退货产品来说，处理成本可能远高于其实际价值，因此跨境电商卖家可能会直接选择弃货。即使是有价值的退货商品进行处理后再将其上架销售，由于退货处理成本相对较高，也会极大增加跨境电商卖家的负担。

以我国快递运输企业"三通一达"为例，邮费的起步价同省一般为8元左右，每增加一千克加2元。一旦货物出现质量问题等，就需要通过国内快递运输将受损商品运回生产商所在地，无论买卖双方谁来承担物流成本都会使交易体验变差，并影响到日后的交易合作。对于国内外跨境电商卖家而言，高昂的物流成本已经成为跨境电商发展的一大障碍，并直接或间接影响退货阶段的消费体验。

（2）退货环节繁杂、逆向物流周期长。

海外仓退货是跨境电商中较为常见的退货手段，适用于退货商品从消费者处退回至海外仓后进行分类处理。海外仓退货从消费者发起退货到海外仓收到货物这一过程，需要经过多个环节。具体来说，在消费者发起退货申请之后，订单系统会对信息进行审查，审查通过后系统会将退货信息推送至海外仓智能仓储管理系统。海外仓根据跨境电商卖家的退货信息建立退件预报单，为退换的商品寻找仓储地。收到退货商品后，仓库工作人员通过单据扫描对所退货物与退货信息进行匹配，确定退货来源。此过程中，工作人员需要根据货物受损情况及退换原因对货物进行分类，并将信息录入智能仓储管理系统中。跨境电商卖家再根据海外仓信息做出退款处理。至此，海外仓退货流程才算完成。一般来说，退货周期大约需要45天，包括商品国内运输、集货、国内清关、海外运输、国外清关、国外商品集货、国外配送7个环节。由于环节过多且不可省略，退货处理时间相对较长，这对跨境电商卖家和买家来说都非常耗费时间。

（3）被退货后的商品二次处理难度大。

一些跨境电商卖家在出口商品时会寻求与海外仓合作，在交易后期发生退货时将商品退回海外仓。跨境电商卖家不仅要支付海外仓高昂的退货接收费，还要承担因商品无法回流而导致的销毁费。海外仓接收到的退货大多存在包装破损、条码损坏或者序列号被调换等问题，需要海外仓工作人员再次处理。根据海关相关数据统计，消费者退货原因多种多样，但退回的多数商品都是被使用过或者有缺损的，而海外仓在接收退货、登记并汇总商品信息、退货沟通等过程中会消耗大量人力和物力。在商品退货入仓后，很多商品不再具有原先的实际价值或者价值有所下降，甚至过一段时间后还需要支付一笔销毁费。以西方国家为例，所有废物处理都需要通过正规途径进行清理，比如亚马逊 FBA 仓库，大件货物销毁费大约为 0.6 美元 / 件，小件货物销毁费大约为 0.3 美元 / 件。

10.3.2 旧机电产品全球维修

旧机电产品全球维修属于 B to B（Business to Business，企业到企业）范畴的逆向物流，一般是产业市场中，下游企业将旧机电产品返回给设备制造商进行维修。

1. 旧机电产品全球维修的概念

随着制造业的快速集约化发展，跨国企业根据市场需求，将同一种产品或者类似产品安排在不同国家和地区生产。随之而来的是，这些产品的维修问题就显得分散和不便。因而一些跨国企业将产品的维修业务整合到这些产品的重点生产区域，加强集成化管理，以提高效率。我国作为制造大国，规模化程度高、维修成本较低、技术支持能力强，吸引了众多在全球有较大生产制造规模的跨国企业在中国设立全球维修企业，开展集中维修。因此，全球维修企业越来越多，已成为制造业中的一个常态。

【综合保税区保税维修政策解读】

进口维修大致可以分为两类：一类是作为本企业或本集团产品售后服务，也称外销货物售后维修，当集团或企业销售出境的产品发生质量问题时，旧产品重新入境返厂进行维修，如日本某著名企业将其在中国大陆 100 多家企业生产的产品实行集中维修；另一类是提供第三方维修服务，即从事全球维修业务的企业对进口的、非自产的、以维修为目的的进口旧机电产品进行专业维修。

2. 保税维修

保税维修指以保税方式将存在部件损坏、功能失效、质量缺陷等问题的货物从境外运入境内保税区进行检测、维修后复运出境，或将待维修货物从境内非保税区运入保税区内进行检测、维修后复运回境内非保税区。保税维修可在保税区、出口加工区、保税物流园区、保税港区、综合保税区等区域内开展。保税维修具有以下特点：科技含量高，一般是航空航天、船舶、轨道交通、工程机械、数控机床、通信设备、精密电子等产品开展保税维修；管理规范，采取专用的监管方式、专账专用、高度信息化管理。

发展保税维修能够帮助企业提升产品竞争力，通过挖掘国际国内两个市场、两种资源的优势助推再制造产业链延伸，充分参与国际分工，提高市场占有率。同时，保税维修能够促进货物服务出口，吸引优质外资，推动形成产业集聚效应。保税维修是我国对标国际经贸规则的产业枢纽，利用保税为维修提供便利化平台，不断提升我国制度型开放水平，以高标准国际经贸规则撬动国内产业转型升级、推动经济高质量发展，是产业高度国际化和深度融合发展的产物，也是进一步向产业链高附加环节攀升和夯实产业基础的重要路径。维修产业也被称为循环经济的明珠，高度契合我国"双碳"发展战略的要求。它不仅能延长产业链条、提高产业附加值、激活传统产业，还能节约能源、实现绿色环保、提升经济效益，是"十四五"时期我国规范发展的重点产业。

3. 旧机电产品全球维修应注意的问题

（1）确认项目是否可以开展全球维修。

企业首先应确认该项目是维修业务，而非再制造、拆解或报废业务。维修指的是旧产品退运回原始生产工厂修复之后还要将修复品复运出境，而旧产品经过再制造、拆解或报废就不会再复运出境。

（2）保税维修产品种类有限。

在现有制度下，只有维修产品目录中的产品类别可以通过保税维修模式进行检测维修。属于国家禁止进口的产品，如医疗器械及车辆电子元件等旧机电产品则无法入境，业务范围因此受到限制。维修过程所用物料数量具有一定不确定性，多批次申报领取物料会使通关手续更加繁杂，增加企业成本。

（3）全球维修进口旧机电产品的监管问题。

进口的旧机电产品因为使用年限较长，产品使用情况千差万别，且来源渠道多样，存在安全、卫生、环保等方面的隐患。因此，检验检疫机构在进口机电产品的监管中，对旧机电产品格外关注。随着维修进口旧机电产品数量的增加，该模式逐渐暴露出以下问题：第一，此类产品不仅进口批次多、批量小、型号多、来源地多，而且进口前备案和进口后核销工作量较大；第二，维修产品由于进口状况的不确定性，及时备案的可行性及准确性难以保证；第三，维修产品时效性较强，因受到旧机电产品备案周期的限制，其通关速度、交货期均受到较大影响；第四，对于入境维修的旧机电产品，监管中更多关注的是其进口环节，对维修完成后甚至翻新后转至国内销售的违规行为缺乏有效监管。

保税维修牵涉部门多、涉及行业广、联动融合要求高，这就要求建立健全数字化手段，提升资源整合配置效率，提高制度创新的时效性和针对性，加强保税区内外的联动性和融合性。通关维修坏损零部件及维修过程中产生的边角料，在复运出境过程中易受目的地国家或地区环保政策的影响。如果确实无法复运出境，这些物品不得内销，企业需按照《关于加工贸易货物销毁处置有关问题的公告》（海关总署公告 2014 年第 33 号）的相关规定进行销毁处置。但是目前具有固体废弃物处置资质的单位数量有限，且其处理承载能力不足，这可能导致企业在委托处置时面临一定的困难。部分国家或地区的审批手续及通关流程有待简化，海关、环保、商务、质检等监管部门的协作及信息共享程度不足，通关效率及便利程度仍有优化空间。

（4）保税维修区内企业与区外企业之间的联动性。

在大力推进保税维修再制造产业发展的过程中，维修再制造及其配套企业之间，综合保税区内企业与区外企业之间的联动性与依存度日益紧密，缩短维修周期和节约成本成为突出问题。比如航空维修产业是一个高附加值的产业链，链上的企业有些位于综合保税区内，有些位于综合保税区外的其他城市。按照传统的监管方式，需要先根据飞机检测情况确认所需的维修航材，而大部分航材又需要从全球各地进口，这就造成了飞机需要等航材进口后才能维修的局面，影响了飞机维修周期。

（5）旧机电产品维修过程中的污染问题。

如果属于禁止进口的固体废弃物（固体废弃物分为非限制进口、限制进口、禁止进口三大类），还应取得环保部门的批准文件。有些旧机电产品在维修过程中会产生废弃物，而有的废弃物会污染环境，但监管过程中对废弃物的处理以及处理后能否达到国家相关环保标准关注不够，同时又缺乏监督管理手段。相关检验检疫机构需要加强检验检疫能力，以鉴别企业入境维修产品是否属于国家禁止进口的旧机电产品、企业是否具备规定的维修能力和质量控制水平、产生的废弃物是否存在污染环境的风险、企业对于废弃物的最终处理能否达到环保标准的要求。

10.3.3 服务备件逆向物流

服务备件在售后服务领域特指维修中所使用的零件，是用来修复机器设备中出现的故障或损坏的零部件。服务备件在设备的日常使用和维护中不可或缺，良好的备件管理可以让客户的设备平稳度过设备损耗期，提升客户体验。服务备件逆向物流也属于 B to B 逆向物流，一般是由制造商将收到的有缺陷的产品中具体发生缺损的零备件退还给该零备件的供应商进行维修。

1. 服务备件逆向物流的含义

随着市场竞争日益白热化，服务已经成为一种竞争力，它是机电制造企业综合实力的体现。机电制造企业的售后服务经常涉及更换受损部件，备件交付速度往往决定了售后服务处理的速度和客户满意度。电子机械类产品，如电脑、家用电器、汽车、IT 产品的备件可大致分为服务备件与销售备件两类，前者主要用于产品售后服务，而后者主要用于满足个性化配置的零售需求。服务备件是企业在产品售出后，为了实现售后服务承诺，以提供保修期内和保修期外的服务和维修为目的而持有的备件。

服务备件物流中还有一个重要的环节，即损坏备件的逆向物流处理。随着产品模块化生产的普及，通常的维修保养工作是经过简单的诊断程序，取出客户设备中的某些零部件再进行替换，我们称之为取出或者替换的维修工作。这些取出的零部件中，一些低价值的、不可维修和再利用的破损零部件将被弃置，由专门的公司进行环保销毁处理；而另外一些高价值或可维修的破损零备件往往不会被弃置，而是返回供应商处进行故障分析和维修处理，经过修复后重新回到制造商手中，再分拨到中央配送中心和各区域配送中心的仓库里。对于一般的生产供应链来说，产品和服务的正向供应是关注的重点，而对于逆向物流方面没有严格的要求。但是服务备件供应链不仅要保证备件的正向供应，还要对客户的坏件进行维修和再利用，所以必须对其逆向物流过程进行监控和必要的计划。

逆向物流在整个备件物流系统中非常重要且有不同于正向物流管理的难度。与产成品不同，备件在正向物流过程中往往伴随着大量的坏损备件逆向物流。维修替换下来的备件往往要退回，经过从维修工程师到各地分库、各地分库到全国总库、全国总库到零部件供应商的逆向物流过程。而备件能否在供应商提供的维保期内及时的返回厂商，直接决定了备件能否得到厂商的维修或偿付，从而直接影响了服务备件的成本。

近年来，越来越多的零备件设计、制造、加工和维修等环节已经全部或部分地融入到全球化运转模式之中。传统的本地化小规模零备件的周转已经被规模化、效益化的全球大流通所取代。物流现代化进程的加速以及局部周转融入全球集散中心的变革，使得各企业的经营者和终端客户对零备件订货响应时间、到货周期、使用更换和旧件返回的时限要求也大幅缩短。零备件在流通过程中对环保、资源共享、缺陷信息分析等要求，使得包括旧零备件、损坏零备件、缺陷零备件的回收、销毁、集散和维修再利用在内的零备件逆向物流逐渐成为物流产业新的增长点。

2. 服务备件逆向物流存在的主要问题

（1）逆向物流运行管理缺乏健全的机制。

正向物流是销售企业物流部门的核心工作，几乎占据了所有资源与关注，而逆向物流却往往被忽视。据逆向物流咨询理事会对三百多位物流经理展开的调查，发现了一个事实：40%的物流经理认为逆向物流之所以不成功的主要原因在于公司内部的政策不支持，以及公司没有相应的信息管理系统支撑。尽管大多数企业都拥有 ERP 系统，但是其主要服务对象是基于开发成本、业务需求等方面的正向物流活动，而逆向物流活动则往往通过人工统计来完成，有时使用部分信息管理系统自带的小部分与逆向物流相关的功能来运作，其结果就是信息失真、工作量增加、效率低下，难以从全局判断逆向物流的真实情况。

（2）逆向物流周期过长造成商品价值损失。

正向物流一般是按下游客户的需求量进行批量运输，成本较低。而逆向物流，特别是服务备件，具有不确定性、数量少、批次多等特点，如果频繁使用快递公司运送，无疑会大幅度增加物流成本。各个销售点和维修中心通常只进行初步检测，可回收利用服务备件通过送货车辆捎回，返回到检测中心进行第二次检测、分类、分级。需返修的服务备件修理完毕后重新进入流通渠道，没有返修价值的服务备件进行报废处理。一般情况下，退货处理时间需要 1 个月，时间更长的可达 3 个月，对于跨国供应链来说，由于涉及报关、跨境运输，时间则会更长，导致商品价值损失惨重。

（3）旧损零备件的跨境集散问题。

旧零备件、损坏零备件在使用完成后从境外退回到境内集散中心的进口问题，值得政府和企业关注。基于旧零备件、损坏零备件集中返修、环保和缺陷分析的要求，如何在现有制度下保税进口旧零备件、损坏零备件至境内的集散中心，并满足高速高效的要求，仍然需要得到相关政策的支持。这是因为保税下的新零备件已经在客户端安装和使用，但是替换下的旧损零备件已经脱离保税监管机制，导致管理难度加大。

（4）服务备件逆向物流控制难度较大。

逆向物流返还的备件信息完全依赖于维修渠道，企业难以主动计划和调配。复杂的预测技术并不容易应用于返回物品的供应管理，导致过程信息缺乏管控，使维修渠道返还备件具有不可控制和不确定性。服务备件的回收因为回收备件数量的不确定和服务备件发生时间的不可预知而具有高度的不确定性，因此售后服务部门通常采取多备库存的方式满足客户需求，从而造成备件库存成本压力增大。逆向物流管理要求系统能够跟踪记录备件在维修站、分库、总库及供应商各环节中所处的状态并对流程进行有效的监控，在单向逐级上传的备件管理系统中，备件中心仅仅收集各个备件分库的需求信息，它只是向上游供应商订货的一个信息上传机构，并没有发挥协调各备件分库库存的作用，同时各个节点没有形成有效的供应链。由于各个备件分库下面的维修服务站实行独立决策，相互之间也不能进行调拨，导致公司整体备件库存成本上升，服务水平下降。

10.4 全球回收再制造逆向物流

科技发展给人类带来便捷的同时，也引发了环境恶化、资源紧缺等问题，例如，电子产品的不断更新换代导致废旧电子产品的数量急剧上升，而电子产品中含有的剧毒物质对生态环境威胁极大。如何正确回收和处理废旧品，保护环境以及减少资源的浪费，需要政府协同企业以及民众三方共同努力。再制造概念的提出使得机械设备、零部件等废旧品迎来了再生之机，在进行专业修复后，废旧品可恢复使用之前的外观和性能。再制造

【再制造产业集群】

被定义为将处于生命期末尾的零部件或产品变成像新的或更好性能的零部件或产品的一系列制造过程，并且还能提供保修服务。相比制造新产品，再制造可以提高旧产品零部件的重复使用率，降低自然资源浪费率。据统计，再制造能节约60%的能源、70%的原材料和减少80%的碳排放，还可以帮助企业降低生产成本。例如，施乐公司（Xerox）对废旧墨盒进行回收再制造，节约了40%~65%的制造成本；废旧打印机的回收再制造为佳能（Canon）带来了几百万美金的高额利润。

10.4.1 再制造逆向物流模式

国外学者 Savaskan R.C. 率先从供应链的角度将回收再制造逆向物流模式分为4种，即制造商负责回收模式、零售商负责回收模式、制造商和零售商联合回收模式和第三方物流企业回收模式。其后国内很多学者在此基础上讨论了如下几种回收模式。

1. 制造商负责回收模式

在该模式下，制造商建立自己的逆向物流回收系统，以处理废旧品，如图10-2所示。消费者将废旧品直接邮寄至制造商官网指定的地址，制造商给予消费者一定的返还价格。比如三星公司通过官网推出手机、耳机、平板、电视等产品的以旧换新服务。

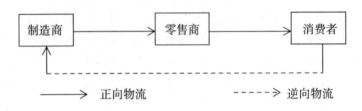

图10-2　制造商负责回收模式

再制造先驱卡特彼勒公司1973年在美国爱荷华州开设了其第一家再制造工厂，历经近50年的发展，该公司已拥有完善的全球旧件回收和再制造产品销售系统，包括21个全球零件配送中心和2300多个授权服务点。

2. 零售商负责回收模式

在该模式下，零售商负责回收废旧品，零售商将回收的废旧品返还给制造商，制造商根据零售商回收到的废旧品数量支付给零售商一定的报酬，如图10-3所示。比如苏宁、红星美凯龙等我国知名零售商推出以旧换新政策，对老旧家电残值精准估价，并给予消费者一定程度的补贴，激励消费者返还旧产品、购买新产品。

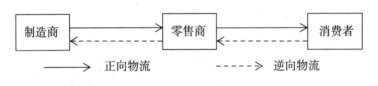

图10-3　零售商负责回收模式

3. 制造商和零售商联合回收模式

制造商和零售商联合回收模式是指同一产业的上下游产业链共同合作来回收废旧品的模式，这种模式为某一产品的产业链确立联合的逆向物流模式，为参与产品生产、销售、回收的各企业提供畅通的物流服务，如图10-4所示。这种回收模式可以减少横向和纵向的货运物流，降低产品回收成本。在制造商和零售商联合回收模式中，生产相同或相似产品的主机厂通过合资等形式进行合作，共同建立起逆向物流回收渠道。制造商之间形成长期的战略联盟，这对双方都有利，并在成本和战略上实现了有效管控。

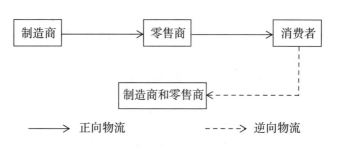

图 10-4 制造商和零售商联合回收模式

4. 第三方物流企业回收模式

第三方物流企业回收模式，也是一种外包模式，即指某产品的制造商不承担产品的回收，而是寻找第三方物流企业承担产品的逆向物流运营，依托自身线下发达的物流网络和网点，第三方物流企业可以将回收到的废旧品简单分拣后转运至制造商处，如图 10-5 所示。第三方物流企业可以通过在现有物流网点开展废旧品回收业务的方式构建回收中心，第三方物流企业工作人员可以在进行配送的同时进行废旧品的回收，从而提高回收过程的便利性。

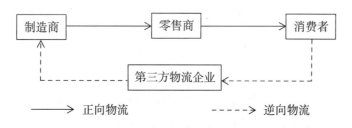

图 10-5 第三方物流企业回收模式

▶ 案例 10-2 ◀

锂电池资源争夺战下半场竟然是电池回收，而且打得是异常激烈和诡异。比如，宁德时代 3 次扩大电池回收业务，总投资超过 650 亿元；大众联手世界各国电池巨头布局全球电池回收业务，阵容非常强大，其中千亿巨头华友就是他们的中国合作伙伴；比亚迪也联手中国铁塔，在全国设立了 40 个电池回收站点。那么问题来了，旧电池到底有何秘密，为啥突然火了？中国电池巨头为何干不过收破烂的小作坊？因为它关乎我们的资源战略。

近些年来，全球关于锂电池的争夺总计有三次。第一次是锂电池技术和市场争夺。当时中国与美日韩进行锂电池争夺，我们后来居上，以绝对优势占据锂电池技术和市场的主导。但是美日韩等国肯定不愿意把电池市场拱手让给我们，于是他们就开始寻找下一个能卡住我们脖子的环节。因为没有原材料，技术再强又能怎么样？锂电池的主要原材料有三种：分别是锂、镍、钴，这三种原材料储量少而且还比较集中，对于中国来说十分不友好。以全球资源储量为例，锂的全球储量有8500万吨，镍的全球储量有9000多万吨，而钴的全球储量只有710万吨；这个数量看似挺多的，但是实际上有一部分是不能开采的，还有一部分成本高、不容易开采，真正优质的资源其实比较匮乏。根据瑞银和RE（Rystad Energy）的报告，预计到2026年，镍的短缺将达到56万吨；到2100年前后，镍的资源将出现220万吨左右的巨额短缺。优质的矿产资源十分抢手，资源不足其实还不是最致命的，更关键的是，中国国内这三种原材料的储量非常少。比如锂资源，中国含量丰富，但是可开采占比只有5.9%；而中国镍资源可开采只有3%；至于钴的话，中国占比更少了，只有1%左右。因此，中国每年需要大量进口锂、镍、钴等资源，也就是说这三种原材料可以成为扼住我们喉咙的材料。锂资源号称白色石油，它和镍、钴都属于战略资源，中国想要完全通过商业手段夺取话语权是很难的。比如阿根廷、玻利维亚和智利组建锂资源联盟，澳大利亚、加拿大、英国等国给中企投资设置了障碍，印度尼西亚、菲律宾等则禁止原矿出口，全球的矿产竞争已经进入到白热化程度。

于是世界各国又开辟了一条新的战场：那就是电池回收了。每一辆车都需要用到锂电池，而锂电池的寿命是有限的，磷酸铁锂电池的寿命在7年左右，而三元锂电池四年左右就需要更换。也就是说当新能源汽车保有量到达一定程度时，每年退役下来的锂电池数量庞大，业内专家经过粗略估算，锂电池回收可以满足未来锂电池资源25%的需求量。用赣锋锂业老总李良彬的话说：退役电池就是一座隐藏在城市里的矿山。谁能提前掌握电池回收体系，谁就能掌握主动权。因此各国都在布局锂电池回收。

电池回收体系包括废旧电池来源、储存、运输、处理与重复利用等，为了让这个体系更加完善，中国还设定了几十家电池回收定点企业，也就是俗称的白名单。然而直到现在这些环节还非常的混乱，拆解不专业、储存不规范、运输没有危险驾驶资质，等等。据统计，以前市场上有9成的动力电池都被第三方企业回收了，这些第三方企业都是一些规模很小的小作坊，没有资质、没有专业拆解技术。锂电池又是易燃易爆的危险品，拆解时需要高温热解、化学溶液浸出等步骤，稍有差错很容易引起电池短路、起火甚至是爆炸等问题。而且储存和运输过程中也有类似的问题，比如电池零部件应该分类放置，这是为了防止火灾。但是小作坊一般是直接将零部件堆积在一起，发生火灾或者爆炸等意外情况就在所难免。运输环节也是一样，废弃电池需要严格的包装和装车，运输时需要特殊的车辆单独运输，减少自燃的风险。但是小作坊的物流车可不管这些，他们通常将电池直接堆放在一起，甚至为了节省路费，将废弃电池与其他物品一起运输。对于小作坊来说，快速盈利永远是第一位的，因此他们秉持着怎么节约成本怎么来的原则，基本很难做到指导政策的规范，而且随着废旧电池数量的增长，新的问题又出现了。电解液中含有各种溶剂、添加剂等化学制品，如果处理不当则会造成环境污染，于是电池回收市场就不只是危险，还有环境污染等问题。

（资料来源：https://new.qq.com/rain/a/20230410V06FMZ00?no-redirect=1）

10.4.2　跨国闭环供应链的影响因素

闭环供应链（Closed Loop Supply Chains）是企业从购买行为到最后出售的一个完整闭环，是供应链正向物流和逆向物流进行完整闭环的连接，是指企业从采购到最终销售的完整供应链循环，包括产品从市场上进行回收再制造并考虑产品生命周期的逆向物流。

国际上有许多制造商与市场所在国的分销商、零售商共同参与跨国供应链的实际案例。比如我国的大疆创新，在大疆创新发布精灵 Phantom 4 无人机时，其与苹果公司进行合作，利用苹国公司在海外的线下销售渠道——Apple Store 零售店销售产品，当消费者出现使用问题，需进行产品更换维修、以旧换新服务时，都可以通过零售店完成。大疆创新除了与苹果公司进行合作之外，也陆续进入其他零售平台，将线上与线下进行渠道整合，确保了海外消费者能够获得其产品与服务。又比如松下是日本的一个跨国公司，松下通过与中国分销零售商的合作，进行正向销售流通与反向回收再制造。松下与京东、苏宁、沃尔玛等分销零售商有许多跨国商务合作，这些企业都是其在中国销售渠道的重要商业伙伴。

自由贸易区、经济同盟、各种区域协定促进了经济全球化发展，不少产品的设计、原材料获取、生产、销售、回收处理以及再制造的环节被分散到世界各地，越来越多的闭环供应链具有了明显的跨国家地区特征。一方面，跨国闭环供应链上的制造商要完成分布在全球的回收再制造任务。另一方面，许多国家面临巨大的产品的跨国回收再制造需求。跨国供应链本身受到多种风险的扰乱，还要面临国际间汇率的变动、各国税收政策和补贴制度以及政府贸易壁垒的约束。跨国闭环供应链的具体影响因素如下。

1. 环境税、碳关税等非关税贸易壁垒

为促进企业实现减排，许多国家和地区实施了一定政策，比如环境税、碳税、处置税等。现今，世界各国征收的环境税主要包括噪声税、二氧化硫税、固体废弃物税、水污染税和垃圾税。虽然这些税的名称不一，但其本质是针对企业的生产行为进行约束，或是要求企业回收再制造其废旧品，以此来达到保护环境的目的。某些国家为了保护本国产业的发展，打着保护生态环境和资源节约的旗号，制定了高于国际标准的环境保护法律法规来阻碍他国贸易的发展。碳关税、碳配额和碳税作为针对温室气体排放量制定的有关政策，近年来已在法国、英国等多国实施。碳关税是一种针对高耗能产品进口征收的二氧化碳排放特别关税，主要针对的是碳排放密集型产品，如铝、钢铁、水泥、玻璃制品等。2009 年美国众议院通过《美国清洁能源安全法案》，宣布从 2020 年起对进口产品收取碳关税。

政府向企业征收的各种环境税税率会对企业的新产品和再制造品的价格和需求产生影响，继而对产品的再循环能力产生影响。

2. 各国法规对企业回收再制造的影响

目前，作为全球最发达的区域性经济集团之一，欧盟在环境保护方面制定的标准及技术法规层出不穷。在长期的环境保护实践中，欧盟已形成了整套环境规制体系，相关环境规制如《电器及电子设备废料指令》（WEEE 指令）、《限制有害物质指令》、《关于制定耗能产品环保设计要求框架的指令》、《确立能源相关产品生态设计要求的框架》及 REACH 法规、生态标签制度等，对国外出口商投放于欧盟 27 个成员国市场的相关产品产生了直接影响。

同一般产品一样，环境规制同样影响企业再制造品的生产成本。短期内，环境规制的实施使得企业无法做出迅速的调整，只能被动地接受符合规制所带来的初始成本，导致产品在国际市场上的价格竞争优势被削弱；长期内，为了扩大市场份额，企业加大投入力度，改进生产工艺及考虑产品的再制造性设计，这些举措都将带来长期的持续成本，企业必须支付更多、更高的边际成本，致使本国生产者相对于国外竞争对手的竞争优势丧失。另外，国外环境规制对本国再制造品的不良信息披露使消费者对产品品质的顾虑加深，导致消费需求下降。这些因素都将对再制造品的贸易产生不利影响。

3. 各国消费者对再制造品的认可度不同

消费者的绿色偏好是一种特殊的偏好形式，它不仅与个人的绿色价值观有关，而且与人际互动中他人的绿色偏好有关。这种偏好使得消费者对绿色产品的接受度和购买倾向高于普通产品，并且会促使企业进行绿色创新活动。绿色偏好型消费者通常认为再制造产品更具吸引力，这样的绿色偏好受总体社会环境的影响大于受个人认知的影响。对于绿色偏好型消费者来说，其购买再制造品为其带来的效用和购买新产品的效用相当，而对于普通消费者来说，购买再制造品所带来的效用低于购买新产品的效用。因此企业在进行跨国再制造品生产和销售时，需先对消费者对再制造品的购买意愿进行详细的调查。

习题

一、判断题

1. 召回和退货是一个意思，召回就是退回。　　　　　　　　　　　　　　（　　）
2. 保税维修的产品维修好了以后还要复运出境。　　　　　　　　　　　　（　　）

第10章
国际逆向物流管理

3.损坏备件的逆向物流会将一些低价值的、不可维修和再利用的破损零部件弃置,进行环保销毁处理。（ ）

4.废旧品回收再制造有助于节省原材料、降低碳排放。（ ）

5.碳关税是指主权国家或地区对高耗能产品进口征收的二氧化碳排放特别关税。（ ）

二、单选题

1.以下（   ）不属于回收再制造。

A.卡特彼勒公司将旧的重型工程机械车翻新以后再利用

B.耐克公司用回收塑料瓶和废弃T恤与工厂剩余纱线等废料制作鞋类和服装

C.消费者将自己的旧衣服、旧手机拿到二手市场售卖

D.沃尔沃公司将报废汽车拆解后重新优化零部件投入到新车生产中

2.以下（   ）属于跨境电商退货逆向物流。

A.国内某消费者在国内某APP上买到其自认为的假货,要求商家退货退款

B.国内某消费者在国内某APP上买到的美国一知名运动品牌鞋子的左右脚尺码不一样,通过售后服务发起退货申请

C.国内某消费者在国内某APP上买到的服装尺码不适合,采取七天无理由退货

D.国内某消费者在国内某APP上买到的蔬菜腐烂严重,要求商家理赔

3.以下（   ）可以采用保税维修。

A.国内某工厂收到国外加工和维修的订单,其将该订单转让给国内另外一个工厂加工

B.国内某工厂在保税物流园区里,收到国外客户提供的设备和原材料,并将这些原材料加工后复运出境,送到国外客户手中

C.国内某工厂出口设备给国外客户,设备发生故障,国外客户将设备运至国内工厂维修,之后再复运出境送到国外客户手中

D.国内某家电生产厂家在每年的3·15免费为客户维修旧机电设备

4.以下（   ）属于制造商负责回收模式。

A.三星公司通过自己的官网让消费者把旧的电子产品寄给三星公司

B.苏宁公司通过以旧换新政策鼓励消费者将废旧的小家电退回

C.小作坊将废旧的书报杂志、矿泉水瓶回收再利用

D.小工厂回收手机、电脑等用来提取其中有价值的金属

三、简答题

1.请简述国际逆向物流与国内逆向物流的区别,以及国际逆向物流的难点在哪里。

2.请问在你看来,对于制造商来说,制造商负责回收、零售商负责回收、第三方物流企业回收这三种模式哪种最好?为什么?

3.请调查分析国内消费者对再制造品的认可度。

四、案例分析

跨国车企掘金电池回收千亿赛道

在动力电池上游原材料价格持续走高、电池回收前景一片大好的双重因素驱动下，跨国车企纷纷入局电池回收，掘金千亿赛道。前不久，梅赛德斯－奔驰零部件制造服务有限公司发生工商变更，经营范围新增资源再生利用技术研发、新能源汽车废旧动力蓄电池回收及梯次利用；奥迪在德国联手优美科回收废旧电池，并共同研发电池回收技术；通用汽车则与美国锂电池回收商 Cirba Solutions 延长合作协议，后者可在 2024 年前回收通用旗下电动汽车的电池及特定工厂的电池废料。

1. 让退役电池发挥"余热"

当前，中国、欧盟等全球主要国家和地区不断增长的电动汽车需求，正在催生出千亿电池回收市场。再加上近两年，电池关键原材料价格直线攀升，例如与 2020 年底的价格低点相比，碳酸锂价格暴涨超 10 倍，一度逼近 60 万元／吨。在这种情况下，废旧电池也就变得格外抢手，吸引越来越多的主流车企进入电池回收领域，例如大众、梅赛德斯－奔驰、宝马、通用、现代、丰田、日产企业等。

目前对于退役的动力电池，主要有两大回收方向——梯次利用和再生利用。一般来说，当退役的动力电池容量处于 20%～80% 区间时，梯次利用是首选。当电池容量降至 20% 及以下，不太具备梯次利用价值时，则可以拆解回收再生利用。在梯次利用方面，奥迪、斯柯达、梅赛德斯－奔驰、宝马等企业都在进行积极尝试，包括与能源公司合作，让退役电池在储能方面发挥"余热"，或者用于低速代步车、电动自行车等。比如奥迪在各大市场因地制宜探索退役电池的用途，其在印度与当地初创公司 Nunam 共同打造了一款电动三轮车，使用的就是奥迪 e-tron 测试车队的废旧电池；大众汽车集团旗下另一大品牌斯柯达将退役电池用于储能系统，可提供给充电站，也可用于经销商的展厅或维修车间照明；雷诺也将其退役电池用于家用储能系统；宝马集团已经开始在中国沈阳生产基地内的托盘车、叉车以及遍布厂区的太阳能储充一体化储能站上使用废旧动力电池。

2. 废旧电池回收是"环保经"，更是"生意经"

推进废旧电池的回收再利用，不仅是"环保经"，更是"生意经"。从成本构成来看，动力电池作为电动汽车的核心部件，约占整车成本的 40%，是全产业链的核心环节。尤其是在电池上游原材料价格暴涨，以及回收技术逐渐进步的情况下，废旧电池变身"金娃娃"。国际能源署预测，到 2030 年前后，全球锂电池回收市场规模将增长到 200 亿欧元。

对此，车企可谓是热情高涨。除了在国内推进电池回收外，梅赛德斯－奔驰在德国建设一家电池回收工厂，于 2023 年投产使用。新工厂的年回收处理能力为 2500 吨，可回收镍、钴、锂及石墨等材料，据称回收率可达 96%，回收的材料可用于生产 5 万辆新车的电池模组。大众汽车集团也在德国萨尔茨吉特建立了首个动力电池回收试点工厂，该工厂于今年 2 月启用，致力于打造原材料回收闭环管理体系，对锂、镍、锰、钴、铝、铜和塑料等有价值的电池原材料进行工业化回收，目标是回收 90% 以上的原材料。在德国，宝马集团选择与本土回收公司 Duesenfeld 合作，希望在未来将电池回收率提高到 96%。在中国市场，宝马集团通过与华友循环签署协议，开启动力电池材料闭环回收与梯次利用的创新合作模式，将分解后的原材料，如镍、锂等，提供给宝马集团的电池供应商用于生产全新动力电池，从而实现动力电池原材料的闭环管理。

3. 确保电池供应链可持续性

对于车企来说，废旧电池的回收再利用前景无限。根据 Stellantis 集团的循环经济战略，其将延长汽车零部件寿命并大幅提高回收板块业务营收，计划到 2030 年使汽车动力电池回收和其他零部件板块的收入在 2021 年的基础上增长 10 倍以上。

不过车企积极入局电池回收，还有一个很重要的目的是未来将废旧电池作为重要的原材料来源，从而确保电池供应链的可持续性。随着电动汽车的普及，电池关键原材料需求量大涨。废旧动力电池的回收有助于缓解电池供应瓶颈，能在一定程度上抑制原材料价格暴涨的趋势。根据欧盟委员会的预估，到 2030 年，欧洲对锂的需求量将是 2020 年的 18 倍，到 2050 年这一数字将增长至 60 倍。不过，这些矿产资源是有限的。国际能源署曾在一份报告中指出，到 2030 年，全球电动汽车电池的需求将从目前 340GWh 左右增加到 3500GWh 以上。行业需要 50 座锂矿、60 座镍矿和 17 座钴矿山才能满足这一需求。虽然目前大量资本涌入采矿业，但一座矿山在经过勘探确定可开采资源后，可能需要 4~20 年才能开始商业化生产，而车企显然没有那么多等待时间。因此，汽车行业必须提高电动汽车废旧电池的回收效率。欧洲电池厂商柯锐世副总裁里格比表示，该公司正在利用其在回收内燃机汽车铅酸电池方面的经验来提高锂电池的回收效率，柯锐世在北美每销售一块铅酸电池都会回收一块旧电池，而新铅酸电池中 80% 以上的成分来自于回收材料。里格比认为，从长远来看，如果未来 10 年锂电池的回收也能达到同样的水平，则可以在很大程度上确保供应链的可持续性。

（资料来源：https://view.inews.qq.com/wxn/20221228A05HLV00?web_channel=detail）

案例思考题：

结合该案例，分析当下对于汽车制造企业和汽车电池制造商来说，回收再制造有哪些好处。汽车制造企业和汽车电池制造商可以从哪些方面去突破资源不足这一困局？

五、延伸阅读与写作

习近平总书记在 2019 年中国北京世界园艺博览会开幕式上的讲话中提到，绿水青山就是金山银山，改善生态环境就是发展生产力。良好生态本身蕴含着无穷的经济价值，能够源源不断创造综合效益，实现经济社会可持续发展。

产品回收再制造无疑是实现经济、社会和环境协调健康发展的有效途径之一。废旧品的回收再利用受到越来越多的重视。由此，形成了"资源—生产—消费—资源再生"

的闭环循环式运作过程,即闭环供应链。请你结合本章内容,调研你所在城市的废旧品的回收和再制造情况,并深刻理解回收再制造与"绿水青山"和"金山银山"的关系,写一篇调研报告。

【在线答题】

第 11 章
国际物流方案设计

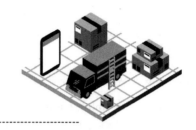

【教学目标与要求】

1. 了解国际物流方案的内涵
2. 了解国际物流方案策划流程
3. 了解国际物流方案设计的实践操作

【导入案例】

丹马士携手溢达提供零延误物流方案

国际物流和货代公司丹马士为全球最大的全棉衬衫制造及出口商溢达集团提供专业和高效的国际物流服务。在过去两年中,丹马士为其提供了零延误的物流方案。溢达集团连续 8 年在中国全棉梭织衬衫出口额排名中位居第一,2013 年的集团营业额超过 13 亿美元,成为 Ralph Lauren、Tommy Hilfiger、Nike、Hugo Boss、Lacoste、Muji、安踏及七匹狼等世界知名时装品牌的供应商。溢达集团自 2012 年起和丹马士展开合作,在过去两年间,通过丹马士将大量挂衣产品运往英国市场,并实现了零延误的运输。

据了解,溢达集团于 1978 年创立,是一家纵向一体化棉纺服装集团。业务范围涵盖棉花种植、纺纱、织布、染整、制衣、包装和零售等,提供一站式衬衫服务,是目前全球最大的全棉衬衫制造及出口商。溢达集团的业务拓展至世界各地,在中国、马来西亚、毛里求斯、斯里兰卡和越南等地均设有生产基地;销售网络遍及美国、欧洲、日本和中国。

在本地物流服务方面,丹马士以高性价比的物流方案展示实力。丹马士为溢达集团提供铁路和平板拖车运输及报关服务,将进口棉花原材料从上海黄浦港运送到溢达集团位于吐鲁番的厂房。多式联运方案相较传统仅以拖车运输的方式,保证了更好的时效性,也配合实现了溢达集团优化运输成本的目标。

溢达集团对丹马士的卓越服务水平感到十分满意:"丹马士是国际货代和本地物流服务的专家,他们在处理和运送挂衣集装箱货物方面拥有丰富的经验,能满足国际客户对高端服装产品的运送要求。在中国内地,丹马士拥有全面的物流服务网络,能够提供灵活可靠的内陆运输服务,确保原材料如期抵达,为之后的生产和发货流程打下稳妥的基础。"

(资料来源:http://www.csoa.cn/doc/3050.jsp)

请问:你从上述案例中得到什么样的启示?

11.1 国际物流方案概述

11.1.1 国际物流方案的概念

国际物流方案是指从事国际物流活动的物流项目和物流运作的总称。项目是一次性的、临时的活动,比如新产品开发。项目是一个特殊的、将被完成的有限任务,它是在一定时间内,满足一系列特定目标的各项相关工作的总称。项目具有一次性、唯一性、多目标性的特征,同时它还有一定的生命周期。一般对项目的要求是要对其时间、费用、技术、风险以及实施计划进行论证,从而确保项目达到高水平的规划与执行标准。

运作是周而复始、持续不断的活动，运作的特点是按照事先编制好的操作标准和流程，每日重复几乎相同的工作。标准和流程在某一时期内是相对稳定的，不会发生太大的变化。对运作的要求是对其效率和质量进行考核，重点放在当前执行情况与以前执行情况的比较，从而不断地发现问题、解决问题，最终目的是提高运作的水平。

国际物流方案的种类大致可以分为三种：一是客户进行物流服务招标，物流企业通过投标而形成的物流方案；二是客户提出具体的物流服务要求，物流企业通过分析这些具体要求和意向，针对物流实际情况进行物流方案的策划和设计；三是物流企业在分析、研究物流市场的过程中发现契机，经过充分论证和实际考察，逐渐形成一个具体的物流方案。

11.1.2 国际物流方案的形式

1. 物流项目建议书

物流项目建议书是一种简单的物流方案形式。它是在客户对物流服务要求的基础上形成的，涵盖了对服务理念及初步承诺的阐述，并且展示了实现这些承诺所具备的服务优势。同时，在物流项目建议书中阐明自己的物流服务模式，使客户对物流服务水平和服务质量有一个大致的了解。如有必要，还会初步作出服务的报价，从而使客户基本满意。物流项目建议书也是进行物流市场营销的重要措施之一。

2. 投标书与合同

大型客户按照国际惯例选择物流供应商，会采用物流服务招标模式。在招标书中，客户会提出详细的服务要求，包括服务水平、服务质量、服务价格、服务建议以及投标物流企业的资质等。参加投标的物流企业会组成投标小组，在经过详细分析、研究和评估招标书中的内容后，投标小组将凭借他们的物流知识和专业技术水平，充分利用他们的经验，制作物流服务投标书。经过几轮投标后，中标的物流企业还要与客户签订一个物流服务合同，物流服务投标书和物流服务合同，就是国际物流方案的一种形式。

3. 具体物流方案报告

具体物流方案报告是针对具体的客户的物流需求而设计的解决方案。这种物流方案针对性强、富有个性，能满足具体客户的物流需求。我国的国有企业都拥有一定的物流资源，他们在需要物流服务时，往往会寻找具有一定水平和规模的物流企业。在向物流企业详细说明物流服务要求和大致意向后，由物流企业和客户联合组成物流方案设计小组。方案设计小组主要由物流企业负责，客户负责全力配合以及提供调研所需的各种资料和数据，经过双方多次协商研究后，形成物流方案建议书。物流方案建议书的基本原则被客户和物流企业通过后，物流方案设计小组会进一步完善技术细节，最后完成该企业的物流方案报告。

11.1.3 国际物流方案的基本内容

国际物流方案是指针对跨越不同国家（地区）之间的货物运输、仓储、配送等一系列物流活动所制定的系统性规划和综合性解决方案。由于客户提出的物流服务要求不尽相同，而且客户的产品也千差万别，因此物流方案的形式和内容也不尽相同。为了满足客户的物流服务的个性化需求，物流服务供应商需要为客户量身定制物流方案。尽管每个方案都有其独特性，但从宏观上看，各种物流方案的目标都是提供合理、低成本、高效率的物流服务，因此各种物流方案也具有共性，即有共同的基本内容。这些基本内容有以下几个部分。

1. 方案的基本目标

所有的国际物流方案都要以客户需求为中心，全心全意为客户服务，并以与客户结成战略伙伴关系为宗旨。因此，在这部分内容中首先应该把需要解决的具体目标阐述清楚，指明物流服务范围，作出物流服务承诺，以及为达到承诺而采取的措施。如果是标准的物流方案，还必须作出明确的服务报价以及报价的原则，使客户对方案的全貌有一个大致的了解。

2. 资源和优势的介绍

国际物流企业给客户制定物流方案时，必须把企业的资质、物流资源、物流服务优势等在方案中介绍清楚，使客户对物流企业有深刻的认识。这部分内容也是实现服务承诺的基本条件。

3. 物流服务模式

设计国际物流方案的核心是物流服务模式设计，这部分是方案的重点。将物流服务模式分为几个主要环节，对这几个主要环节的业务流程、优化方法、控制手段、管理方式进行描述，做到更加明确、细致且具有可操作性。可采用流程图形式加以说明，确保各环节之间紧密衔接，要落实到具体负责人。在运输合理化中，可以列举多种优化方式，并给予具体计算说明。由于优化的目标不同，可提供多种方式供客户选择。

4. 物流信息服务模式

在国际物流方案中，物流信息服务水平标志着物流方案设计的水平。充分利用信息技术构建物流信息网络，是实现高水平、低成本物流服务的基础。物流信息系统设计要以物流信息服务模式为依据，以实用、节约为原则。

5. 国际物流服务建议和补充

优秀的国际物流方案，不但能满足客户提出的物流服务要求，而且能提出许多有益的建议，使物流服务成本进一步降低、服务效率进一步提高。

11.2 国际物流方案策划流程

物流方案是针对企业物流需求和社会物流需求作出的物流服务承诺、方法、措施及建议，既是计划书又是可行性报告，更是物流作业指导书。定制客户物流方案类似于产品的具体设计，是国际物流服务中最体现管理水平、策划能力和技术含量的环节，也是赢得大客户的关键环节。一个完整的国际物流方案策划流程包括对许多环节和过程的分析，具体分为三个阶段，即调研阶段、分析阶段和实施阶段。

1. 调研阶段

调研阶段是在对客户需求进行详细分析的基础上，对具体的物流活动内容进行分析，以及对国际物流企业现有的物流系统进行调查与评估，包括企业内部各环节、企业外部竞争能力、企业与供应商的关系和企业与客户之间的关系等。

2. 分析阶段

分析阶段主要包括确定物流方案的目标、确定分析方法、收集数据以及对数据进行分析处理。物流方案的目标包括物流系统改进的成本与客户期望，目标必须以可度量的方式设定，尽可能以总成本预算为约束来设计最优的物流方案。找到恰当的分析方法可以有效地组织整理数据、进行量化分析，这里所说的分析方法主要指的是数学规划法、计算机仿真法和统计分析法等。在数据收集过程中，首先应该确定各类数据发生在什么地方，可以通过哪些途径收集。需要注意的是，数据不仅包括数字、费用，还涵盖产品清单、客户销售量、客户和中转节点的地理位置分布、客户发货频率和运输量、产品的运输方式等。由于国际物流通常是涉及多个国家的运输，国际物流企业不可能对每个国家的数据都了如指掌，因此可以通过专业的咨询机构获得一些具体的数据，比如整个市场的状况、途经国家的相关政策、运输路线的分布等。当数据收集完整以后，需利用各种手段分析数据，剔除掉不准确的数据，再对分析结果进行评估和方案调整。

3. 实施阶段

根据之前的调研和分析结果，设计出基本的物流方案，将可行性最大的几个备选方案推荐给客户，并重点介绍这些方案的优劣势，与客户的管理层共同研究决定具体实施哪一种方案。同时还要结合客户期望对推荐的方案进行成本评估，确定符合客户成本预算的方案，在最终方案确定时要进行风险分析，判断市场在未来不同阶段可能出现的变动，以及这些变动会对物流方案可能产生的影响。

11.3　国际物流方案设计实例——D 公司国际物流货物运输方案设计

11.3.1　业务背景介绍

D 公司是一家国际货代企业，业务范围覆盖欧洲、东南亚、中国和美国等地区和国家。在全球其他国家均有长期合作的代理，能安排各类海运、空运和铁路进出口货物。

M 公司是我国一家实力较强的专业生产高级钢结构制品的企业，出于战略需求考虑，为了拓展欧洲市场，M 公司于 2016 年 8 月 28 日全资收购了塞尔维亚首都贝尔格莱德的一家工厂。因为这家工厂面临技术落后、设施设备老化等问题，而塞尔维亚以及相邻的周边国家都不具备改造工厂所需要的技术、设备和材料。于是 M 公司准备派遣员工从国内输出技术设备到塞尔维亚来实施技术改造项目。该项目建设所用的材料、设备以及施工机械等物资全部由 M 公司负责在国内采购，委托 D 公司将 M 公司在国内采购的物资从中国运输到塞尔维亚首都贝尔格莱德的项目工地上。D 公司作为该项目主要的承运人，将负责整体物流运输方案的优化选择和制定，确保 M 公司技术改造项目所需的物资能够从中国安全准时地运输到塞尔维亚该项目的工地上。

塞尔维亚地处欧洲的东南部，当地人主要讲英语和塞尔维亚语，政治相对稳定。特别是近几年，在"一带一路"倡议的响应下跟我国交好。

11.3.2　物流整体分析

1. 货物实际情况分析

首先分析需要运输的货物情况，尤其针对超大、超重、超尺寸的货物，分析其运输的难点以及注意事项。工程物资主要有生产所需的各种机械设备、煤气柜和钢结构等，通过对项目整体分析得知，其中最大的机械设备长约 16 米，直径 1.8 米，重量达 118 吨。所以在分析道路状况时，应充分考虑道路路面结构和路况是否能承受该货物的运输。根据货物产地来分，所需要运输的货物主要包含国内利旧物资和国内新采购物资。其中国内利旧物资主要集中在沈阳，包含重大件货物和电气类设备；国内新采购物资主要来自于哈尔滨等地，厂商直接发货到大连港口。

2. 客户物流要求

为了顺利完成项目建设物资的运输，M 公司对物流承运人提出了以下几点要求。

（1）运输要求。利旧物资从沈阳的工厂出发，新采购物资从大连港口出发，承运人需要负责从国内至贝尔格莱德项目工厂的国内外公路运输、铁路运输、江河海洋运输以及期间所涉及的一切关于货物安全、报检报关、第三国转关（如果有）的费用。

（2）时间要求。针对大件杂件散货，从船驶离大连港开始计算，直到运输到贝尔格莱德的项目工厂，时间限制在60天以内。

（3）安全要求。货物不发生货损、丢失、短重、变形、受潮等。

3. 工程货物运输整体情况分析

D公司通过跟客户交流和进行实际勘察，结合整个工程货物运输过程所需要运输货物的整体情况和物流需求，认为这些工程类超重超大件散货杂货应采用散杂船运输方式。针对上述情况，D公司认为具体的运输方式需要考虑以下几点。

（1）中转港口的选择。

塞尔维亚国土面积不大，地处内陆，位于欧洲东南部。距离塞尔维亚比较大的中转港口包括：西部邻国克罗地亚的斯普利特港、杜布罗夫尼克港、里耶卡港、扎达尔港，西南部邻国黑山共和国的巴尔港，南部邻国阿尔巴尼亚的都拉斯港，东部邻国罗马尼亚的康斯坦察港，以及靠近地中海的欧洲南部国家希腊的比雷埃夫斯港和皮雷乌斯港。贝尔格莱德位于多瑙河畔，如果货物在康斯坦察港卸货，有驳船经过多瑙河从康斯坦察港运输货物到贝尔格莱德附近。

通过分析各个国家的经济形势以及港口距贝尔格莱德的距离和各种运输方式的成本比较，最终选择黑山共和国的巴尔港、克罗地亚的里耶卡港、罗马尼亚的康斯坦察港和阿尔巴尼亚的都拉斯港作为备选对象进行比较。

（2）国外陆路道路状况和法律法规。

因为塞尔维亚地处内陆，货物在沿海国家卸货以后需要从塞尔维亚的内陆邻国通过公路运输将货物运至目的地，所以需要对道路状况进行评估，主要评估内陆公路运输中道路的通行情况和道路属性。首先道路的选择应该符合实际的交通状况，有基本的路况信息，能保障基本的通行。道路属性包括道路名称、道路的里程和车型限制，对货物的高度、长度和重量的限制等。如果货物有超大超长的，应勘察该货物是否能顺利通过沿途的公路，如果不能顺利通过，则考虑是否需要将道路的限高杆拆除，等货物通过之后再将限高杆安装回去，但这样的操作会耽误运输时间并产生额外的费用。

塞尔维亚大部分地区尤其是中部和南部多为丘陵，塞尔维亚的各个邻国道路法规不同，为货物内陆转运至项目所在地提出了重大考验。由于对塞尔维亚当地道路情况和法律法规了解不够充分，为保证工程货物运输的安全性，需对各个备选港口到项目所在地的路线进行分析。于是D公司聘请了欧洲专业的道路勘测公司对除了康斯坦察港以外的各个备选港口到项目所在地的道路进行勘测，主要勘测了各个备选港口与项目所在地之间的陆运距离、公路运输中大型货车允许上路的时间、道路对货物的重量和尺寸容许情况，得出了专业的路堪报告。

（3）运输工具的选择。

工程货物运输需要供应链上的多方参与，需要多种运输方式、多种特殊设备相互协助。根据工程货物货值高、超大、超重、不规则、种类繁多等特点,在选好合适的运输路线之后,选择合适的运输工具极其重要。

国际物流运输中散杂货一般采用租船运输方式更划算,因此船舶租赁就需要选择合适类型的船舶。目前市场上用来运输大型设备的散杂船有以下几种船型。

① 单甲板船。

顾名思义,单甲板船是指只有一层甲板的船舶。因为只有一层甲板,所以装货的能力有限,如需装载过多的货物,则需要将货物码放到一定高度,这会给装船和加固带来困难。

② 双甲板船。

双甲板船是指有连续两层甲板的船舶,第二层甲板在主甲板的下面,有两层甲板作为支撑码放货物。

③ 三甲板船。

三甲板船是指有连续三层甲板的船舶,从上到下分别是主甲板、第二层甲板、第三层甲板和内底板。

④ 滚装船。

滚装船是指能通过船舶跳板,运用滚装的方式进行装卸的船舶。该种船的两舷及船尾都有开口,方便货物装卸,装卸效率较高。但是该种船因为重心比较高,稳定性差。

根据客户和项目部人员对各个影响因素做出的重要性评价,汇总后确定各个影响因素所占的权重,并由专家对各种船型的船舶在每个影响因素下打分,总分10分,评比结果如表11-1所示。

表11-1 船舶类型评比结果

船型	影响因素			总分
	安全性(权重0.5)	便捷性(权重0.3)	成本(权重0.2)	
单甲板船	6	9	10	7.7
双甲板船	8	8	8	8
三甲板船	10	8	7	8.8
滚装船	10	3	3	6.5

因此,运输船舶应该优先选择三甲板船和双甲板船。

4. 中转港口的比较和选择

散杂货运输中转港口的比较和选择需要从以下几个指标进行综合评价。

(1)运输总费用。

运输总费用主要包括海运费、驳船转运费、公路运输费、装卸费用和人工费用等。不同国家不同港口的收费标准不同。

（2）航行和装卸总时间。

客户的时间限制是承运人 D 公司不得不考虑的问题。这个总时间包括从起运港到目的港在海上航行需要花费的时间，也就是常说的航程，以及货物在装货港的装货时间和货物在卸货港的卸货时间。如果货物需要通过内河驳船转运，则内河的重新装卸货物的时间也应计算在内。另外，货物从海运切换至公路运输时的货物装卸时间也要计算在内。

（3）码头装卸及仓储能力。

码头的装卸能力是指码头的机械设备在单位时间内能装卸货物的数量，并不是每个港口每个码头都有起吊超大型重物的能力。曾经有企业在国际贸易中发生过因货物超大超重而导致航线上的某一中途卸货港无法起吊该货物，承运人不得不绕航到附近能够承载该货物卸货的港口，从而产生了额外的绕航附加费。码头的仓储能力是指码头的仓储设施水平和仓储容量大小。对于大宗大型货物的转运，港口码头基础设施强有力的支持会大大有利于整个工程货物运输工作的推进。

（4）公路运输情况。

公路运输情况主要包括道路的限高、限重、交通法规、通行能力等。塞尔维亚地处内陆，离周边港口较远，且散杂货货物种类繁多，其中包含超重、超尺寸货物。不同国家的道路情况截然不同，各国交通管理部门的管理方式不同，都会影响整个工程货物运输的效率。

到底选择哪一个港口中转决定了总体运输线路，因此应根据上述四项影响因素进行评估。可以采用模糊综合评价法，建立模糊综合评价模型。

首先选定评价对象，其影响因素集为 $U=\{U_1,U_2,\cdots,U_n\}$，将评价等级集设为 $V=\{V_1,V_2,\cdots,V_m\}$，对 U 中的每一因素，根据评价等级集中的指标进行模糊评价，得出评价矩阵

$$R = \begin{bmatrix} r_{11}, & r_{12}, & \cdots, & r_{1m} \\ r_{21}, & r_{22}, & \cdots, & r_{2m} \\ \cdots & \cdots & & \cdots \\ r_{n1}, & r_{n2}, & \cdots, & r_{nm} \end{bmatrix}$$

式中：r_{ij} 表示评价对象在第 i 项影响因素下得到第 j 个评价等级的比重，$i=1,2,\cdots,n$，$j=1,2,\cdots,m$。

然后各影响因素的重要性（也称为权重）的集合 A 可以通过层次分析法或德尔菲法确定，记为

$$A=\{a_1,a_2,\cdots,a_n\}, \text{满足} \sum_{i=1}^{n} a_i = 1。$$

将各影响因素权重的集合 A 与评价矩阵 R 相乘可得最终的评价结果 $B = A \cdot R = \{b_1, b_2, \cdots, b_m\}$。

根据模糊评价法的最大隶属度原则，$\max\{b_1, b_2, \cdots, b_m\}$ 对应的评价等级即为评价对象的评价等级。

因此散杂货运输中转港评选中所有的影响因素构成评价体系的影响因素集合为

$$U = \{U_1, U_2, U_3, U_4\}$$

式中：U_1——运输总费用；U_2——航行和装卸总时间；U_3——码头装卸及仓储能力；U_4——公路运输情况。

设每个指标下对备选港口的评价等级为为非常好、好、一般、差、非常差。

$$\text{评价等级集 } V = \{V_1, V_2, V_3, V_4, V_5\}$$

式中：V_1——非常好；V_2——好；V_3——一般；V_4——差；V_5——非常差。

为了明确每个影响因素的重要程度，在选择运输路线之前，D 公司制定了调查问卷，选择了 10 位评判专家，其中包括客户的采购部经理和 D 公司在国内和航线上相关国家的物流经理。被调查者需要对四个影响因素的重要性进行排序，确定各个影响因素对于中转港口选择的重要程度比重。通过层次分析法，根据各个影响因素得分加总，保留两位小数，得出权重大致为（0.32，0.26，0.24，0.18）。

基于前述的四个影响因素，针对每个港口的 10 位评判专家的调查问卷打分情况如表 11-2～表 11-5 所示。

表 11-2　巴尔港问卷调查统计表

序号	运输总费用	航行和装卸总时间	码头装卸及仓储能力	公路运输情况
问卷 1	好	好	差	非常差
问卷 2	好	一般	差	非常差
问卷 3	非常好	一般	非常差	差
问卷 4	好	好	差	差
问卷 5	非常好	好	非常差	差
问卷 6	好	一般	一般	非常差
问卷 7	非常好	好	差	差
问卷 8	好	好	差	非常差
问卷 9	好	一般	非常差	差
问卷 10	非常好	好	非常差	差

表11-3　里耶卡港问卷调查统计表

序号	运输总费用	航行和装卸总时间	码头装卸及仓储能力	公路运输情况
问卷1	差	差	好	差
问卷2	一般	一般	好	非常差
问卷3	一般	一般	好	非常差
问卷4	差	差	一般	差
问卷5	一般	一般	好	差
问卷6	差	一般	一般	非常差
问卷7	一般	差	好	差
问卷8	一般	一般	好	非常差
问卷9	差	一般	一般	差
问卷10	一般	差	差	差

表11-4　康斯坦察港问卷调查统计表

序号	运输总费用	航行和装卸总时间	码头装卸及仓储能力	公路运输情况
问卷1	一般	差	非常好	好
问卷2	一般	差	好	一般
问卷3	一般	一般	好	一般
问卷4	差	差	好	好
问卷5	一般	差	非常好	好
问卷6	差	一般	一般	好
问卷7	一般	差	好	好
问卷8	一般	一般	好	一般
问卷9	差	差	一般	好
问卷10	一般	差	好	好

表11-5　都拉斯港问卷调查统计表

序号	运输总费用	航行和装卸总时间	码头装卸及仓储能力	公路运输情况
问卷1	好	一般	差	一般
问卷2	好	好	一般	好
问卷3	一般	一般	差	一般
问卷4	非常好	好	差	好
问卷5	一般	差	一般	好

续表

序号	运输总费用	航行和装卸总时间	码头装卸及仓储能力	公路运输情况
问卷6	好	一般	一般	一般
问卷7	一般	差	差	好
问卷8	好	好	差	一般
问卷9	非常好	一般	一般	好
问卷10	一般	差	差	一般

由调查问卷可得：

巴尔港的评价矩阵为

$$\begin{bmatrix} 0.4 & 0.6 & 0 & 0 & 0 \\ 0 & 0.6 & 0.4 & 0 & 0 \\ 0 & 0 & 0.1 & 0.5 & 0.4 \\ 0 & 0 & 0 & 0.6 & 0.4 \end{bmatrix}$$

里耶卡港的评价矩阵为

$$\begin{bmatrix} 0 & 0 & 0.6 & 0.4 & 0 \\ 0 & 0 & 0.6 & 0.4 & 0 \\ 0 & 0.6 & 0.3 & 0.1 & 0 \\ 0 & 0 & 0 & 0.6 & 0.4 \end{bmatrix}$$

康斯坦察港的评价矩阵为

$$\begin{bmatrix} 0 & 0 & 0.7 & 0.3 & 0 \\ 0 & 0 & 0.3 & 0.7 & 0 \\ 0.2 & 0.6 & 0.2 & 0 & 0 \\ 0 & 0.6 & 0.4 & 0 & 0 \end{bmatrix}$$

都拉斯港的评价矩阵为

$$\begin{bmatrix} 0.2 & 0.4 & 0.4 & 0 & 0 \\ 0 & 0.3 & 0.4 & 0.3 & 0 \\ 0 & 0 & 0.4 & 0.6 & 0 \\ 0 & 0.5 & 0.5 & 0 & 0 \end{bmatrix}$$

将该矩阵与每个影响因素的权重相乘可得巴尔港的总得分为

$$[0.32 \quad 0.26 \quad 0.24 \quad 0.18] \times \begin{bmatrix} 0.4 & 0.6 & 0 & 0 & 0 \\ 0 & 0.6 & 0.4 & 0 & 0 \\ 0 & 0 & 0.1 & 0.5 & 0.4 \\ 0 & 0 & 0 & 0.6 & 0.4 \end{bmatrix}$$

$$=[0.128\quad 0.348\quad 0.128\quad 0.228\quad 0.168]$$

里耶卡港的总得分为

$$[0.32\quad 0.26\quad 0.24\quad 0.18]\times\begin{bmatrix}0 & 0 & 0.6 & 0.4 & 0\\ 0 & 0 & 0.6 & 0.4 & 0\\ 0 & 0.6 & 0.3 & 0.1 & 0\\ 0 & 0 & 0 & 0.6 & 0.4\end{bmatrix}$$

$$=[0\quad 0.144\quad 0.42\quad 0.364\quad 0.072]$$

康斯坦察港的总得分为

$$[0.32\quad 0.26\quad 0.24\quad 0.18]\times\begin{bmatrix}0 & 0 & 0.7 & 0.3 & 0\\ 0 & 0 & 0.3 & 0.7 & 0\\ 0.2 & 0.6 & 0.2 & 0 & 0\\ 0 & 0.6 & 0.4 & 0 & 0\end{bmatrix}$$

$$=[0.048\quad 0.252\quad 0.422\quad 0.278\quad 0]$$

都拉斯港的总得分为

$$[0.32\quad 0.26\quad 0.24\quad 0.18]\times\begin{bmatrix}0.2 & 0.4 & 0.4 & 0 & 0\\ 0 & 0.3 & 0.4 & 0.3 & 0\\ 0 & 0 & 0.4 & 0.6 & 0\\ 0 & 0.5 & 0.5 & 0 & 0\end{bmatrix}$$

$$=[0.064\quad 0.296\quad 0.418\quad 0.222\quad 0]$$

根据模糊评价法取结果中数值最大的评价值作为综合评价结果，可知巴尔港的评价级别为好，其他港口的评价结果均为一般，因此应选巴尔港为转运港。

习题

一、判断题

1. 客户进行物流服务招标，通过物流企业投标而形成的物流方案不属于国际物流方案的范畴。（　　）
2. 国际物流方案项目建议书应阐明物流企业的物流服务模式，使客户企业对你的物流服务水平和服务质量有一个大致的了解。（　　）
3. 港口的装卸费用不属于国际物流运输中的费用。（　　）
4. 模糊评价法的评价标准是所有评价等级中，得分最高的等级即为该评价对象的最终评价等级。（　　）
5. 针对所有的物流大客户，物流服务供应商可以统一采用标准化的物流方案设计。（　　）

二、单选题

1. 国际物流的方案实施大致包括物流客户进行物流服务招标，国际物流企业通过分析客户的物流服务要求进行物流方案的策划和设计以及（　　）。
   A. 国际物流企业招标设计方案
   B. 物流企业在考察和分析物流市场后形成的具体物流方案
   C. 国际物流客户招标设计方案
   D. 物流企业对物流市场进行分析和考察

2. 在客户对物流服务要求的基础上形成的，涵盖了对服务理念及初步承诺的阐述，并展示了实现这些承诺所具备的服务优势属于（　　）的范畴。
   A. 投标书与合同　　　　　　B. 具体物流方案报告
   C. 项目建议书　　　　　　　D. 招标书与合同

3. （　　）是设计国际物流方案的核心。
   A. 资源和优势的介绍　　　　B. 物流信息服务模式
   C. 方案的基本目标　　　　　D. 物流服务模式设计

4. 国际物流方案策划流程包括调研阶段、分析阶段和（　　）。
   A. 实施阶段　　　　　　　　B. 谈判阶段
   C. 策划阶段　　　　　　　　D. 考察阶段

5. 国际物流方案分析主要包括确定服务方案的目标、确定分析方法、（　　）和分析处理。
   A. 信息收集　　　　　　　　B. 数据收集
   C. 方法收集　　　　　　　　D. 运量收集

三、简答题

1. 请简述国际物流方案设计流程。
2. 请简述国际物流方案的基本内容。

四、案例分析

福建对台大宗干散货中转物流方案设计

有数据显示，世界贸易中95%的货物是通过海运实现的，其中，干散货运输作为世界海运的最大货种，占到海运总量近52%，而煤炭、矿石两大主要干散货的海运量又在世界干散货海运量中的比重超过一半。从台湾地区大宗干散货物流市场看，由于台湾地区属岛屿，资源匮乏，市场容量大，自1993年以来，台湾地区能源进口依存度一直维持在95%以上，煤炭和铁矿石为主的大宗干散货物资主要由进口满足。而2014年台湾地区自产煤占总需求量不到1%，其煤炭年进口量约为6500万吨，主要从澳大利亚、印度尼西亚和中国大陆地区进口，其中从中国大陆地区进口煤炭约110万吨；铁矿石主要来自澳大利亚、巴西，2014年进口量约为1900万吨。

虽然闽台之间煤炭、铁矿石大宗干散货运输至今尚未形成，但在日益大型化的大宗干散货运输船型（20万~30万吨级为代表船型）发展趋势下，台湾地区港口散货泊位无论是在规模等级还是在大型码头数量方面都将难以适应。台湾地区港口进港航道等级较低，以5万~10万吨级为主，且散货泊位多为中小型泊位，15万吨级大型专业化泊位仅3个，对散货船舶大型化趋势的适应性不高，难以满足大宗干散货中转要求具备的大批量、高效率等条件，存在一定的不经济性。在两岸直航的港口中，福建省的8个开放口岸无疑是与台湾地区港口距离最近的港口。

2015年中国大陆地区进口铁矿石9.5亿吨，而台湾地区仅进口1900万吨左右。相对而言，中国大陆地区在铁矿石价格谈判中有更大的价格话语权。煤炭方面，我国作为全球最大的煤炭供应基地，动力煤离岸价格与澳大利亚、印尼到岸价格基本持平，若在福建建设大宗干散货保税物流中心，通过集中采购、混配等物流功能的拓展模式，则可增强台湾地区干散货进口的议价能力，从总体上降低企业总成本，相较现有台湾地区大宗干散货的采购模式优势明显。如果利用福建对台的区位优势及完备的硬件设施条件，建设大宗干散货物流中心，即先从澳大利亚、巴西、印度尼西亚等国家通过大型船舶进口大宗干散货至福建港口，在港口形成规模效应，再通过福建港口由灵便型船舶二程运输分批转运至台湾地区，能够提高物流系统的运作效率和服务价值，为台湾地区的企业节约采购成本、运输成本、堆存成本、货物在途的资金占有成本及时间成本等，从而实现对台干散货物流的可持续发展。

从台湾地区进口大宗干散货的角度出发，对福建对台大宗干散货中转物流方案设计与经济评价展开研究，需要确定大宗干散货中转港口物流的设计方案，也就是设计出台湾地区货主采购煤炭、铁矿石的可能物流模式，以及对设计的大宗干散货中转港口物流方案进行经济性评价。

（资料来源：张林翚，2017. 福建对台大宗干散货中转物流方案设计与经济评价研究[D]. 福州：福州大学.）

案例思考题：

请你思考台湾地区从山西省采购煤炭、从澳大利亚采购铁矿石等大宗货物时，福建省对台湾地区的具体大宗干散货中转物流方案，并写一份策划书。

五、延伸阅读与写作

目前，随着全球新兴市场的快速增长以及技术的快速发展，塑造全球经济格局都由工程与制造企业在推动。无论是专营原材料的开采和运输、高科技制造设备的生产、建造越来越先进的建筑，还是主营高度发达的空运、海运、铁路运输，工程与制造企业的运作都在切切实实地建设着当代世界。

新兴市场快速变化的商业环境对零售行业提出了更高的要求，促使其不断提升提供便捷服务的能力，尤其是供应链需要提供无缝衔接的服务以应对挑战。

对于化学品行业而言，安全、环境法规和危险品运输构成了重大挑战。一些化学品试剂被寄往国外用于实验,还有一些由外贸公司出口到国外。无论以哪种形式出口,邮寄都必须通过专业的化工渠道进行,而不能像普通物品一样邮寄。因此,企业需要重新思考自己的供应链,以应对这些挑战。

请你结合个人兴趣,从汽车行业、工程与制造行业、消费品行业、零售行业、化学品行业等不同行业中选择一个领域,针对相关产品或企业进行国际物流方案设计,写一篇设计报告。

【在线答题】

附录 AI 伴学内容及提示词

读者可以利用生成式人工智能（AI）工具（如 DeepSeek、Kimi、豆包、通义千问、文心一言、ChatGPT 等）检索下表中的 AI 提示词进行拓展学习。

序号	AI 伴学内容	AI 提示词
1	第 1 章 国际物流概述	全球自然资源分布不均对国际物流的影响
2		相比于国内物流，国际物流为何对信息化和标准化要求更高
3		区块链在物流配送中的应用场景
4		数字孪生在物流配送中的应用实例
5		我国的国际物流新通道有哪些
6		"一带一路"倡议对我国国际物流发展带来哪些机遇
7		我国国际货运能力与全球发达国家货运能力的差距具体表现在哪些方面
8	第 2 章 国际原材料采购与供应链管理	期货在国际原材料采购预测中的具体应用
9		期权在国际原材料采购预测中的具体应用
10		工业品价格指数在国际原材料采购预测中的具体应用
11		全球知名的综合物流服务供应商有哪些
12		企业采用供应链延迟策略的真实案例
13		美国苹果公司在其供应链管理上具体做了哪些举措
14		跨国企业原材料采购的具体案例
15	第 3 章 国际企业生产管理	全球使用 OEM 模式较多的企业案例
16		全球使用 ODM 模式较多的企业案例
17		基于市场导向型进行跨国企业生产区位选择的企业案例
18		基于自然资源导向型进行跨国企业生产区位选择的企业案例
19		基于劳动力导向型进行跨国企业生产区位选择的企业案例
20		以东南亚国家为例，分析其吸引跨国企业投资建厂的主要优势和潜在风险
21		在全球贸易保护主义抬头的背景下，跨国企业的生产区位选择策略发生了哪些变化
22		跨国企业生产区位的调整对跨国企业及其供应链合作伙伴产生了哪些影响
23	第 4 章 国际配送网络管理	使用巡回配送网络的汽车制造企业有哪些
24		汽车制造企业具体是怎么使用巡回配送网络的
25		汽车制造企业为什么要使用巡回配送网络
26		辐射型、吸收型、聚集型配送网络在现实企业物流配送中的应用场景
27		供应链配送网络规划中如何平衡配送成本与服务水平
28		重心法选址模型对不同行业的适用性差异有哪些
29		不同国家的文化差异在国际供应链配送网络管理中会产生哪些影响

续表

序号	AI 伴学内容	AI 提示词
30	第 5 章 国际企业库存管理	现实生活中企业前置仓应用的具体案例
31		海外仓的盈利模式有哪些
32		VMI、JMI、CPFR 在国际物流管理中的真实应用举例
33		VMI 在国际物流管理中面对的挑战的真实案例
34	第 6 章 国际货物运输管理	国际货物运输具体涉及哪些部门或机构
35		我国四横五纵物流大通道是哪些
36		中欧班列开通对沿线国家制造业的影响
37		国际公路运输中如何确保货物的安全和应对不同国家的法规差异
38		国际公路运输的线路规划有哪些要求
39		不同国家法规差异对运输成本影响大吗
40		如何选择可靠的国际航空运输货运代理
41		国际多式联运的运输方式组合如何选择
42	第 7 章 港口物流管理	港口物流的发展为何高度依赖腹地经济
43		港口物流发展对区域经济的影响
44		港口物流的产业链包括哪些环节
45		智能化港口的主要技术有哪些
46		如何确保理货数据的准确性
47		港口如何吸引航运公司入驻？在选择港口时国际航运公司更关注港口的哪些"软实力"
48		港口理货流程中涉及多个环节，信息化系统如何有效提升其透明度与效率
49	第 8 章 进出口商品检验检疫与通关	进出口商品检验检疫的基本要求有哪些
50		哪些进出口商品必须经过法定检验检疫
51		进口货检验检疫填报时常见的问题有哪些
52		进口商品检验不合格会怎样
53		海关如何确定商品的完税价格
54		海关对进出口企业的信用评级标准是什么
55		如何申请关税退税
56		报关时如何确定货物的归类
57		转关需要满足哪些条件
58		哪些货物不能申请转关？转关操作流程是怎样的
59		哪些货物可以存入保税仓库
60		保税物流在当前跨境电商背景下有哪些新的应用场景和挑战

续表

序号	AI伴学内容	AI提示词
61	第9章 国际物流与供应链金融	供应链金融与传统金融的区别是什么
62		供应链金融中核心企业的角色是什么
63		保理业务中的应收账款真实性风险如何防范
64		保理业务中卖方的哪些因素会影响保理人的决策
65		预付款融资的还款方式有哪些？适合哪些类型的企业
66		如何通过供应链金融产品创新来满足中小企业多样化的融资需求
67		在跨境供应链金融中，如何应对不同国家法规和汇率波动带来的风险
68		如何通过供应链金融提升整个供应链的韧性，以应对突发事件和市场波动
69	第10章 国际逆向物流管理	缺陷产品召回逆向物流中如何确定责任主体
70		如何通过技术手段提升缺陷产品召回逆向物流的效率
71		如何通过数据分析优化全球商业退货逆向物流
72		如何评估全球商业退货逆向物流的风险
73		全球商业退货逆向物流中如何确保产品的安全和合规处理
74		企业开展保税维修业务需要向海关提交哪些材料
75		如何通过保税维修业务推动产业升级和技术创新
76		回收再制造过程中如何确保产品质量和评估经济效益
77	第11章 国际物流方案设计	在国际物流方案设计中不同行业的物流需求差异及设计要点
78		模糊综合评价模型在国际物流方案设计中的真实应用举例
79		国际市场在未来不同阶段发生的变动对国际物流方案设计产生的影响
80		国际物流方案设计在国际物流管理中的真实应用举例
81		如何利用信息技术优化国际物流方案设计
82		在国际物流方案设计中，如何应对不同国家法规和政策变化带来的风险
83		如何设计国际物流方案以适应快速变化的市场需求和供应链中断

参 考 文 献

Bensaou M, 1999. Portfolios of Buyer-Supplier Relationships[J]. Sloan Management Review, 40（4）: 35-44.

Chopra S, Meindl P, 陈荣秋, 2017. 供应链管理[M]. 北京：中国人民大学出版社.

Ellram L, 1993. Total Cost of Ownership: Elements and Implementation[J]. Purchasing and Materials Management, 29（3）: 2-11.

Savaskan R C, Bhattacharya S, Van Wassenhove L.N, 2004. Closed-Loop Supply Chain Models with Product Remanufacturing [J]. Management Science, 50（2）: 239-252.

白世贞, 沈欣, 2010. 国际物流学[M]. 北京：科学出版社.

陈苏明, 2016. 全球供应链管理与国际贸易安全[M]. 上海：上海人民出版社.

陈洋, 2005. 跨国企业在华制造业投资的区位选择研究[D]. 武汉：武汉理工大学.

邓军, 2013. 国际生产分割的发展及其宏观经济效应：一个文献评述[J]. 浙江社会科学（6）: 137-143.

高秋颖, 2015. 班轮营运管理中船期表的制定问题研究[J]. 港口经济（3）: 51-54.

金明, 张天明, 2013. 国际物流[M]. 长沙：湖南师范大学出版社.

《海运进出口货物大通关实务指南》编写组编, 2014. 海运进出口货物大通关实务指南[M]. 北京：中国海关出版社.

柯晶琳, 姜维军, 杨兴锐, 2018. 中日绿色物流发展差距比较及经验借鉴[J]. 对外经贸实务（12）: 87-91.

刘丽艳, 袁雪妃, 2017. 国际物流[M]. 北京：清华大学出版社.

刘晓鹏, 2020. B2C中小微跨境电商企业退货逆向物流对策分析[J]. 山东商业职业技术学院学报（5）: 16-22.

罗兴武, 2008. 出口加工区物流业中的VMI库存管理模式[J]. 对外经贸实务（12）: 83-86.

海楠, 2022. 跨境电商出口海外仓运作的关键[J]. 中国外资（16）: 84-86.

霍佳震, 2012. 物流与供应链管理[M]. 2版. 北京：高等教育出版社.

牛保国, 周骞, 2006. 运输管制与放松管制对美国运输业发展的影响[J]. 交通企业管理（8）: 48-50.

林芳, 刘香进, 2019. 海外仓模式下跨境电商物流成本控制分析[J]. 中国市场（33）: 164-165.

隆国强, 2003. 如何建设国际物流配送中心[J]. 新经济导刊（7）: 74-77.

潘文军, 刘伟华, 2009. 缺陷产品召回物流形成机制与实践策略分析[J]. 武汉理工大学学报（信息与管理工程版）（5）: 845-848.

钱曾玉, 赵曙东, 2003. 外商直接投资类型及其结构变化[J]. 现代经济探讨（8）: 31-34.

睦凌, 2021. 典型国家和地区港口引航发展模式分析[J]. 中国港口（12）: 14-18.

宋华, 2021. 供应链金融[M]. 3版. 北京：中国人民大学出版社.

王斌义, 2018. 港口物流[M]. 2版. 北京：机械工业出版社.

王刚，2022. 漫谈保税加工、保税物流、保税服务及保税制度 [J]. 中国海关（2）：46-50.
王微，李汉卿，2022. 论加快国际物流供应链体系建设畅通国内国际双循环 [J]. 北京交通大学学报（社会科学版）（3）：25-33.
魏文龙，2014.A 公司基于 CPFR 的补货策略优化研究 [D]. 厦门：厦门大学．
解芳，2021. 后疫情时代国际货代企业面临的运营环境挑战和对策 [J]. 商场现代化（22）：85-87.
许良，赵小鹏，宋新，2014. 国际物流管理 [M]. 北京：机械工业出版社．
徐天芳，王清斌，2006. 物流方案设计与应用 [M]. 大连：东北财经大学出版社．
俞培燕，2023. 新形势下我国发展国际海运物流供应链面临的机遇及挑战 [J]. 中国储运（2）：94-95.
杨希，2022. 高质量发展背景下中国制造业 OEM 企业向 ODM 转型研究 [D]. 哈尔滨：黑龙江大学．
张风轩，郭锦蓉，2019. 基于延迟策略的物流成本策略探究 [J]. 现代营销（下旬刊）（3）：162-163.
张梅，李慧敏，2022. 第三方海外仓模式下跨境电商企业物流成本的控制 [J]. 对外经贸实务（6）：70-79.
张童，于晓梅，2015. 国外逆向物流发展的经验分析与借鉴 [J]. 对外经贸实务（9）：86-88.
张文忠，1999. 日资和韩资企业在华投资的区位行为和模式研究 [J]. 经济地理（5）：54-58.
张逸群，2010. 国际代工企业：从 OEM 到 ODM、OBM[D]. 上海：华东师范大学．
中国人民银行合肥中心支行金融研究处和宣传群工部，2014. 农村金融产品创新国际比较及中央银行的作用研究 [J]. 金融发展评论（9）：113-125.
朱惠君，2012. 物流保税区 VMI 模式的本土创新与实践 [J]. 商业时代（7）：37-38.
张军智，2019. 以大致胜的家乐福缘何败走中国市场 [J]. 企业观察家（8）：76-80.
张钟允，2019. 读懂供应链金融 [M]. 北京：中国人民大学出版社．
周心吾，詹国辉 .2013. 宁波港集装箱运输竞争力实证分析 [C]// 燕山大学公共管理学科梯队 . 2013 年区域经济与河北沿海地区发展学术研讨会论文集 . 秦皇岛：燕山大学：171-180.